JN013433

TAROT
Plain and Simple

自分で占う
現在と未来、
運命と
変化の時

タロット

基本のリーディング大全

アンソニー・ルイス
島津公美 訳

ダイヤモンド社

TAROT PLAIN AND SIMPLE

by

Anthony Louis

"Translated from"
TAROT PLAIN AND SIMPLE

Published by Llewellyn Publications
Woodbury,MN 55125 USA
www.llewellyn.com

Japanese translation published by arrangement with Llewellyn Publications
through The English Agency (Japan) Ltd.

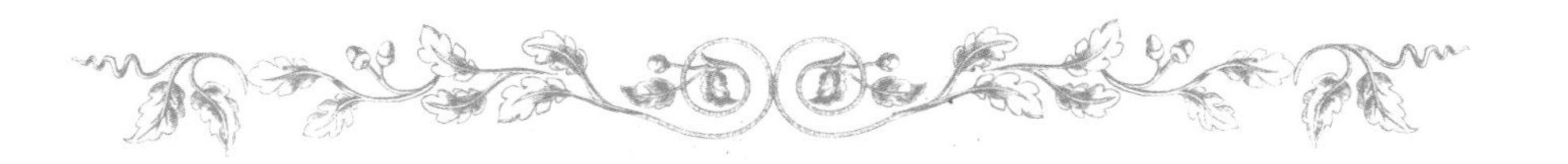

はじめに

Preface

経験を知恵に変える

タロットに関する本はすでにたくさんあるのに、なぜこの本が必要なのでしょうか。

この本は、わかりやすい言葉で、タロットの基本的な定義を紹介しています。この本は、タロットの原典に忠実であること、そしてカード自身が語ってくれるようにすることを目指しています。この本の内容は、既存のタロット文献とカードに関する私自身の長年の体験に基づいています。

この原稿を何人かの友人に読んでもらったところ、まったくのタロット初心者にもわかりやすいと好評でした。そして何より、試読してくれた人たちは、タロット初心者にも経験者にも、すぐに使える信頼できるタロット解説書だと言ってくれたのです。

どうしてタロットを学ぶのでしょうか？

それは、タロットが経験を知恵に変えるためのすぐれた方法だからです。

本質的にタロットは、人の状況を表す元型（アーキタイプ）的なシンボル、つまり自分自身をよりよく理解するのに役立つ、人生に関連づけることのできるシンボルを扱っています。

タロットを研究することで、私たちは自分の中にいる神にコンタクトして、人生の神秘的かつ基本的な概念と結びつけることができるのです。悩ましい状況をタロットに相談すると、新たな見方ができるようになることもあります。

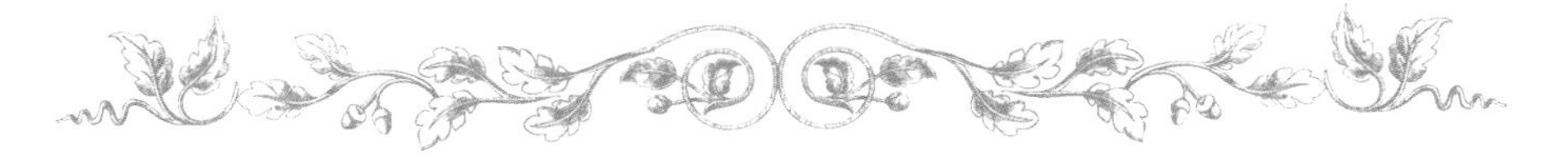

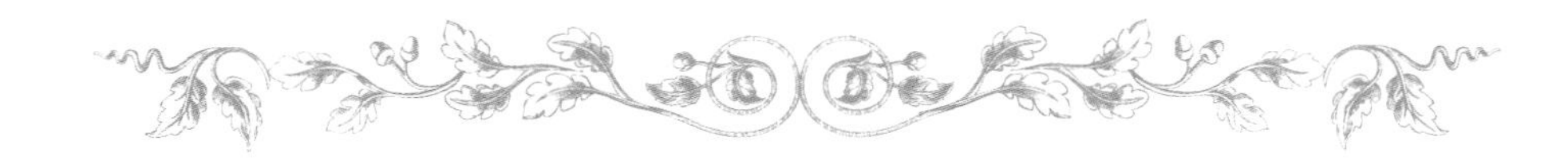

タロット・リーディングでは、カードに私たちの人生とどう関係しているか、相談したことから何を学べるかを問いかけます。

タロットを学ぶと、直観力が目覚めます。想像力に訴えかけてくるデッキを選んで、カードに描かれたさまざまなシンボルを基礎的な意味と関連づけてください。

学べば学ぶほど、タロットの基本的な定義に私たちの経験が追加されていき、カードが教えてくれることをさらに深めていけるようになります。

この過程には、ある程度の努力と暗記が必要ですが、訓練によってカードの意味が自然とわかるようになるはずです。

時には、カードに描かれたシンボルやスプレッドでの位置が参考書にはない意味を示唆している、という経験をすることもあるでしょう。そんな時は細心の注意を払ってください。私たちの直観が刺激されて、問題の解決策が示されているのです。

参考書での勉強を終えると、直観と経験が、その人、その状況でのカードの意味を具体的に教えてくれるようになります。

どのカードにも不変の絶対的な意味はありません。この本で紹介するカードの基本的な定義は、あなたなりの定義をつくるための、一般的な基礎的解釈として役立つはずです。

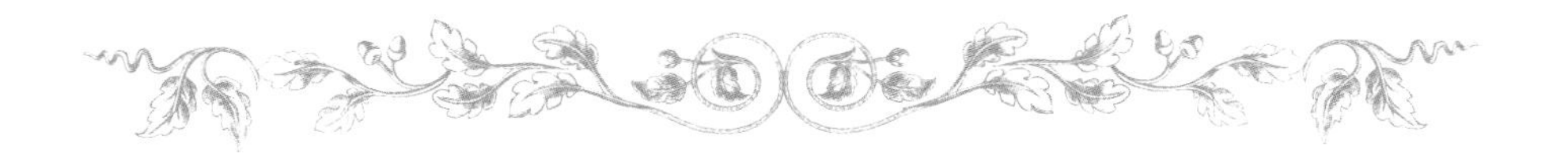

良いリーディングでは、私たちの内なる声が、思いがけない意味合いを伝えてくれるものです。ある程度の期間、きちんと学びながらリーディングを繰り返すことで、カードの重要な意味が直感的にわかるという状態に到達できるでしょう。

他の人のためにリーディングをする場合には、解釈はできるだけ単純明快にしてください。専門用語や抽象的な解説は避けましょう。

クライアントが、「黄金の夜明け団」「カバラ」「ユング心理学の元型」など耳にしたことがないようなら、専門的見解を織り交ぜて、むやみに混乱させる必要はありません。スプレッドの意味が理解できていたら、それをわかりやすい言葉で伝えられるはずですし、カードの意味がわからない場合には、わからないと伝えてください。

タロットリーダーは全知全能ではありませんし、クライアントにはつねに敬意を払い、誠実でいましょう。

カードの意味をクライアントに伝えるかどうかは、クライアントにとって有益なコメントかどうかによります。リーディングには、役に立つものもあれば、的外れなものもあるからです。

これらの言葉を頭に置いて、今から本書を読み進め、タロットの秘密を楽しく学んでください。タロットを学ぶ旅に幸あれ！

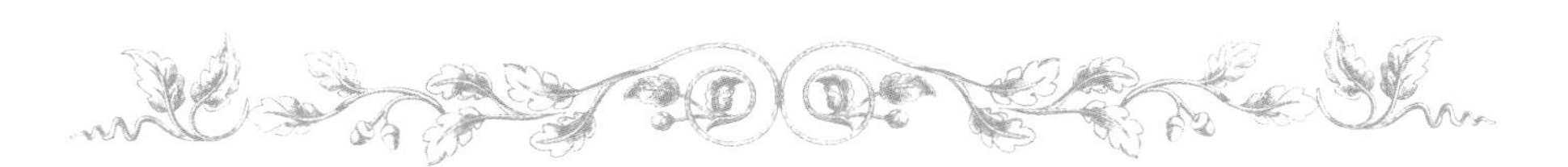

CHAPTER 3 サンプル・リーディング

3つのスプレッドを読み解く

CHAPTER 4 大アルカナ

人生の大きな変化を示す

CHAPTER 5 小アルカナ

現在、あるいはこれから直面すること

CHAPTER 6 コートカード
あなた自身、あるいは自分以外の誰か

追記 A 占星術とタロット

追記 B 数秘術とタロット

CHAPTER

1

タロットについて

An Overview of the Tarot

78枚のカードの起源、
心理学との関わり

タロットは
新しい視点をもたらす

自然界のどんな出来事も科学ですべて説明できると信じている人々には、スピリチュアルな次元の考えなど信じがたいことでしょう。科学は厳格な数学的法則と決定論的な現実の見方に限定されてしまっていて、直観力やハイヤーセルフ、スピリチュアルな世界は、迷信や誤った理論から導かれたものとみなしています。

それでも科学の範疇にないからというだけで、スピリチュアリティ（精神性）が人々の人生に重要な役割を果たしているという事実を締め出すわけにはいかないのです。

タロットは、私たちの直観を目覚めさせ、自分の内なる世界に触れさせるためのツールです。神話の世界の英雄や、冒険と自己発見の道筋に、たとえを使って導くものともいえるでしょう。

タロットカードに描かれた原型的なシンボルを、私たちの関心のあることに関係するものとして探ることで、私たちは自分自身の個人的な神話を探求して、現実をより明確に見つめることができるようになるのです。

タロットは本質的に瞑想、熟考、内省、問題分析、ブレーンストーミング、明確な意思決定、直観力への刺激、自己理解、精神的成長、そして占いのための道具です。タロットカードは、他の方法ではアクセスできない宇宙の次元と私たちとをつなぐものです。

タロットカードは必ずしも予言をするものではありませんが、そうなることがよくあります。タロットは私たちの悩みに、つねに別の見方や新たな視点をもたらしてくれるのです。

タロットデッキは、現代のトランプに似た78枚のカードで構成されています。タロットには22枚の切り札、40枚の数札、16枚のコートカード（人物カード）の3種類があります。

22枚の切り札は大アルカナ（大いなる秘密）と呼ばれ、40枚の数札と16枚のコートカードで構成される56枚は小アルカナ（小さな秘密）と呼ばれています。

22枚の大アルカナには、「愚者」が悟りを求めて旅を始めるところからのステップが寓話的なイメージで描かれています。

大アルカナは、個人個人の深いところにある自分自身、精神、もともとの存在意義の状況や内なる状態を表しています。

大アルカナ 22枚

40枚の数札には、10枚ずつ4種類のスート（ワンド、ペンタクル、ソード、カップ）があります。

数札は典型的な状況や感情、日常の出来事、葛藤、態度、信念、典型的な行動など、日々起こるあらゆるものを表しています。

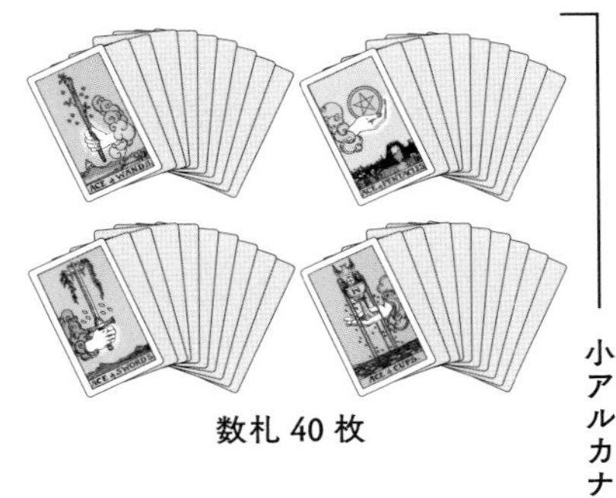

数札 40枚

16枚のコートカードは、4種類のスートのキング〈王〉、クイーン〈女王〉、ナイト〈騎士〉、ペイジ〈小姓・騎士見習い〉で構成されています。

コートカードは人生に網の目のように広がる人間関係を示しています。また、自分自身のさまざまな側面、特徴、才能、欠点、他者との関わり方なども示します。

コートカード 16枚

小アルカナ56枚

キングとクイーンは、地位や権力のある人、年長者や両親などを表し、ナイトは活動、勇気、エネルギーや行動力などを表すものです。ペイジは子供や若者を指し、何らかのニュースや情報がもたらされることを示しています。

タロットの成り立ち

タロット専門家アーサー・エドワード・ウェイトによると、タロットデッキに関する最も古い記述は14世紀にさかのぼり、それより古いものはないとしています。一部のタロット愛好家は、タロットの歴史は数千年もさかのぼると主張していますが、これを裏付ける学術的記録はありません。

タロットは当初、カードゲームやギャンブルに使われていました。現存するタロットカードに関する最古の記述は、1332年にレオンとカスティーリャ（スペイン中部の古王国）の国王、アルフォンソ11世がタロットカードの使用を禁止する布告を出した時のものです。

ローマ・カトリック教会もまた、タロットを悪魔の道具として非難し、カードを「悪の聖書」または「悪の絵本」などと呼びました。

タロットという名前は、「勝利」または「切り札」を意味する14世紀のイタリア語のtarocchi（タロッキ）というデッキに由来している可能性があります。78枚のカードからなるこのデッキは、4つのスートと22枚の切り札で構成され、tarok（タロック）と呼ばれるゲームをするのに使われていました。

やがてフランス人が、イタリア語tarocchi（タロッキ）をフランス語でtarot（タロット）と呼ぶようになり、16世紀のパリのカード製造者は、自分たちのこともtarotiers（タロット）と呼ぶようになったのです。ドイツにはtarock（タロック）と呼ばるカードゲームもありました。

タロットが人気となったのは、22枚の大アルカナカードに描かれた、興味を引く絵が一因です。一説によると、大アルカナはもともとルネサンス期に、神秘主義の入門者に教えるために使われたアルス・メモラティバという絵画による記憶術の一種であったと言われています。

1436年にグーテンベルクが印刷機を発明するまで、書かれた資料が広まることはありませんでしたし、宗教革命後まで大衆は読み書きを学ぶこともありませんでした。文字の読み書きは20世紀になるまで一般的ではなかったのです。読み書きできることがまだ一般的ではなかった頃に、原型的な神話やイメージが寓話的に描かれたタロットは、人々の想像力をかきたてました。エデンの園のリンゴのように、タロットの禁断のにおいがさらに人々を魅了したのです。

ある時期から、人々は占いにカードを使うようになりました。予測不能で抽象的に解釈できるものを使って未来を占ってきた長い歴史のある西洋文化において、カードは占いに適していたのです。14世紀以降、ロマ民族はタロットを使って占うようになり、放浪しながらヨーロッパ各地にこれを広めていきました。

科学を重視する近代になると、占いの価値は落ちていきます。現代のタロット本の著者たちはよく、自己分析や自己実現のためにカードを使っています。それでもタロットを扱うほとんどの人が、タロットには未来の出来事を示す不思議な力があることに最終的には気づくのです。

あなたがタロットを占いに使おうが、自分の想像力を覚醒させるために使おうが、あるいは精神的な成長のために使おうが、タロットを学ぶことがエキサイティングな旅であることに変わりありません。

黄金の夜明け団

19世紀から20世紀初頭にかけて、占星術、タロット、呪術儀式、カバラ、グノーシス主義、風水などへの関心が復活を見せました。この動きの中で最も影響力のあった集団が、「黄金の夜明け団(ゴールデンドーン)」と呼ばれる西洋魔術結社でした。黄金の夜明け団のメンバーの著作は、現在まで神秘主義に影響を与え続けています。

黄金の夜明け団の団員、アーサー・エドワード・ウェイトは、1910年に『The Pictorial Key to the Tarot(タロット図解)』を出版しています。ウェイトは、芸術家であり劇作家でもあるパメラ・コールマン・スミスに、タロットデッキの制作を依頼しました。ウェイトは、さまざまな神秘主義哲学のシンボルをカードのデザインに用いました。このライダー・ウェイト=スミス版タロットは20世紀において最も知られているタロットデッキとなっています。

ユングとタロット

タロットカードのランダムな配置と人々の人生での出来事との関連は謎に満ちています。現代科学にはこのような現象を説明する概念がなく、単なる迷信だと片付けられます。

これとは対照的に、精神分析医カール・ユング（1875－1961年）は、シンクロニシティ（共時性）、または「意味のある偶然の一致」の原則に基づいた説明を展開しました。

ユングは、精神分析の実践において、外の世界で起こっていることが、しばしばクライアントの心理状態と象徴的な意味で一致していることに気づきました。このような意味のある偶然の一致を彼は、「これから起こる一連の出来事を予知しているような印象を与える」ことがあると指摘しています。

ユングは、共時的な一致はありえない偶然の出来事であり、それらの間には「すぐにそれとわかる必然的な共通の意味、あるいは同じ意義のつながりがある」と主張しました。

彼は、シンクロニシティの考えをライプニッツの予定調和説（宇宙は神の計画に従うという信念）や古代ギリシャの宇宙観の同調や関連性（偉大な宇宙の法則が人間にもあてはまるという信念）と結びつけたのです。

ある瞬間の図

ユングは自分の理論を構築するために、易経（えききょう）、タロット、占星術などの古代の占術について研究を重ねました。

中国の易経についてユングは、「現代科学は原因があって結果があるという原則に基づいており、原因と結果の関係は明白な真理とされている……。西洋的な考えでは、慎重にふるいにかけ、重さを量り、選択、分類、分離するのに対し、すべての要素がその瞬間を成立させているとする中国の『瞬間の図』には、ほんの些細な細部に至るまですべてが含まれている」と述べています。

易経や占星術のチャートのように、タロットのスプレッドもまた、時空を構成するすべてを含んだ「瞬間の図」なのです。

時空連続体という考え方は、アインシュタインの相対性理論に由来します。アインシュタインは、空間（長さ、幅、高さ）と時間は無関係で別の概念であるという考えを否定し、空間と時間は同じ宇宙の異なる次元にあると推論しました。つまり、時間は存在の本質的な側面であり、それが存在している時間に注目しなければ、存在するものを説明できません。何かが生まれた時間とは、その性質とアイデンティティの根幹となるものなのです。

もしあなたが同じ肉体を持っていても、生まれた時代が違えば、今とは別人になっているでしょう。タロットや占星術といった占いは、対象となる時代の特徴や性質を考慮に入れた視点を与えてくれるのです。

ユングはタロットについて「タロットカードの一連の図柄は、変容の元型から遠く引き継がれたものである」と書き記しています。彼はタロットを象徴形成のプロセスの1つである「イメージの比喩的経験」だと説明しており、ユングによれば、象徴形成のプロセスは、私たちが袋小路やありえない状況に出くわした時に始まるというのです。

ユングはタロット研究、またはあらゆる象徴形成のプロセスを研究する目的は、「当初の状況をより高いレベルで克服するための精神的な目覚め、または高次の意識」とみなしていました。

現代のタロット専門家は、カードを使うことで、集合的無意識の元型的な知恵に触れることができるとし、そこから人間の状態を示した基本的なイメージにたどり着けるかもしれないと考えています。

信じることと楽観が良い結果を生む

ユングはまた超心理学研究家J・B・ラインの「ESP（超能力）実験の成功には、被験者の心理状態が決定的な役割を果たす」という発見にも注目していました。ラインは、最初は透視に成功していた被験者が、やり続けるほどうまくいかなくなることに気づきました。

ラインの実験によると、被験者の気分がのらないことと、ESP実験で被験者のパフォーマンスが低下したことには関連があるというのです。

ユングは、「最初の信頼と楽観気分が良い結果を生む」とまとめています。被験者が実験に興味を失えば失うほど、実験に対する懐疑心や抵抗感が高まり、結果が悪くなるというのです。

ユングによると、「感情的な要因は、その現象が起こらなくてもいいが、起こってもいい条件という単純な意味を持っている」のだそうです。

この前向きな期待ムードが精神的な気づきを向上させるというラインとユングの見解は、タロットを使う際に重要な意味を持ちます。

心理的投影とタロット

ユングのシンクロニシティの概念がタロットの可能性を理解するのに役立つなら、現代心理学の投影テストは、タロットが自己分析に使用できる訳を知るのに役立ちます。インクのしみによる抽象的な絵を数枚見せたのち何に見えたかを被験者に尋ねるロールシャッハ・テストや、主題統覚検査（TAT）をご存じの人もいるでしょう。心理学者は、被験者の返答を解釈して、その反応の内容とパターンに基づいて心理的プロファイルを作成します。タロットカードもロールシャッハ・テストのインクのしみや主題統覚検査と同じく、私たちの心理状態を投影するあいまいな刺激を与えます。投影されたものをよく観察すれば、内なる精神状態の働きがもっとわかるようになるでしょう。

『ニュー・リアリティーズ』誌（1990年5・6月号）の記事で、生化学者L・J・シェパードが、タロットが自己分析を促すプロセスを次のように説明しています。

「リーディングは、前向きな気持ちで自分に立ち向かうのを助けてくれます。タロットはそれまで思いもしなかった視点を与えてくれ、問題への表面的な質問に対する、深遠な反応にしばしば私は驚かされました。タロットはそれまで堂々巡りしていただけの部屋から抜け出し、特定の問題に焦点をあてる方法、自分自身と対話する方法を与えてくれたのです。

私たちが問いかける疑問によって、科学の進歩と方向性が決まるように、私たちの個人的な成長も決まります。私たちの問いかけは、私たち自身のビジョンを表していて、未来へと導き、未知の領域に光を当てるのです。禅の師匠は説教で教えてくれるわけではなく、弟子が質問するまで待つものです。弟子に答えを聞く準備ができ、受け取った知識を使えるようになって初めて、禅師は教えます」

すべての科学者が、L・J・シェパードのようにスピリチュアルな世界に偏見がないわけではありません。

クリストファー・ジョイスは『ニュー・サイエンティスト』誌（1988年12月3日）で、ニューエイジへの関心が社会全体に恐ろしい結果をもたらすだろうと予測しました。ジョイスは、「大衆の大半が合理的で経験主義的な思考を拒否し、紙に書かれたことやパソコンから得ることをもとにするようなれば、大きな害となる」と警告したのです。

イエスの言葉に言い換えれば、「もし人がすべての書物やコンピュータを手に入れても、自分の魂を失えば何の利益があるだろうか」とでもなるでしょう。ジョイスは、P・T・バーナムの「世の中にはだまされやすい奴がたくさんいる」という言葉を引用しています。

バーナム効果とは、新聞の星占いのように、あいまいで喜ばしい、自分のために特別に作られたかに思える人物プロファイルを信じる傾向のことです。

世の中には確かに何でも真に受けてしまう人が大勢いますが、私はタロットを真剣に学ぶことが、その価値に偏見のない読者を納得させるだろうということを書き留めておきたいと思います。

毎日のスプレッドでカードの意味を探る

本書は私が独学でタロットを学んだ経験から生まれたものです。タロット関連書籍には、著者によりカードの意味に矛盾した解釈があることに気づきました。タロットカードは単なるバーナム効果によるものなのでしょうか？

矛盾する解釈をどう理解すればいいか苦労したのち、私はタロットカードそのものに語らせることにしました。そのために私は、日常生活の中でカードの意味を探る方法を見出したのです。

私は毎朝、5枚のカードを引いてテーブルに置き、そのスプレッドをノートに記録しました。下図のように、最初の4枚を四隅に置き、5枚目の最後のカードを正方形の中央に置いて、その日のテーマとしたのです。私はこのスプレッドを「テーマとバリエーション」と呼んでいます。そして毎晩、私はその日の出来事を確認し、私生活での出来事と、自分の気持ち、そして世の中で起こっていることに考えを巡らせ、日々の出来事や感情的な気分が、朝引いた5枚のカードと関係があるのかを調べました。

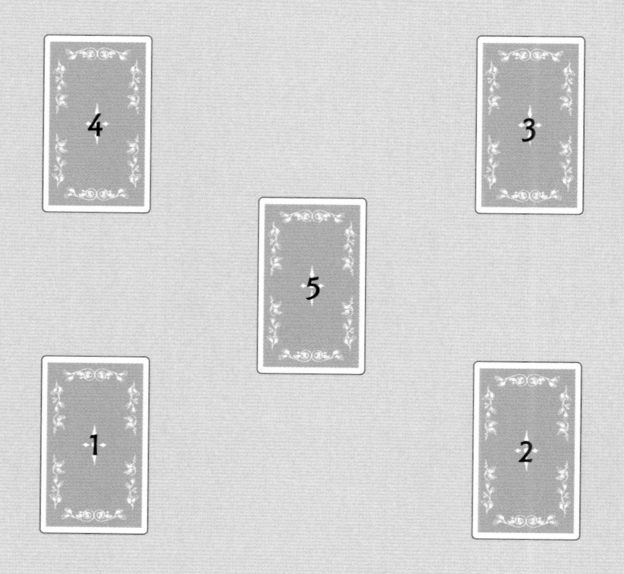

毎晩、その日一日の出来事や人との関わりを各カードに関連づけていくのは、とても不思議なことでした。さまざまなタロット関連書籍から、78枚のタロットカードの標準的な意味の大枠を調べ上げ、そして毎晩、実際の日常の感情や出来事に合わせて、これまで書籍に書かれてきたタロットの大枠に修正を加えていったのです。

たとえば、バスケットボールのスターであるマジック・ジョンソンがHIV陽性であると公表した日、朝のスプレッドには、逆位置の「塔」のカードとソードの3、逆位置のソードの10、逆位置のカップの6、逆位置のペンタクルの8が出ました。ソードは「塔」のカードより優位性があるので、私はこの日、病気、死または紛争といった衝撃的なニュースがあるだろうと予想していました。スプレッドに生命の芽吹きを示すワンドがないのも重要な点でした。

毎日5枚のスプレッドを開くことにして数週間、だんだんスプレッドに相談することが少なくなりました。私はカードを引くタイミングがわかるようになり、次にいつ新たに5枚のスプレッドを展開するべきかが直観的にわかるようになったのです。

時には、1枚か2枚のカードしか引かないこともあります。別のスプレッドを開くタイミングではないと感じたら、もとのスプレッドの意味を拡大するために、数枚の明確化のカード（34ページ参照）を展開することもありました。

1992年3月19日木曜日は、右のような5枚のカードのスプレッドでした。

このスプレッドで私はすぐにいくつかの点が気になりました。

4 ソードの10
（逆位置）

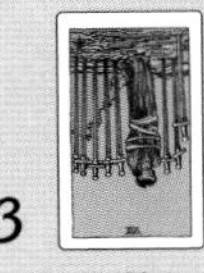

3 ソードの8
（逆位置）

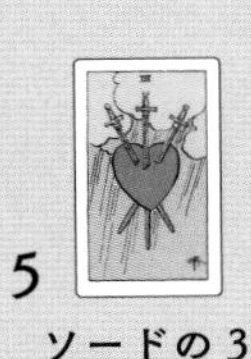

5 ソードの3
（正位置）

1 愚者
（正位置）

2 ソードの4
（正位置）

大アルカナの「愚者」が1の位置に現れるのは、重要な問題が明らかになりつつあることを示唆しています。「愚者」のカードの本来の意味は、重要な個人的な旅の始まりであり、大アルカナカードは人生における重要な出来事を予告するものです。

残り4枚のカードはすべてソードでした。先述したマジック・ジョンソンの場合と同様にソードが優勢であることから、何か敵対する力、ストレス、緊張、紛争、病気、終わり、死、争いなどのテーマが暗示されています。

中央の5の位置には正位置のソードの3があり、ソードの3は「感情が嵐のように荒れる」カードと呼ばれています。それはしばしば喪失を伴う、感情的に困難な時期がくることを予告しています。具体的には何かと断絶したり、切断することを象徴しています。健康に関するリーディングであれば、ソードの3は手術の必要性があることを示します。

2の位置にソードの4があるのは、休息、瞑想、休養または回復の必要性を表し、それは病院で時を過ごすことを意味することがあります。

3の位置に逆位置のソードの8が出るのは、障害や制限、あるいは障害物の排除を示しています。

4の位置に出たソードの10は、「大惨事の回避」カードと呼ばれ、多くの場合、逆位置のソードの10は祈りの必要性を告げ、死に関するメッセージを警告しています。

スプレッドがかなり深刻な事態を示していることを受けて、私はこれがどう展開されるかがわかるまではスプレッドを開かないでおこうと決めました。

1992年3月23日月曜日の朝、私は同僚の妻が週末に亡くなったことを知りました。そして夕方には、私の8歳の息子の親友が予期せぬ神経症状を発症したのです。

彼は脳内の閉塞から脳脊髄液の圧力が急激に高まって命に関わる状態となったため、緊急手術が必要となりました。妻と私もその子の両親と親しかったので、家族みんなが感情的な打撃を受けたのです（ソードの3によって示されています）。

翌3月24日火曜日、私は明確化のカードを引くことにしました。カードをシャッフルしていると、「恋人」のカードが正位置で落ちてきました。シャッフル中に意志を持ったかのように飛び出したカードのメッセージはいつも重要なものです。その時、私はたまたまウェイト版のタロットを使っていたのですが、そのカードには二人の恋人たちを見下ろす、癒やしの守護聖人である大天使ラファエルが描かれています。これは大変大きな癒やしの力が働いているサインだと解釈しました。

そこで私は「恋人」のカードを伏せて置き、メッセージを明確にするためにカードをもう1枚引きました。明確化のカードは、正位置のカップのキングでした。そのカードは、慈悲深い、献身的な医師の思いやりとアドバイスを意味します。

3月25日水曜日、MRI検査で原因は脳腫瘍だとわかりました。医師である私は、少年が最高の医療を受けられるように積極的に協力しました(タロット用語では、これから数週間、私は自分の性格の中のカップのキングの部分を活かしたのです)。

3月29日日曜日、私は少年の両親につきそって、セカンドオピニオンのため脳神経外科医のもとを訪ねました。医師は日曜の夕方、自宅で会ってくれました。もう一人のカップのキングである医師は、「あなたは子供が好きだから、こうして手伝っているんですね」と言って無償で相談にのってくれたのです。手術は4月2日木曜日の予定となりました。

私は自分の不安をやわらげるため、3月30日月曜日、さらに3枚の明確化のカードを引くことにしました。出たカードは、正位置の「魔術師」、正位置のペンタクルのエース、正位置の「審判」。大アルカナカードが2枚出たことが、事態の深刻さを表しています。

「魔術師」は、脳腫瘍を取りのぞく技術を現代の魔法として発揮する脳神経外科医を象徴しています。

ペンタクルのエースは、現実での希望に満ちた新たな始まりを表す健康のカードです。

「審判」は、不死鳥が灰から復活するような再生や復活を意味します。私はこれも健康に向かっていることを表すカードだと解釈しました。MRIが発明されるほんの数年前だったら、彼の腫瘍は検出されず、手遅れになっていたでしょう。

3月31日火曜日、私は心を落ち着けようと、手術前に明確化のカードを引きました。今度は逆位置のソードの10が現れました。

最初のスプレッドでも逆位置のソードの10が出たことを思い出してください。私はこのカードを死からの脱出と、さらに高い力に頼る必要性を意味すると解釈しました。

4月1日水曜日、手術の前夜、両親の通う教会では特別な祈祷式が行われました。より高い力に頼る必要性を反映するかのように、少年に祈りをささげるために家族の友人100人以上が参加したのです。手術は成功し、少年は順調に回復しました。

4月4日土曜日、私が逆位置のソードの10を引いてから4日後、同僚が亡くなったという知らせを受けました。ソードの10は、死から逃れる意味もありますが、人が亡くなった知らせという意味もあります。

少年は手術を受けて順調に回復していたのですが、1年ほどして再発がわかりました。その後、彼は2回目の手術と化学療法を受けることになりました。

1995年1月18日水曜日、少年は腫瘍の状態を調べるMRI検査を受ける予定でした。その朝、私は再びソードの3を引き、とても動揺しました。

次の日にわかった結果は、再び腫瘍ができ、手術できないほど大きくなっていることでした。3本の剣で刺された心臓のイメージは、この少年の周りの人の感情をはっきりと表していたのです。けれどもこれを記している時点で、腫瘍は寛解しており、少年は元気でいます。

私の個人的な研究によって、「1枚の絵は千の言葉に値する」という決まり文句が真実だと確信しました。

どんな本もタロットのシンボルの意味を十分に説明することはできません。タロットを学ぶ人がそれぞれ、タロットカードの独自の意味や連想するイメージを自分でふくらましていくものです。本は、他の人たちがたどった道筋のいくつかを、学ぶ人に紹介しているにすぎないのです。

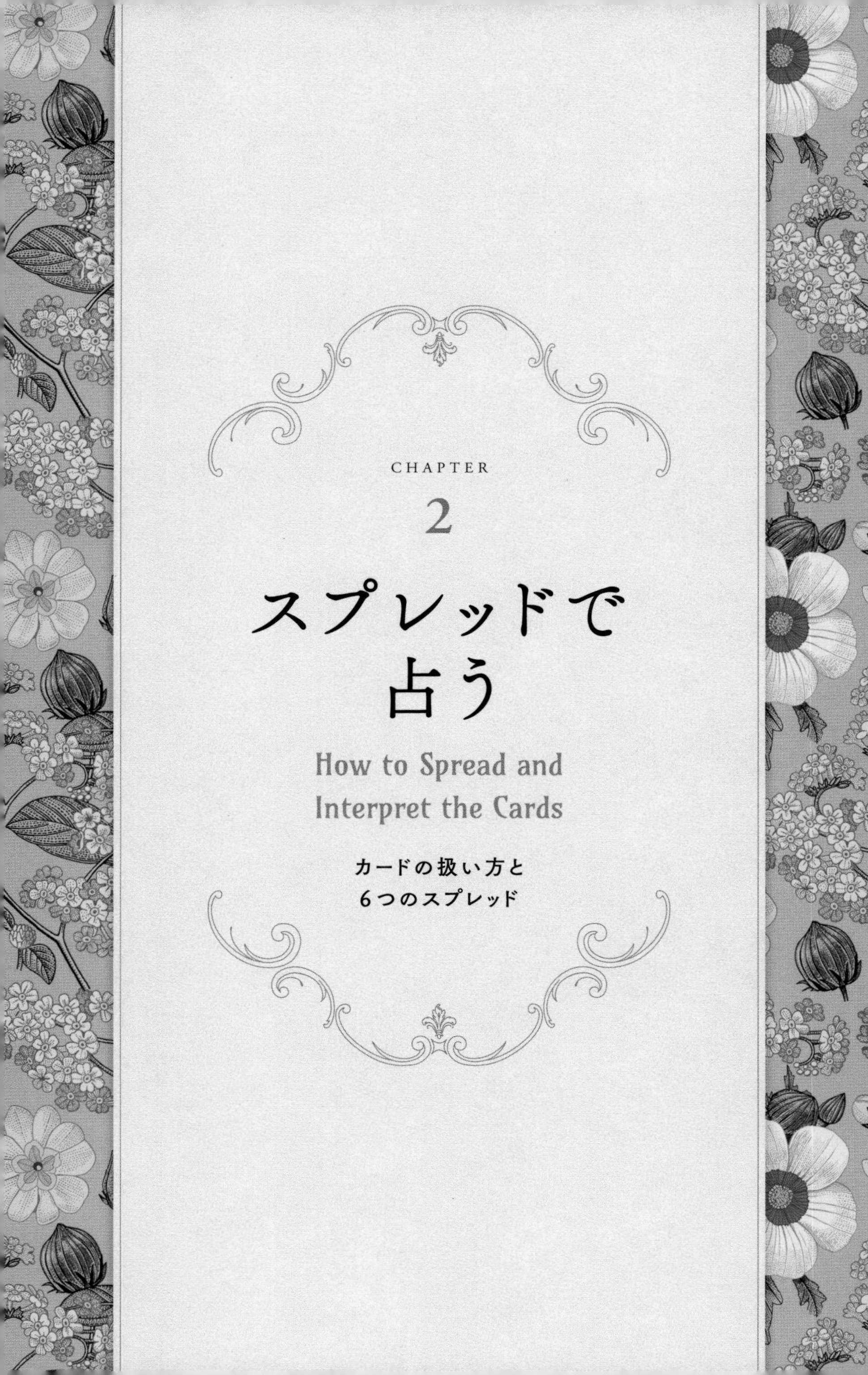

CHAPTER

2

スプレッドで占う

How to Spread and Interpret the Cards

カードの扱い方と
6つのスプレッド

スプレッドの
準備をしましょう

タロットのスプレッド（展開法）に正しいも間違いもありません。多くのタロットリーダー（タロットを読む人）が、特定の状況に合わせた独自のスプレッドを作っています。

カードの並べ方には広く普及しているものも、他の神秘主義分野との関連があるものもありますが、最も人気のあるスプレッドは、ケルト十字スプレッドとホロスコープ・スプレッドです。

スプレッド上の各カードの位置には特定の意味があり、その位置にあるカードの意味を解釈するのに役立ちます。

各カードには多くの意味があります。その意味は、スプレッド上のカードの位置、周りのカード、質問の性質、タロットリーダーの気づきや直観など、さまざまな要因によって異なってくるものです。

スプレッドのリーディングとは、カード自体の意味とスプレッドの位置の意味を結びつけて物語を織りなすようなもの。タロットの解釈は、アートを鑑賞するのと同じように想像力をふくらませる、直観的かつ創造的なものなのです。実際、タロットの専門家であるミューラーとエコールズは、タロットのスプレッドについて「あなたの人生という生きたキャンバスにおける芸術的表現」と述べています。

タロットは自分の想像力を発揮することができるものです。タロット実践者として、必要に応じて独自のスプレッドを自由にデザインしてください。最終的には、どんな状況でも使うことのできるいくつかのスプレッドに落ち着くでしょう。

初心者なら、できるだけ簡単なものから始めてみてください。

ここでは簡単なものから、より複雑なものへとスプレッドを紹介していきますが、まずはデッキの選択とカードを並べる準備から始めましょう。

デッキの選び方

何十種類ものタロットデッキの中から、どうやって自分が使うカードを決めればいいのでしょうか。

幸いなことに、店頭にはタロットの図鑑や数種類のタロットデッキが置かれています。何冊かにパラパラと目を通し、カードも手にしてみましょう。タロットの図柄、色、手触りなど何でも、あなたの心に響くものを選んでください。

タロットを学んでいると、自分のデッキが芸術作品で、大切なアドバイザーだと思えるようになるでしょう。タロットの愛好家になれば、数種類のデッキを所有し、場面に応じて使い分けるようになるものです。

私のお気に入りのデッキは、U.S. Games Systems社の『ユニバーサル・ウェイト・タロット・デッキ』（ライダー・ウェイト＝スミス版）と、Llewellyn 社の『ロビン・ウッド・タロット』の2つです。すべてのカードに色あざやかな絵が描かれている点が気に入っています。

一部のデッキには、数札には数字が印刷されているだけで、絵のないものもあります。初心者はすべてのカードに絵のあるデッキから始めることをおすすめします。カードに描かれた絵が想像力を刺激し、直観を目覚めさせてくれるからです。

『ロビン・ウッド・タロット』（Llewellyn）

カードを知る

デッキを選んだら、そのカードをよく知ってください。

まずカードを取り出して、見てみましょう。

声に出して、そのカードについて表現してみましょう。

そして、カードについて瞑想してみましょう。

カードについて気づいたことをノートに書き込んでみましょう。

自分の反応に注意しましょう。

どのカードが好きで、どのカードが嫌いですか?

それぞれのカードを見て、どんな感情が湧き上がってきますか?

カードの主な雰囲気は、どんなものですか?

カードのさまざまな色は、あなたにどんな影響を与えますか?

カードのどの部分が、あなたの注意を引きますか?

カードに描かれた人、動物、物、出来事について物語を作ってみましょう。

2枚のカードを引いて、両方のカードの意味とシンボルとを組み合わせて、物語を作ってみましょう。各カードの絵について自由に連想して、それをノートに書き留めてみましょう。

タロットのスプレッドを読み取る能力は、78枚それぞれのカードに対して直観をどれだけ発展させることができるかによります。レイチェル・ポラックはタロットカードを「叡智の78の段階」と呼んでいます。

カードに親しむ際には、各カードを構成するそれぞれの要素の意味を考えることが役立ちます。

たとえば、山は大きな困難を表し、岩や丘はそれより小さな障害を意味することがあります。動物はしばしば私たちの本能と動物的性質、または欲望を意味します。水は、気持ちと感情とを表す普遍的なシンボルです。鳥は思考や精神的願望を示します。

シンボルとそれが表す意味をリストにしている著者(グィリー、マン、ミューラーなど)もいます。

タロットに使われている色もまた意味を持っています。
下の表は、さまざまな色の一般的な意味を示したものです。

色	意味
黒	夜の色　死　終わり　暗闇　神秘　オカルト　破滅　復活　否定的態度　罪　物質主義　無知
青	空と海の色　精神　理想主義　熟考　反映　感情　無意識　献身　感情　直観
金	太陽と金属の色　達成　輝き　成功　栄光　神々しさ
グレー	嵐の雲の色　喪　悲しみ　悲哀　悔い改める　うつ　経験から生まれる知恵　和解
緑	植物の色　新しい命　希望　静けさ　出産　成長　安全　安心　豊かさ　健康　若さ　活力
オレンジ	火とライオンの色　プライド　エゴ　輝き　野心　権威　決断力　活力　力
紫	王族の伝統的な色　権力　華やかさ　プライド　正義　深淵なことへの理解
赤	血と火星の色　生命　力　欲望　行動　活力　強さ　エネルギー　勇気　攻撃性　セックス　傷　死　情熱
銀	月の色　神秘　反映　隠された知識　内なる女神　女性的な直観　内面の生気　サイキック能力
白	普遍的な色　純粋　輝き　日光　喜び　幸せ　命　真実　開放性　悟り
黄色	太陽と尿の色　輝き　知性　警戒心　意志　男性的な力

カードのお手入れ

多くの人は大切なもののお手入れをしますが、タロットカードも例外ではありません。

タロット愛好家は、カードをシルクの布で包み、通常は松の木で作られた小箱に入れて保管します。こうして大事に扱うことで、タロットカードを使うのに最適な環境をつくり出すことになるのです。

残念ながら、カードの扱い方については多くの迷信があります。

慎重に保管されていないカードは他人の悪い波動を吸収してしまう、と警告する著者もいます。しかし、私はタロットカードを、元型的なイメージを引き出すための道具にすぎないと考えているので、このような迷信はばかげていると思っています。

もし、悪い波動があるというのなら、その波動は私たちの精神の奥深くからきているものであって、自分自身を振り返り、理解する機会になることでしょう。

大切なのは希望に満ちた期待

ユングは、ラインのESP実験の成功には、希望に満ちた態度が重要な必要条件だと指摘しました。

タロットリーダーは楽観的な感覚を養い、スプレッドに出たカードが、目下の問題に重要な手がかりを与えてくれるはずだと信じることが重要です。

タロット上級者は、経験を積むにつれてこのような態度が自然に身につくようになります。

瞑想的なシャッフルから始めよう

タロットリーダー（タロットを読む人）は、希望をもって臨むのに加えて、スプレッドを展開するために静かで神聖な雰囲気をつくり出すことが必要です。このような雰囲気をつくり出すために、独自の儀式を考案する人もいます。

たとえば、最も一般的な方法としては、リーディングの前に聖なる導きを求めて祈ることです。ロウソク、シルクの布、お香といったものは、瞑想的な雰囲気づくりに役立ちます。

最適なタロットリーディングは、タロットリーダーとクライアント（質問をした人。自分で占う場合はタロットリーダーとひとり二役を兼ねることになります）が心を静め、瞑想状態でカードのシャッフルを行うところから始まります。

クライアントは、自分のした質問を頭に浮かべながらデッキをシャッフル（手でまぜる）します。
瞑想状態でシャッフルしていると、ある時点で、まぜるのをやめるべき瞬間がわかります。

その後、タロットリーダーは、クライアントにデッキを分けてもらいます。
通常、3つに分けたカードの山を左から右に並べ、その逆順（右から左）にカードの山を集め直して1つにまとめます。

それからタロットリーダーは、スプレッドにカードを並べ、解釈していきます。

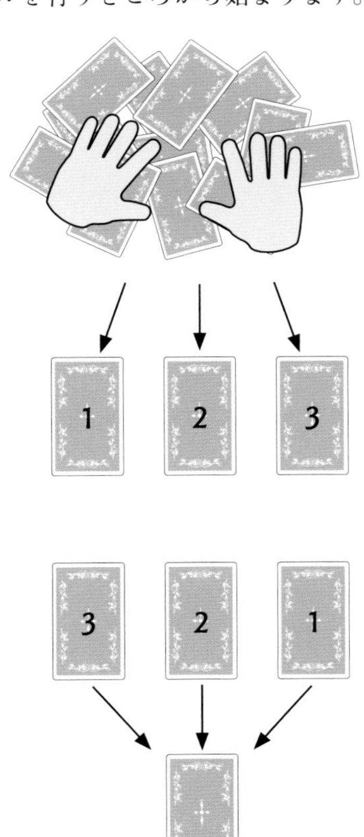

シャッフル中に飛び出すカード

瞑想的なシャッフルの過程で1枚のカード、あるいは数枚がカードの束から飛び出し、勝手に表を向いてしまうことがあります。

このようなカードは重要で、タロットリーダーはスプレッドに進む前に、その飛び出したカードを注意深く研究する必要があります。

ある男性の家族の問題についてのリーディングでは、彼がデッキをシャッフルすると、ソードの8に続いてペンタクルの9のカードが飛び出しました。ペンタクルの9のカードには、財政的に豊かな女性が庭園で孤独を楽しむ場面が描かれています。ソードの8には、周りに突き刺さった剣の輪に閉じ込められている孤独な女性が描かれています。

クライアントは、妻が勤務先の雇用やその保育の取り決めでどんな制約を受けているかを語りました。妻には特別ボーナスをもらって退職する機会がありましたが、クライアントである夫は家計の心配から、妻が働くことを望みました。当時、夫妻は経済的に安定していたものの、育児を分担するためにシフトをずらし、めったに顔を合わせることもなくなっていました。このような状況に夫も妻も孤独を感じていて、クライアントである夫は、家族や夫婦の幸福より経済を優先したことを後悔していました。デッキから飛び出した2枚のカードは、クライアントの心の中にある最も差し迫った問題を見事に描写したのです。

タロット・ノートの作成

タロットを学ぶには、カードとその意味を頻繁に確認することが重要です。その際、各カードから連想したイメージや感情をタロット・ノートに書き留めておくことが役に立ちます。

あなたが定義をつけ足し、現在の印象と併せて学び始めの頃の印象を確認することで、カードの本質がより包括的にわかるようになります。

また、本書に直接、自分の感じたことを書き込んでもかまいません。

1(ワン)カード・スプレッド

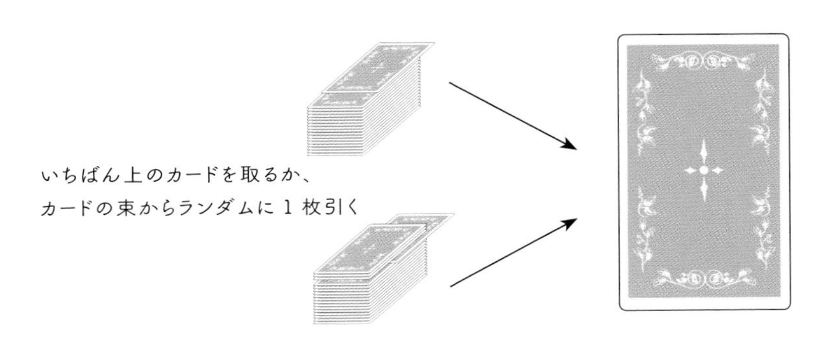

初心者が日常的にタロットを使うのに最も適したスプレッドです。これほど簡単な方法はありません。心静かにタロットをまぜて（シャッフル）、今だと思ったらすべてのカードをまとめてきり（カット）、いちばん上のカードを取るか、カードの束からランダムに1枚引きます。

その日にちと、引いたカードの名前をタロット・ノートに記しましょう。

タロット・ノートを時々確認してみてください。シンボルに対する知識がどんどん増えていくのに驚くことでしょう。

カードの意味を本で調べる前に、自分でカードのイメージを研究してみましょう。

◆カードに何が見えますか？

◆それはあなたのどんな思考や感情をかき立てますか？

◆あなたはそのカードを他の人にどう説明しますか？

◆どんな行動が起こっていますか？

◆そのカードにはどんなキャラクターがいますか？

◆彼らはどんな状況に対応していますか？

◆彼らは何を感じていますか？

◆そのカードから自分の人生の出来事、感情、人について何を思い出しますか？

◆想像力を働かせてください。カードの中の人物や絵と会話をするふりをしてみましょう。
◆あなたはどんな質問をするでしょうか？
◆彼らは何と答えるでしょう？

ばかげている、恥ずかしいなどと感じることでも、ノートに記録してください。それが後で大きな意味を持つことになります。

ノートに自分が感じたことを残しておきましょう。

カードをいつでも持ち歩き、一日のうちで定期的に吟味しましょう。

その日、あなたに起こった出来事と、カードの図柄にはどんな関連がありますか？

これもまたノートに書き留めておきましょう。

寝る前にもう一度、カードを調べてみてください。カードの意味がさらに深くわかるような夢を見たり、連想したりできるかもしれません。そんな夢や思いつきもノートに書き留めましょう。カードに関する夢や内省、連想を記録したら、本書やその他のタロットの本で、同じカードの意味を調べてみてください。

それによって明確になったことはありますか。本の説明ではどう詳しく説明されていますか？　それともどう違いますか？

もう一度、タロット・ノートに書き込んでおきましょう。

カードを使った経験が学びとなることを忘れないでください。本書や他のタロットの本に書かれていることは、二次的資料にすぎません。最終的にはあなたのタロット・ノートが、最も有意義なタロットの教科書となることでしょう。

明確化のカード

1枚のカードが提供する以上の情報を得たい場合がよくあります。

1カード・スプレッドでは解消されない疑問が生じた場合、別のカードを引くことで状況を明確にすることができます。この明確化のカードは、もとのカードの意味にさらなる意味を付け加えてくれるものです。

実際、どんなスプレッドでも、もう1枚引いたり、何枚かのカードを引くことで、もとのカードの意味を明確にすることができます。

3（スリー）カード・スプレッド

現在

未来

名前のとおり、このスプレッドは上のような3枚のカードで構成されます。

1枚目の「過去」のカードは、現状に到るまでの出来事や感情について、何らかの重要な側面を示しています。

2枚目の「現在」のカードは、現状を明確に表します。

最後の3枚目の「未来」のカードは、考えている事項について、この先どうなる可能性があるかを示します。

5（ファイブ） カード・スプレッド

過去

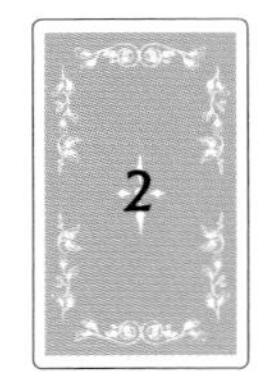

現在

隠れた影響

アドバイス

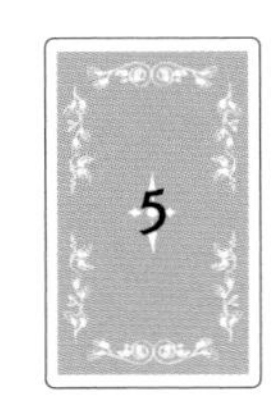

予想される結果

デッキをシャッフルしてカットした後、５枚のカードを上のように並べます。

1枚目の「過去」のカードは、現状に到るまでの影響を表しています。

2枚目の「現在」のカードは、その事柄に関するあなたの現状の思考や感情、行動を反映しています。

3枚目の「隠れた影響」のカードは、あなたが質問について見落としていることや気づきを与えます。

4枚目の「アドバイス」のカードは、どう進んでいけばいいかについて実用的なアドバイスをくれます。

最後の5枚目「予想される結果」のカードは、スプレッドのアドバイスに従った場合に起こりうる結果を示します。この最後のカードを決定論的、または運命的な出来事として解釈してはいけません。タロット・リーディングでは、スプレッドを展開した時点で有効だった力によって起こりうる出来事を示しているにすぎないからです。クライアント（質問をした人）は、自分で自由に決定を下すことができ、それによって将来の出来事が変わる可能性があるのです。

結果のカードがポジティブな場合でも、クライアントはそれを実現するために欠かせない基盤を築く必要があります。

結果のカードがネガティブなものであれば、タロットリーダーは、スプレッドの中の他のカードにネガティブな結果が出ているかを分析して、クライアントにアドバイスしてください。それを聞いたクライアントは、もっと望ましい結果となるように選択や行動を変えていくことができるでしょう。

ホロスコープ・スプレッド

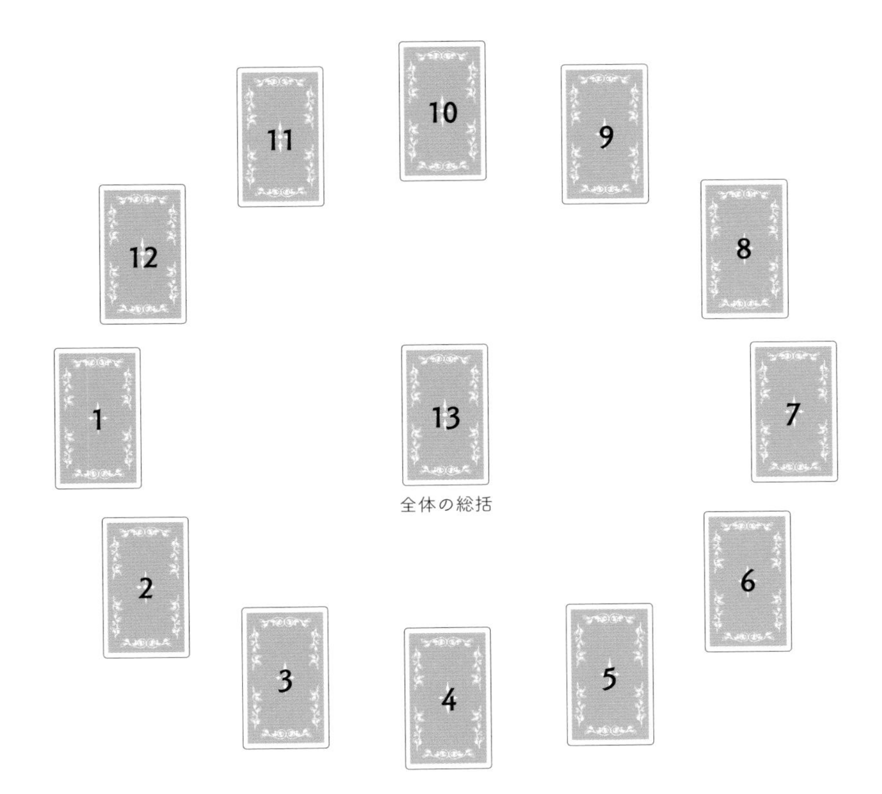

このスプレッドは占星術師に人気です。ホロスコープは個人の一生を象徴する曼荼羅（まんだら）なので、ホロスコープ・スプレッドは一般的なリーディングに最適です。

ホロスコープの第1ハウス（宮）から始めて、12のハウスそれぞれにカードを1枚ずつ、円形になるよう置いていきます。

多くのタロットリーダーが、全体的な指標、スプレッド全体の総括として、最後の13枚目のカードを輪の中央に置きますが、なかには中央のカードを最初に置いてから、それを取り囲む12のハウスに1枚ずつカードを置いていくのを好む人もいます。

各カードは、そのカードが位置するハウスに特有の事柄を象徴しています。
次の表は、各ハウスが意味する事柄を簡単に説明したものです。

ハウス	意味する事柄
第1ハウス	肉体　自己　アイデンティティ　個人的欲求　容姿　活力事業の開始　母方の父　父方の母
第2ハウス	お金　収入　財政　富　価値　所有物　可動商品　資源
第3ハウス	兄弟　隣人　近親者　お金　地元の旅行　短い旅行　意識的な心　記述　早期教育　コミュニケーション　手紙　電話　試験　地域環境
第4ハウス	父　年上　家　家族　不動産　土地　ルーツ　基礎　内需　情緒的安定　墓
第5ハウス	子供　臆測　リスク　趣味　ギャンブル　ゲーム　自己表現　恋愛　愛情　喜び　創造的努力　楽しみ　休暇　情事
第6ハウス	病気　仕事　義務　日常生活　ペット　完璧　退屈　苦痛　サービス　従業員　父方の兄弟
第7ハウス	配偶者　仲間　パートナー　結婚　真剣交際　契約　訴訟　敵対者　対抗者　私設コンサルタント　対等の立場にいる人　父方の父　母方の母
第8ハウス	セックス　死　税金　他人のお金　ローン　遺産　死者の所有物　他人の財産　保険　パートナーのお金　研究　個人的変革　深い理解　オカルト趣味
第9ハウス	長距離旅行　宗教　法律　高等教育　哲学　より高い志　海外への興味　放送　出版　予測　配偶者の兄弟
第10ハウス	母　キャリア　職業　野心　上司　知事　成功　公的な地位　評判　地位　社会　規律　構造　運命
第11ハウス	友人　グループ　クラブ　社会活動　社会　アドバイス　無関心　希望と願い　人道的懸念
第12ハウス	孤独　監禁状態　入院　後退　犠牲　隠れた問題　秘密の連絡　心理的問題　元に戻す　秘密　瞑想　無意識　潜在意識　母方の兄弟

12か月スプレッド

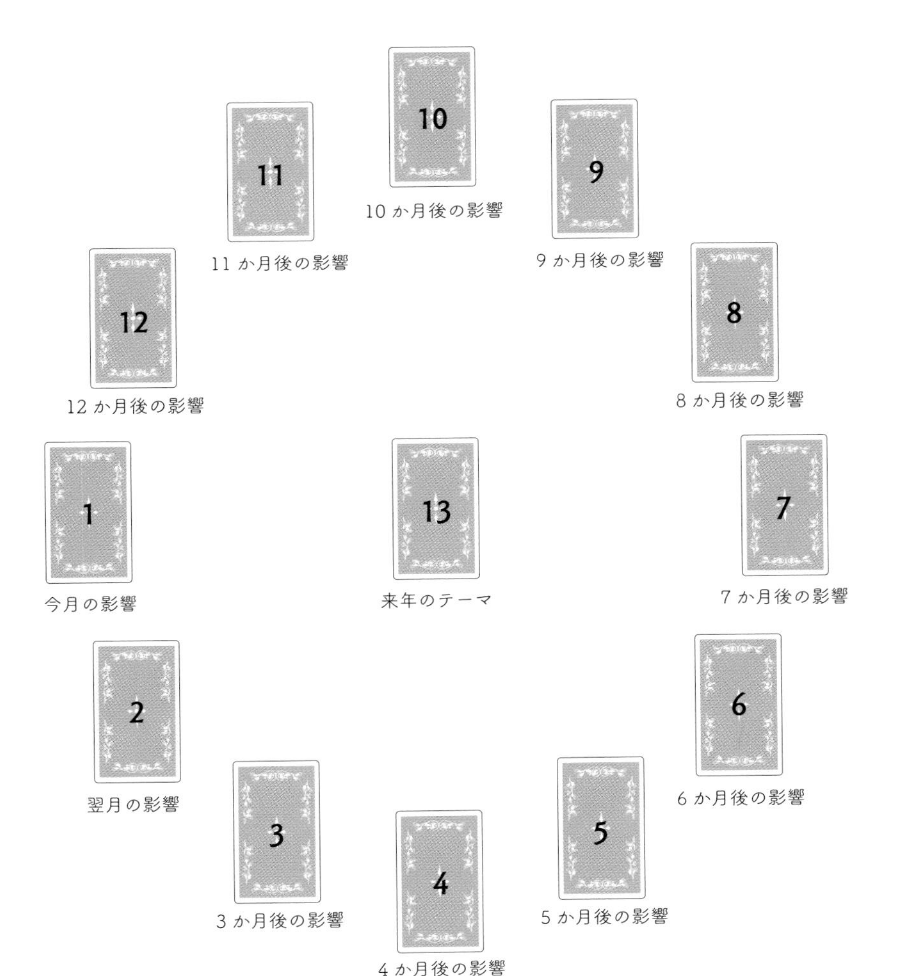

12か月スプレッドは、ホロスコープ・スプレッドと並べ方は同じですが、違いは最初の1枚目の位置のカードが「その月の影響」を表し、2枚目の位置にあるカードが「翌月の影響」を表し、それが円を描くように繰り返されていくことです。そして13枚目のカードは、「来年のテーマ」を示します。

ケルト十字スプレッド

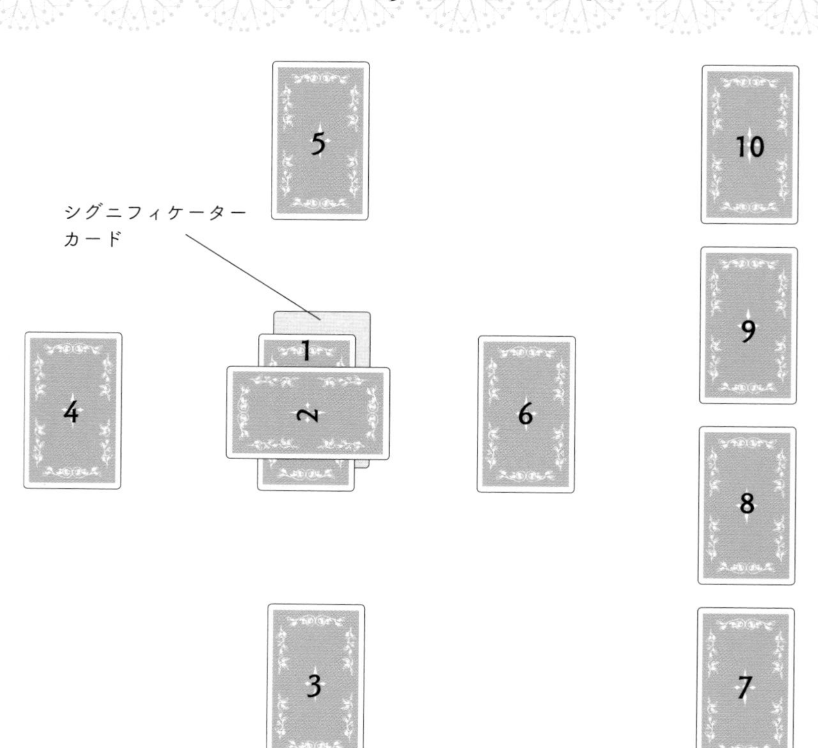

1：質問の本質
2：障害
3：現状の基盤
4：直近の過去
5：起こりえる最良の結果
6：近い将来
7：あなたの立ち位置
8：環境・周囲との関係
9：願望・恐れ
10：結果

上のようにカードを置くケルト十字スプレッドは、タロットカード愛好家の間で最も人気があり、ぜひマスターしておきたいものです。アーサー・エドワード・ウェイトは、このスプレッドを「明確な質問に対する回答を得るのに最も適している」と推奨しました。

ケルト十字スプレッドには、カードを並べて十字架をつくるという、キリスト教のシンボルが込められています。

このスプレッドは、クライアント（質問者。自分で占う場合は、あなた）や質問そのものを表すシグニフィケーターカードを選ぶことから始まることがあります。

タロット実践者の中には、このシグニフィケーターカードを省略してカードを並べていく人もいます。私もシグニフィケーターカードを省くほうが好みです。そうすれば、デッキの全78枚のカードがケルト十字のいずれの位置にも現れる可能性があるからです。

シグニフィケーターカードの選び方

シグニフィケーターカードを使う場合、デッキの78枚のカードのどれでもかまいません。

シグニフィケーターカードについての基本的な考え方は、「精査する人や事柄を説明する」ということです。

一般的に、人を表す場合はコートカード、状況を表すなら大アルカナか数札です。

たとえば、法律的な事柄を示したいのなら、シグニフィケーターカードに「正義」を選び、家族の集まりを象徴したいのなら、ペンタクルの10となるでしょう。

キングとナイトは男性を表し、キングのほうが年上でより成熟しています。クイーンとペイジは女性を示し、クイーンのほうが年上で成熟しています。

クライアントの星座（サイン）がわかれば、シグニフィケーターカードを選ぶ際に次のような対応表を参考にしてください。

サイン（星座）	スート
火の星座　牡羊座、獅子座、射手座	ワンド
地の星座　牡牛座、乙女座、山羊座	ペンタクル
風の星座　双子座、天秤座、水瓶座	ソード
水の星座　蟹座、蠍座、魚座	カップ

シグニフィケーターカードのもう1つの選び方は、クライアントを物理的に表現することです。次の表にいくつかのガイドラインを示しておきます。状況に応じて、自由に例外を作ってもかまいません。

たとえば夢見がちで、想像力豊かな、黒い瞳と黒髪の若い男性は、ペンタクルというよりカップのナイトがぴったりくるでしょう。

タロットリーダーの中には、クライアントに自分に最も似ていると感じるカードをデッキから1枚選ばせる人もいます。

スート	肌や容姿	髪	瞳
ワンド	色白　そばかす	黄色　赤褐色 赤みがある	暗い または明るい色
カップ	色白　中ぐらい	明るい茶 金髪　グレー	グレー　青 薄茶色
ソード	くすんだ、つやのない色 小麦色	茶　黒	明るい
ペンタクル	暗い　血色の悪い 民族的	黒　こげ茶	茶　暗い

シグニフィケーターカードを選んだら、それを表に向けてテーブルの上に置き、残りのカードをシャッフルします。

シグニフィケーターカードに人物の姿があれば、そのカードの人物がどちらを向いているかをメモしてください。これは4枚目のカードを置くために重要になります。

デッキを3つの山に分け、最後の山がいちばん上に来るよう、逆順にひとつに重ねます。

1 デッキのいちばん上のカードを取り、表向きにして、「このカードがあなたを覆っています」と言いながら、シグニフィケーターカードの上に置きます。

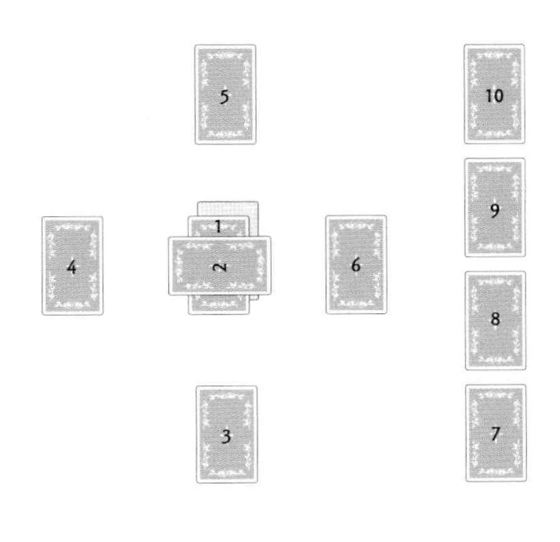

このカバーリングカードは、しばしばクライアントの質問内容や目下の問題、影響、現在の状況の本質、その事柄を取り巻く雰囲気を明らかにします。このカードは、質問に関してクライアントがどのような状態にあるのかを表すものと考えてください。

2 2枚目のカードを取り、表向きにして、1枚目のカードの上に横向きで置き、「これがよくも悪くもあなたを邪魔している」と言います。

このクロッシングカードは、障害の本質や欠如していること、どのような力がクライアントを助けたり妨害したりしているか、そしてどんな問題や困難が邪魔をしているかを表しています。

このカードは、対立、悩み、課題、困難、あなたが直面しなくてはならない問題を示していますが、同時にチャンスや頼りになる援助なども示しています。

クロッシングカードは通常、逆位置ではなく正位置で解釈してください。

ポジティブなカードなら、乗り越えなくてはならない障害はほとんどないことを意味し、サポート、成長、チャンスがどこにあるかを示しています。ネガティブなカードなら、挑戦や障害、または状況を変えるものを明らかにします。

このカードを解釈するには、カードが示す課題や利点の本質が何かを自分自身に問いかけてみましょう。何がクライアントを助け、何が妨げとなっていますか？

レイチェル・ポラックは、このケルト十字スプレッドの1枚目と2枚目のカードを、スプレッド全体の本質をつかんだ「小十字」とみなし、その本質をとらえています。私もそれを実感しています。

たとえば、ある若い男性が、人間関係について尋ねたことがありました。彼のカバーリングカードは大アルカナの「節制」、クロッシングカードはソードの2でした。クライアントのジレンマは、すでに関係は安定していましたが、浮気を考えていたことです。ケルト十字の初めの2枚が彼のジレンマを見事に映し出しています。「節制」のカードは理想的な安定した関係、つまり彼の現状を反映しており、ソードの2は浮気をして恋人を裏切るかもしれないという葛藤を表しています。

3 3枚目のカードを取って表にして置き、「これがあなたの下にあります」と言います。

このカードは影響を与えている過去の問題、過去の経験、繰り返し起こす行動、モチベーション、どこから問題が来ているのか、内部要因、および現在の状況のルーツや基盤を示しています。このカードはクライアントの根源を示しているのです。

4 4枚目のカードを取り、表にしてシグニフィケーターカードの左側に置き、「これがあなたの後ろにあります」と言います。

（このカードをシグニフィケーターカードの人物が目を向けていない側のほうに置くタロットリーダーもいます。シグニフィケーターカードの人物が右も左も見ていない場合は、4枚目のカードをシグニフィケーターの左側に置きます）

この「直近の過去」のカードは、通り過ぎたばかりの影響を示しています。このカードは、過去数週間の出来事、感情、コミュニケーション、状況、さらには夢をも意味します。こうした事柄は、投げかけている質問に関連するのが普通です。

4枚目のカードを配置するもう1つの方法として、シグニフィケーターの左か右のどちらに「直近の過去」を表すのか、あらかじめ決めておく方法があります。そして6枚目のカードはシグニフィケーターの反対側に置いて、「近い将来」を表すことにしておきます。

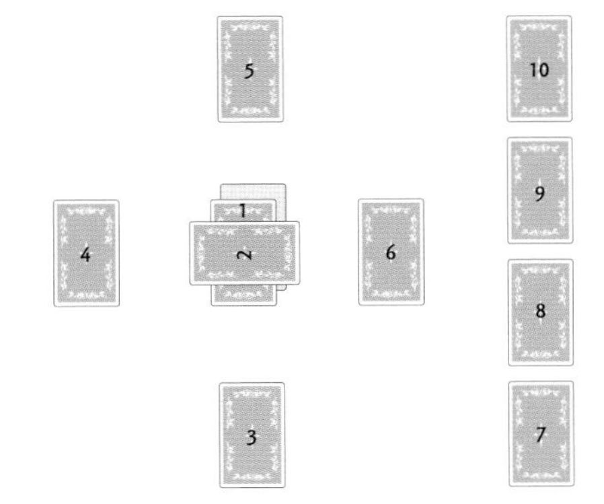

5 5枚目のカードを取って表にして置き、「これがあなたのクラウンです」と言います。

このクラウンカードは、あなた（クライアント）の潜在的な力を表しています。また、クライアントの理想、目的、選択、意図、発展の道筋、可能性やチャンスを意味します。このカードは、もう1つ別の未来、潜在的な新たな方向性、そして多くの場合、起こりえる最良の結果を明らかにします。

クラウンカードは、2枚目のカードで課題と援助を示された後、「クライアントが状況をどのように解決するのか、質問がどこにつながるのか、成長と解決のためにどんな選択肢があるのか」を確認するのに役立ちます。

これに対して3枚目のカードは、「自分がどこに向かっていて、手元にあるものをどう活かしていけばいいかをアドバイスしてくれている」と考えてください。

6 6枚目のカードを引いて、シグニフィケーターカードの右側に表向きにして置き、「これは、これからのあなたです」と言います。

直近の未来、または近未来を表すカードは、近い将来に発生する状況や影響を明らかにします。これには、新しい人、新しいアイディア、または将来の状況も含まれます。このカードには、その事柄に関して、これから数週間のうちに起こるであろうことが示されています。

6枚目のカードが示す出来事には、後で尋ねた事柄を解決するために、注意や行動が必要になることを示しています。このように近い将来に起こることに気を配ることが、5枚目のクラウンカードで示される起こりえる最良の結果に影響を与えます。

これで並べたカードが十字の形になります。

十字の右側にさらに4枚のカードを下から順に、柱または杖の形に置いていきます。

7 7枚目のカードを表にして「これはあなたの自己です」と言いながら置きます（ウェイトは「あなた自身」という言葉を使いましたが、私はユング的な意味合いを含む「あなたの自己」という表現が好きです）。

このセルフカードは、問題のどこにあなた（クライアント）の立ち位置があるのかを象徴しています。あなたの心の状態、自分自身への見方、感情、態度、秘めた願い、そしてあなたが現状をどうみなしているのかを明らかにします。

8 セルフカードの上に8枚目のカードを表にして置き、「これはあなたの環境とあなたの周りの人たちです」と言います（ウェイトはこれを「ハウスカード」と呼びました）。

このカードは、あなた（クライアント）の周りの人たちとの関係性と、その問題を周りの人たちがどう見ているかを示しています。

8枚目のカードは、家族や友人、同僚、問題に関係する他の人たちの意見を表しています。また、外部の影響や居住地を含む環境要因が、結果にどう影響するかを明らかにします。

9 9枚目のカードを表にして、「これはあなたの希望、不安、期待です」と言いながら置きます。

このカードは、現状から何を期待したり望んでいたりするかということと、あなた（クライアント）が恐れていることを明確にするものです。

ポジティブなカードであれば、希望と願いを、ネガティブなカードであれば、あなたの不安や疑いを示しています。

時にこの場所に出てくるカードは、結果に影響を与える予期せぬ要因を示すことがあります。

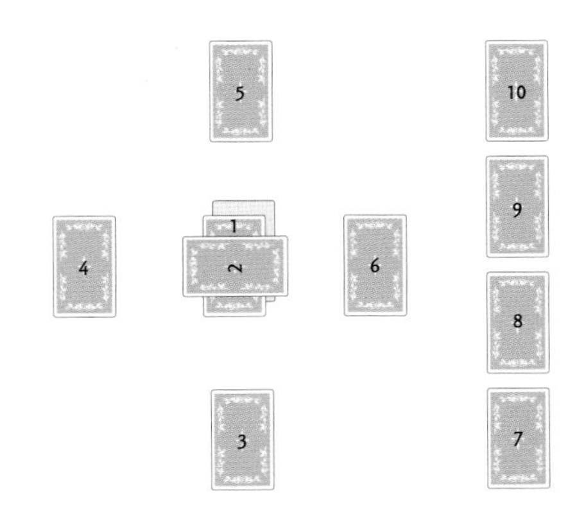

10 「これが結果として起こるでしょう」と言いながら、最後の10枚目のカードを表にして置きます。

この「まとめ」と言える、または最終結果を表すカードは、最も可能性の高い将来の結果、つまりスプレッドが導いてきたところ、問題の最終的な解決を象徴するものです。

これはスプレッド上の他のすべてのカードの集大成であり、カード単独で解釈することはできません。特に最終結果のカードをクラウンカード（5枚目）と直近の未来を表すカード（6枚目）の両方と比較する必要があります。

この10枚目のカードがコートカード（人物カード）の場合、結果はその問題を結論に導く別の人物に依存することを示す場合がよくあります。

とすれば、10枚目の位置にあるコートカードを、次に行うケルト十字スプレッドのシグニフィケーターカードとして使うこともできます。

あるいはもっと簡単に、コートカードが最終結果（10枚目）の位置に出たら、明確化のカードを1枚（あるいは複数枚）引いて、10枚目のコートカードで示されている人物がどんな意味を持つのかを確認することもできます。

コートカードには最終的な結果を表す抽象的な意味もあります。

まとめると、ケルト十字スプレッドは、問題についてのあなた（クライアント）の感情や動機をはっきりさせるのに役立つ、一連の筋道だった質問に答えてくれるものです。

1枚目のカードは質問をした時の状況、2枚目は直面する障害や自由に使えるリソース、3枚目のカードはその状況の可能性とあなたに開かれたさまざまな選択肢を強調しています。

4枚目のカードは、あなたの質問がどこから来ているものかを示します。

5枚目と6枚目のカードは、あなたの質問に関する直近の過去と近い将来の出来事や感情を示します。

7枚目のカードは自己見解を示唆し、8枚目は他の人が問題をどう見ているかを明らかにします。

9枚目はあなたが望んでいることと期待していることを示し、10枚目はこれまでの9枚のカードを要約して、問題の方向性を示します。

逆位置のカードの読み方のコツ

逆位置のカードにはさまざまな意味があり、解釈が難しい場合があります。

カードが逆位置に出ても、正位置ととらえて解釈する人もいます。このように正位置だけで解釈するやり方では、読み解ける数が78に限られてしまいますが、逆位置を加えれば、その数は2倍に広がります。

私は、逆位置のカードはたとえわかりにくいとしても、何らかの意味があるに違いないと感じています。何より、逆位置のカード自体が注意を引くので、スプレッドの中で見るには少し苦労するものです。

唯一、逆位置に出てきても自然なのは「吊るされた男」ですが、このカードは逆位置で現れた他のカードの意味を読み解くヒントを与えてくれる可能性があります。「吊るされた男」は、異なる視点から、しかもより精神的、内面的な観点から問題を見るように助言しています。

おそらく、タロットが引っくり返って落ちることも同様に、カードの正位置の意味に対する考えやアプローチを変えるよう、私たちに問いかけているのでしょう。

また、逆位置のカードにはネガティブな意味があると信じている人もいます。

リーディングにおける逆位置のカードは主に、問題、障害、遅延、妨害、難しい決定、精神的努力の必要性、心配、不安、病気、ストレス、悪いニュース、壊れた関係などを示唆しますが、それは実際のカードの内容がこの解釈で矛盾がない場合に限られます。

正位置か逆位置かにかかわらず、スプレッド全体の文脈で解釈する必要があることを覚えておいてください。

逆位置のカードは必ずしもネガティブな意味というわけではありません。カード本来の意味は位置に関係なく同じですが、カードの意味の受け取り方は変わるかもしれません。スプレッドでの逆位置のカードは、ホロスコープの星の逆行に似ていて、象徴されるエネルギーは外よりも内に向けられます（訳注：行動よりも内省、未来よりも過去、といった意味)。

逆位置のカードは、単に正位置ではとらえにくい、あるいは表現しにくいことを表しているだけの場合もあります。

たとえばカップのキングは、深い思いやりを表すカードですが、逆位置になると、思いやりの欠如した男性(ネガティブな意味)、あるいは優しさを表現するのが難しい男性を示す場合があります。また、このカードは男性の内にある愛情の深さを私たちが理解できずにいることを意味している可能性もあります。

正位置のカードは、はっきりとわかりやすく表現されているのに対し、同じカードの逆位置は、密かに、あるいは暗に表現することがあります。

正位置のカードがポジティブな意味合いを示す場合、同じカードの逆位置は通常、ポジティブな性質が過剰であることを示している可能性があります。

正位置のカードがネガティブな意味合いを持つ場合には、逆位置は困難な状況が終わりに近づいていることを意味することもあるでしょう。

タロットカードは、私たちに絵だけで語るものです。

伝統的な長方形のデッキでは、スプレッドのカードは正位置か逆位置になりますが、最近の正方形や円形のデッキでは、スプレッドのカードはさらにたくさんの方向を向く可能性があります。けれども、ほとんどのタロットリーダーは、スプレッド内のカードの向きが正位置であろうと逆位置であろうと、またはその他の向きであろうと、依頼者の状況のある側面を表していると考えます。

逆位置のカードが意味するニュアンスを把握するには、逆さまになっている絵の意味をよく考え、解釈に取り入れなくてはなりません。

もし正位置のカードではストレスがかかることを示していたら、その逆位置は正位置の示すメッセージを強調するか、軽減するかのいずれかになる可能性があります。逆位置のカードは正位置のカードの意味を引っくり返す可能性があるという点で、正位置とは正反対の意味を表す場合もありますし、正位置のカードの示す状況がすでに終わっていることを示すために現れることもあります。

逆位置のカードは、クライアントが自分の置かれた状況の重要性を理解するのに苦労していることを示唆しており、その意味を理解するにはより多くの労力が必要になります。逆位置のカードの解釈に苦労すること自体が、その問題が長引くか、あるいは慢性化していることを反映している可能性もあります。

多くは、正位置のカードは明確で客観的な意味を示し、逆位置のカードは、隠された、より個人的で主観的な意味を示します。

逆位置のコートカードは、正位置よりも信頼できない人を意味する場合があり、また、裏で動く人や自分の影の部分を表現している人物を象徴することもあります。

ここに正位置と逆位置の主な意味を挙げておきます。

正位置の意味	逆位置の意味
受容	拒絶　抵抗
短期的	慢性的
意識的	無意識的
正しい使用	乱用
直進的	逆行的
表現しやすい	表現しにくい
理解しやすい	理解しにくい
外的	内的
信頼	信頼の欠如
速い	遅い
進行中	終了　完了
論理的	直観的
適度	過度
俗世間的	スピリチュアル
普通の表現	度を超す　過剰

正位置の意味	逆位置の意味
客観的	主観的
明らかな	微妙な
一方向に	反対方向に
外側	内側
明らかな	秘密　隠された
ポジティブ	ネガティブ
～の存在	～の不在　～の必要性
順調に進む	問題のある　ストレスの多い
公的な	私的な
速い	遅延
現実の	想像の
信頼できる	信頼できない
制限のない	制限された
望んで求める	控える
陽	陰

逆位置のカードを解釈した例として、21ページで触れた脳腫瘍の少年についてのスプレッドで、逆位置のソードの10は、死からの脱出と、より高いパワーに頼る必要性を示しました。同じスプレッドで逆位置のソードの8は、ある種のつまりや障害が取り除かれることを示唆していました。

もう1つの例として、1992年のロサンゼルス暴動につながったロドニー・キング事件(白人警官による黒人青年暴行事件)の判決が出る日の朝、瞑想中に逆位置の「正義」のカードが現れました。その逆の意味で、不正が行われていることを示しています。多くの人が、警察官への無罪判決は不当であり、告発された警察はロドニー・キングに対して不当な行為を行ったと感じていました。

「正義」の逆位置とともに逆位置のペンタクルの8が出て詐欺を示し、ロサンゼルスの黒人社会での暴動を助長した失業とチャンスの少なさを示していました。

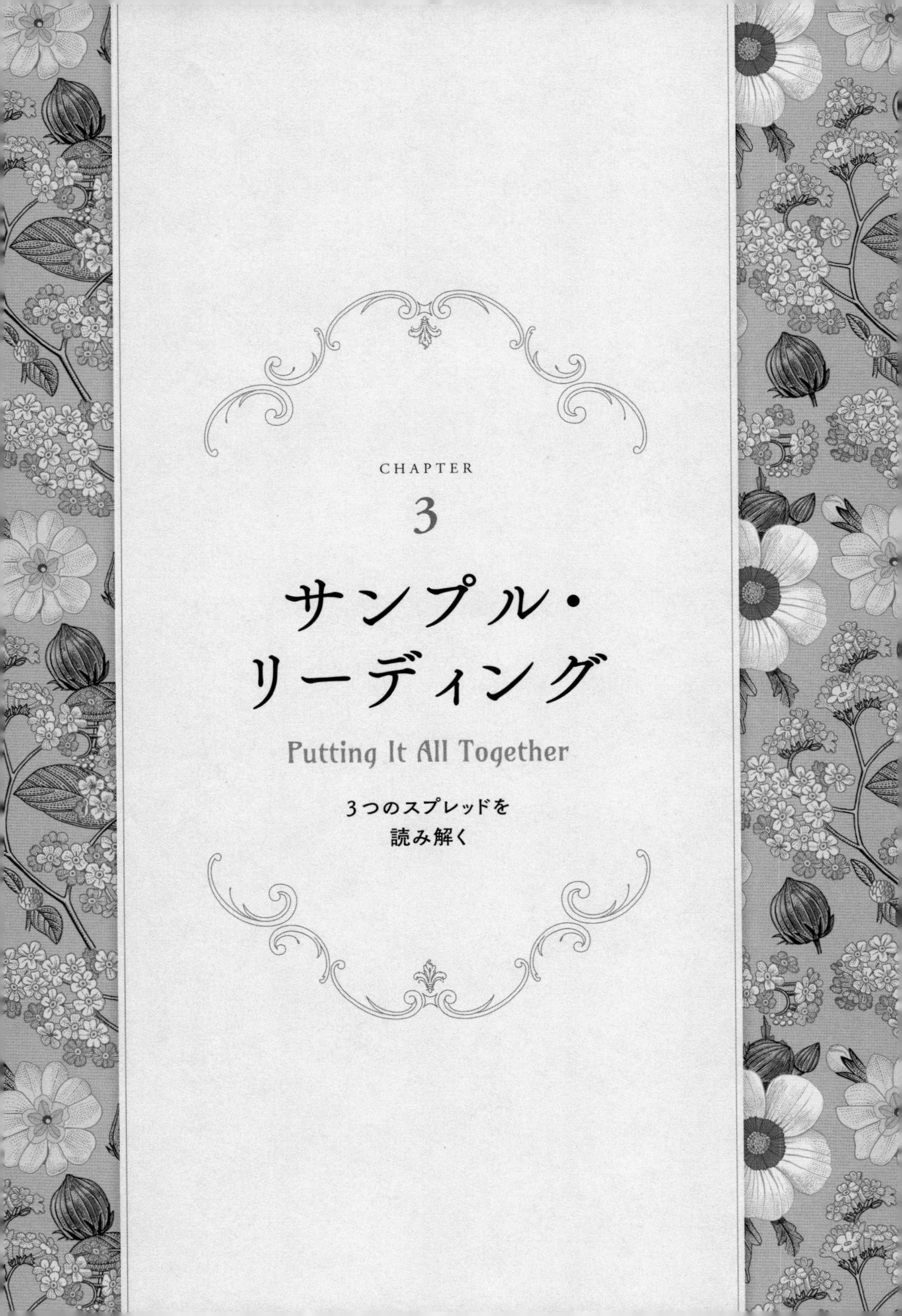

CHAPTER

3

サンプル・リーディング

Putting It All Together

3つのスプレッドを
読み解く

ケルト十字スプレッド
3つの実例

ギリシャ神話では、クレタ島のミノス王の娘アリアドネが、テセウスにミノタウロスの迷宮を通るための道しるべとして糸玉を渡します。迷宮から脱出したテセウスは命を救ってくれた糸に感謝しました。

タロットリーダーはテセウスのように、アリアドネの糸をたどってより複雑なスプレッドを解釈しなければなりません。

最良の学び方は、繰り返し行うことです。

この章では、私のノートからケルト十字スプレッドの3つの実例を紹介します。

タロットカードを学ぶ皆さんのお役に立ちますように。

ケース1 仕事とこれからの人生を占う

クライアントは、あるニューヨーク州立大学で副学部長を務める人物です。30代後半の独身女性で、教育者としての仕事を大切にしていました。州の予算が危機的状態に陥り、ニューヨーク州は数人の副学部長を解雇し、その職務を他の大学職員に割り当てる決定をしました。1992年5月の初めには人員削減が行われることになっており、数か月か1年以内に二度目の削減が行われる予定でした。1992年4月21日、クライアントは「今年（1992年）、私は職を失うのでしょうか？」と尋ねました。彼女は数週間以内に職を失うかもしれないと心配していたのです。

副学部長としての彼女の立場から、彼女のシグニフィケーターカードにワンドのクイーン（向かって右側を向いている）を選びました。ワンドのクイーンはキャリアウーマンを表します。タロットカードは、将来を表すカードを右に、過去を表すカードを左に置くことが多いので、このケルト十字スプレッドでは彼女を表すシグニフィケーターカードのクイーンが右側を向いていることが重要でした。つまり、彼女の未来は彼女の前に広がり、過去は背後にあるのです。

それぞれのカードを解釈する前に、カードを読む人はスプレッドの全体的な感触をつかむ必要があります。その方法の1つが、スプレッド内の10枚のカードの要素をグループ化することです。

スート別（＋大アルカナ）	
カップ	3枚
ワンド	2枚
ペンタクル	2枚
ソード	0枚
大アルカナ	3枚

数札とコートカード（＋大アルカナ）	
数札	6枚
コートカード	1枚
大アルカナ	3枚

正位置・逆位置のカード	
正位置	8枚
逆位置	2枚

クライアントが明らかにストレスと心配を抱えている状況を考えると、ソードが1枚も出ていないのがこのスプレッドの大きな特徴です。これは彼女の心配がカードには表れていないということなのでしょうか？　ソードの不在というテーマは、スプレッドに逆位置のカードが少ないことで繰り返されています。

カップが何枚も出ているのは、何よりも彼女の心にあるのが感情的、あるいは人間関係の問題であるということを示唆しています。3枚の大アルカナカードは、クライアントにとってのこの問題の重要性を反映しています。

結局のところ、彼女の生活は危機に瀕しています。大アルカナカードはクライアントにとって非常に重要な問題を示し、運命の力がその問題に関係していることを暗示していることがよくあります。

コートカードであるペンタクルのキングが1枚出ていることから、現実的で金銭意識の高い年配男性がこの問題に関係していることを示しています（おそらくマリオ・クオモ知事か大学から副学部長を排除する計画を立てた政府関係者の可能性があります）。

もう1つの方法は、番号のついたカードの数字をすべて足し、その合計が数秘術的な桁数（1～10）かマスターナンバー（11か22）になるまで足していくことです（数秘術についての詳細は巻末の「追記B　数秘術とタロット」を参照）。コートカードには番号がついていないので、足し算には加えません。

このリーディングでは、

3＋2＋7＋3＋17＋7＋0＋4＋20＝63

となり、数秘術ではその合計の数字をさらに分けて一桁になるまで足すので、

6＋3＝9

となります。

数秘術では9は終わりや完成を表す数字です。9は1つの周期の終わり、これまでの仕事を片付けて、次の周期を始める準備をすることを示唆するものです。確かに9の意味は、自分のキャリアのフェーズを終わらせることに関するこのリーディングに適しています。

さて、次はケルト十字スプレッドの各カードについて1枚ずつ見ていきます。

クライアントを覆うカップの3は、失業問題に直面している時に引くには妙なカードです。

カップの3は、彼女が初回の解雇者にはあたらないため、祝福の意味を示唆しているのです。相互共有を示すカップの2というクロッシングカード（邪魔しているもの）は、もう1つの希望のサインです。このクロッシングカードは、パートナーや援助がないという障害を示しているのではありません。おそらく失業の危機が、結婚や落ち着きたいという気持ちを引き起こすのかもしれませんし、あるいは同僚に助けられるかもしれません。

クラウンカードは、ペンタクルの3。これは熟練した職人技と自分の能力に対する評価を意味するカードです。クラウンカードとしてペンタクルの3は、可能性のあるポジティブな結果、またはクライアントが期待できる最高のものを示します。クライアントの仕事の能力が認められ、このことが彼女に有利に働くという暗示です。もし解雇されても、彼女のスキルや才能を活かした新しい仕事につくことができるでしょう。

ワンドの7が下にあり、ある状況の基礎と過去の影響を示しています。ワンドの7は、クライアントが立ち上がって自分の立場を守っているところを示しています。

クライアントの後ろにあるペンタクルのキングは、直近の過去の出来事を示しています。ここでのキングはおそらく、解雇のプロセスを始動させた、世俗的な権力を持つケチな年配男性を意味します。抽象的な解釈では、ペンタクルのキングは州の予算という意味に読めます。

希望に満ちた大アルカナカードである「星」がクライアントの前にあり、直近の未来の出来事を示しています。「星」はとてもポジティブなカードなので、クライアントにはすぐに良い知らせや有望な手助けがやってくるでしょう。「星」はしばしばクライアントに、特別な才能を伸ばし始めるよう助言します。

セルフカードは、逆位置のカップの7。このカードは、差し迫った解雇問題へのクライアントの悲観と不安を反映しています。彼女がすぐに職を失うかもしれないという心配には根拠がないことを示唆しているのでしょう。

環境のカードは、逆位置の「愚者」。ニューヨーク州は副学部長を解雇しようという〝愚か〟な行動を取っています。彼女の周りの人たちは、彼女が不安定な状況にあると感じています。

希望や期待のカードは、正位置のワンドの4。このカードには、安全、繁栄、そして根を下ろすという意味があります。明らかにクライアントは、心に安心感があります。ワンドの4は、スプレッドにある3枚のカップのカードとともに、彼女の心に結婚の可能性が出てきたことを示しています。

結果のカードは、大アルカナカードの「審判」。この結末は、彼女の人生で重要な出来事となるでしょう。「審判」のカードは、再生または復活、つまり人生の新たな局面に入ることを表しています。

結果を表す位置に「審判」のカードがあるということは、ポジティブな意味を示しています。彼女が1992年に職を失う可能性は低いでしょう。たとえ、彼女が副学部長としての現在の職を失ったとしても、これは彼女のキャリアにとって重要な、新しいステージの扉を開くための歓迎すべき変化です。最終的には前向きなキャリアチェンジ（再生）が起こりそうです。

実際の結果

ニューヨーク州職員の多くが解雇されたにもかかわらず、クライアントは1992年には解雇されませんでした。1994年にようやく解雇されましたが、仕事に耐えられなくなっていたので、大いにほっとしたのです。これを記している時点で、根っからの動物好きである彼女は、趣味として長い間やってきた特別な才能である、ペットと一緒に働く新しいキャリアを喜んで追及しています。

ケース2 選挙戦の行方を占う

1992年のアメリカ大統領選挙戦で、民主党の支持者である友人のレイチェルは、共和党のロス・ペローが選出されることを心配していました。

彼女は、ロス・ペローは国を動かす器ではないと信じていました。1992年6月13日、ペロー氏の人気絶頂期に、レイチェルは「ロス・ペローが大統領になるの？」と私に尋ねたのです。質問が個人的なことではないので、シグニフィケーターカードは使いませんでした。

1「あなたを覆っているのは」
皇帝〈正位置〉

2「あなたを邪魔しているのは」
愚者〈通常、正位置で解釈〉

3「あなたの下にあるのは」
悪魔〈正位置〉

4「あなたの後ろ（過去）にあるのは」
ワンドのペイジ〈逆位置〉

5「あなたのクラウンは」
カップのキング〈正位置〉

6「あなたの前（近い未来）にあるのは」
ペンタクルの3〈正位置〉

7「あなたの自己は」
節制〈正位置〉

8「あなたの環境は」
カップのエース〈正位置〉

9「あなたの希望や期待は」
ソードの9〈逆位置〉

10「これが結果です」
カップの9〈正位置〉

スート別（＋大アルカナ）	
カップ	3枚
ワンド	1枚
ペンタクル	1枚
ソード	1枚
大アルカナ	4枚

数札とコートカード（＋大アルカナ）	
数札	4枚
コートカード	2枚
大アルカナ	4枚

正位置・逆位置のカード	
正位置	8枚
逆位置	2枚

カップのカードが3枚出たことは、レイチェルにとってこの質問が感情面に大きな意味を持つことを示しています。実際、彼女は取り乱していました。大アルカナカードが数多く出たこと

は、この質問が国にとっても重要な問題だということを強調しています。

スプレッドの1の位置に「皇帝」が現れたことで、当面の問題が要約されます。誰が王になるのでしょう？　「皇帝」の上には「愚者」が横たわっていて、愚かな男が国を治めることになるかもしれないというレイチェルの心配を反映しています。

私が驚いたのは、クラウンの位置にカップのキングが出たことです。このカードは起こりえる最良の結果を示すことが多いからです。私には、ビル・クリントンがカップのキング（感情豊かで慈悲深い、他人の福祉に関心があるという特徴）に最も近いように思えましたが、当時の彼の人気は極めて低く、ブッシュかペローが選ばれる様相だったのです。

3枚目のカードの位置に「悪魔」が出たのは、ロス・ペローの動機が貪欲で、権力と支配への欲望に基づいているというレイチェルの見解を反映しています。「悪魔」のカードは、抑えられない欲望と人間のダークサイドを表しています。

逆位置のワンドのペイジは、直近の過去を示し、世論調査でペローが優位に立っていることへのレイチェルの落胆の表れです。正位置のペンタクルの3は、直近の未来を表し、レイチェルを安心させるようなポジティブな出来事が今にも起こりそうなことを示唆しています。

セルフカードは「節制」で、ホワイトハウスには節度ある人に入ってほしいと思っているレイチェルの願望の表れです。彼女はペローが極端な立場をとっていると見ていたのです。

環境を示すカードにカップのエースが出たのは、レイチェル自身と家族の問題に対する感情的な懸念を強調しています。

希望や期待を示すカードは、逆位置のソードの9。ソードの9は「悪夢のカード」と呼ばれ、ペローが大統領になったら絶望と抑圧の時代になるだろうというレイチェルの恐れを反映しています。逆位置のソードの9は、レイチェルの悪夢が実現されないこと、そして彼女にとってのトンネルに終わりの光が見えてくる、という希望を示しています。

実際の結果

最終的な結果を示すカードは、正位置のカップの9でした。これは、「ウィッシュカード」（願いが叶うカード）と呼ばれ、ケルト十字スプレッドの結果の位置に出たのは、レイチェルの願いが叶うことを示しています。ロス・ペローは選出されないでしょう（訳注：1993年1月、民主党のビル・クリントンが大統領に就任した）。

ケース3 試験の合否を占う

次のケルト十字スプレッドは、1994年10月26日に行われたものです。

クライアントはヨーロッパで医療研修を終えたドミニカ共和国出身の内科医で、彼の質問は「アメリカでの医療行為が許可される試験に通るだろうか」というものでした。

4枚の大アルカナ、「吊るされた男」「戦車」「魔術師」「正義」がスプレッドに現れ、これはクライアントの心にとって非常に重要な質問だということが示されています。

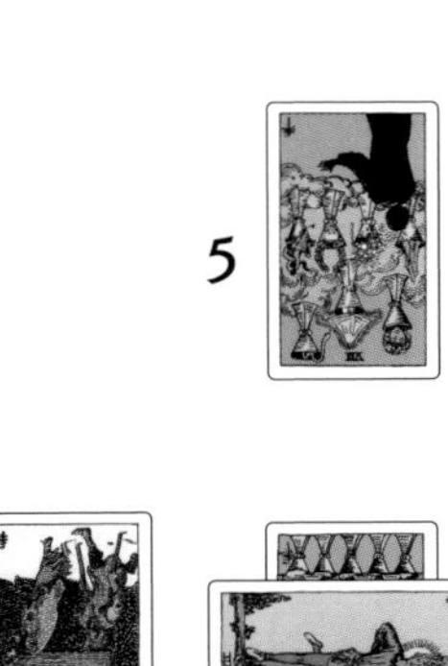

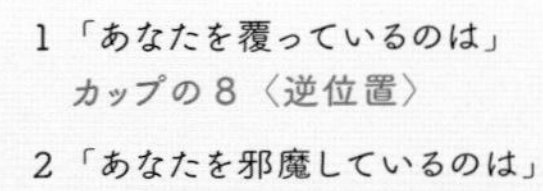

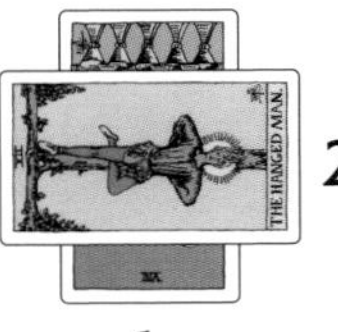

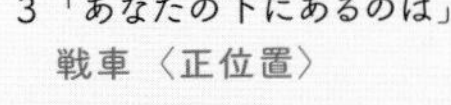
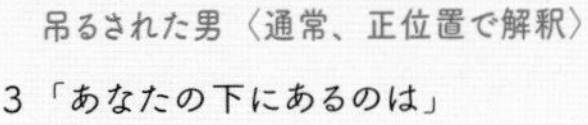
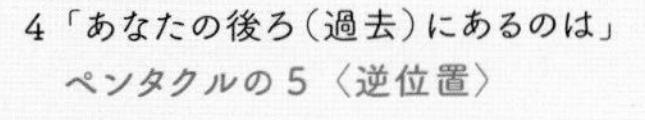
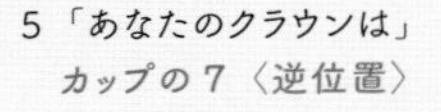
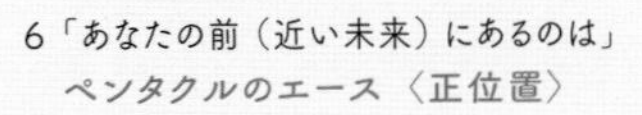

1「あなたを覆っているのは」
カップの8〈逆位置〉

2「あなたを邪魔しているのは」
吊るされた男〈通常、正位置で解釈〉

3「あなたの下にあるのは」
戦車〈正位置〉

4「あなたの後ろ(過去)にあるのは」
ペンタクルの5〈逆位置〉

5「あなたのクラウンは」
カップの7〈逆位置〉

6「あなたの前(近い未来)にあるのは」
ペンタクルのエース〈正位置〉

7「あなたの自己は」
魔術師〈正位置〉

8「あなたの環境は」
ペンタクルの7〈正位置〉

9「あなたの希望や期待は」
ソードの8〈正位置〉

10「これが結果です」
正義〈逆位置〉

スート別(＋大アルカナ)	
カップ	2枚
ワンド	0枚
ペンタクル	3枚
ソード	1枚
大アルカナ	4枚

数札とコートカード(＋大アルカナ)	
数札	6枚
コートカード	0枚
大アルカナ	4枚

正位置・逆位置のカード	
正位置	6枚
逆位置	4枚

質問の本質を表すカバーリングカードは、逆位置のカップの8。このカードは、より大きな自己満足を求めて、感情的に困難な状況を離れ、旅行したり場所を変えたりすることを意味します。

カップは人の感情的側面を象徴するので、逆位置のカップの8は、しばしば人間関係の問題で落ち込んでいることを意味します。タイミングとしてカップの8は、クライアントが問題を解決するために1カ月（または月の1周期）の時間を要することを意味します。人間関係の質問では、このカードは立ち去った人が1カ月以内に戻ってくることを意味することがよくあります。

クロッシングカード（邪魔しているもの）は「吊るされた男」で、犠牲や滞り（とどこお）の状態を示唆しています。クライアントは前にも後ろにも進めないと感じている可能性があります。彼にできることといえば、辛抱強く待つことだけです。

このカードは、人生の転換とターニングポイント、つまり、これまでを振り返り、次の行動に備える時期を象徴するものです。また、これまでの犠牲や努力がまもなく報われることを意味しています。

カバーリングカードの下の位置には、自分の人生の手綱を取り、進路を決めていくという決意と努力を意味する「戦車」があります。この位置の「戦車」は、クライアントが特定の目標に向かって懸命な努力をし続け、エネルギーを集中してきたことを意味するものです。また、このカードは近い将来、旅行をするか、新しい車を購入することを示しています。

直近の過去を示す場所には、逆位置のペンタクルの5。ペンタクルの5はしばしば「貧困のカード」と呼ばれ、その逆位置なので、経済的困窮から最近脱出したことを示しています。実際、クライアントはしばらく無職でしたが、リーディングの1カ月前に新しい仕事についたばかりでした。

直近の未来を示す場所に出たペンタクルのエースは、収入の増加と経済的な成功を示唆する非常にポジティブなカードです。エースは新たな始まりを象徴し、ペンタクルは財政と物質的成功に関係し、贈り物や宝くじ当選などの可能性があります。

クラウンカードは、逆位置のカップの7で、意図的な計画や目標、将来の発展の可能性を示しています。逆位置のカップの7は、クライアントが現実的に自分の目標を定め、将来への過度な期待をやめたことを示します。このカードはまた幻滅の時期を意味することもあります。

クライアントの心の状態を示しているセルフカードは、「魔術師」。このカードは機知に富むこと、自己鍛錬と創造的な意志の力を象徴するものです。

「魔術師」のカードはしばしば、ある明確な目的のために自然を操る人々を意味します。自然の力を利用して患者を治す医師がその象徴に含まれるでしょう。「魔術師」は「戦車」と逆位置のカップの7という組み合わせとともに、クライアントが自分の目標達成を固く誓っていることを示しています。

周りの人がクライアントをどう見ているかを示す位置に、ペンタクルの7が出ています。ペンタクルの7は、自分がどこから来て、これからどこへ向かうのかを確認するために、計画の途中でいったん立ち止まることを意味します。時に、このカードに描かれた人物は、自分の将来を心配しているように見えることがあります。「吊るされた男」がクロッシングカードにあり、ペンタクルの7が出てきたということは、クライアントは何らかの目標に向かって進む前の待ちの状態、または一時停止の状態にあることを意味します。

ソードの8は、この質問に関するクライアントの希望や期待を表す場所にあります。ソードの8は、状況にとらわれた孤独感、閉塞感、挫折感を表すカードです。おそらくクライアントは、目標を達成するために制限を受けたり、ブロックされたりすることを恐れているのでしょう。

最終的な結果のカードは、逆位置の「正義」です。「正義」は自分に値するものを手に入れることに関連します。逆位置では、正義が行われるのが遅れるか、クライアントが最終的には不公平な扱いを受けて苦労するかもしれないという可能性を示しています。おそらく彼は、試験で本来の力を発揮できないか、ある種の差別や複雑な法的事情に巻き込まれる可能性があります。

スプレッド全体の印象は、ポジティブです。何枚かのカードは、クライアントが目標に向かって懸命に取り組み、成功を固く決意していることを示唆しています。彼の感情を表すカードには、心配と落ち込みといった要素が表れていますが、おそらくこれは人間関係についてのことでしょう。彼の経済状況は確実に改善しています。近い将来、旅に出たり、車を買ったりする可能性があります。

スプレッドの全体的な文脈からすると、最終結果のカードとして出ている逆位置の「正義」は、彼が試験に合格することを示唆していますが、結果について何らかの遅れがあったり、複雑な問題に巻き込まれたり、がっかりしたりすることがあるかもしれません。

おそらく彼はもう一度試験を受けることになるでしょう。1カ月もすれば、もっといろいろなことが明らかになってくるはずです。

実際の結果

リーディングの1カ月後、クライアントは試験に不合格となり、もう一度試験を受け直すことになりました。

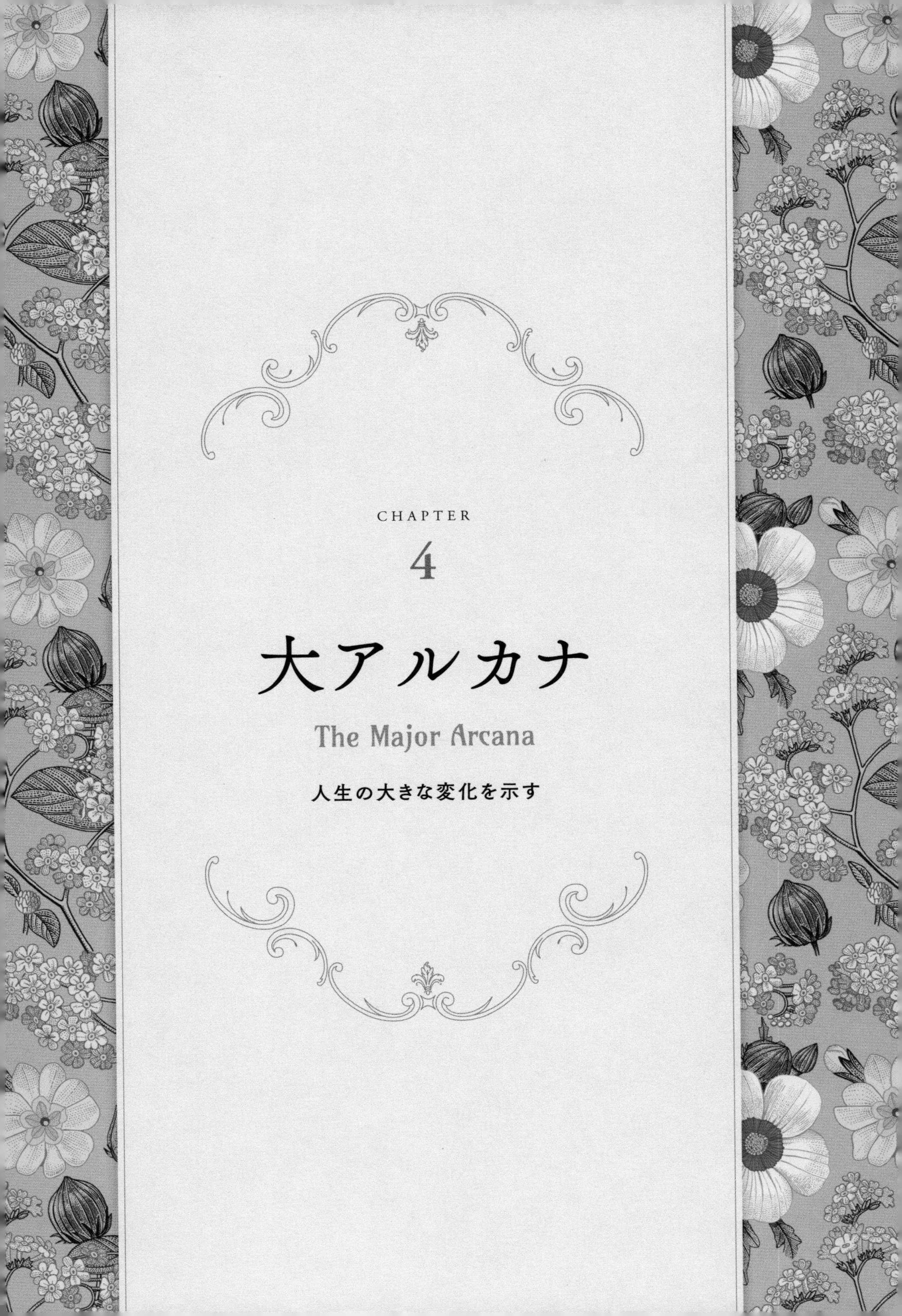

CHAPTER

4

大アルカナ

The Major Arcana

人生の大きな変化を示す

カードを読み解く上で注意すべきこととは？

ここでは各タロットカードのキーワードとフレーズ、カードが示す典型的な状況や、いくつかの人物タイプを説明します。また、各カードの中心的なテーマに関連することわざや決まり文句も紹介します。

カードを使いながら、本書に意味を付け加えたり、役に立たないと思う部分は削除してもかまいません。本書のカード解説を使う時は、各カードに示されている意味のすべてがあてはまるわけではないことを心に留めておいてください。

タロット初心者は、シンボルが多次元にわたる難しさに直面することでしょう。時にタバコは、単にタバコを意味する場合もありますが、男性器を象徴していたり、喜びの源、病気や不快感の原因などを意味する場合もあります。どの意味に解釈するかは、シンボルがどんな文脈で表れたか、質問の性質、周囲のカード、あなたの過去の経験、クライアントからのフィードバック次第です。

そして最も大事なのは、あなたの直観と内側から湧き上がるガイダンスです。古代ギリシャの哲学者ヘラクレイトスは「同じ川に二度足を踏み入れることはできない（訳注：同じことをしても、川も人もつねに変化しているので同じにはならないということ）」と言いました。タロットでも、同じカードを二度読むことはできません。

タロットは人間の元型的感情や状況を描いているので、各カードの意味をすべて記した教科書もなければ、すべてを知り尽くした著者もいません。タロットでは、描かれた絵に価値があります。言葉による記述ではカードの意味を適切にとらえることはできません。ここに記したのは、あなたが自分のタロットの本をつくり上げるための提案とガイドラインです。自分で実際に体験して確信が得られるまでは、この本に書かれていることをそのまま受け入れなくてかまいません。

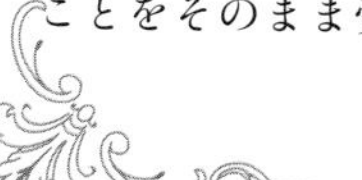

逆位置のカードで注意すべきこと

本書では、カードの意味を正位置と逆位置とで分けて記しています。

どのカードにも中核となる元型的な意味があるので、向きによって意味が少し変わるにすぎません。

逆位置のカードは単に、カードの核となる意味の強調部分が移動するだけです。

たとえば、賃貸物件で次々と問題を抱えたクライアントが、逆位置のソードの6を引いたとします。彼女はその物件を売却したがっていましたが、それが難しい事情がありました。逆位置のソードの6は、自分の悩みを忘れられないことを示すカードであり、問題がもうしばらく続くことを彼女に伝えているかのようでした。

なかには、ポジティブな意味とネガティブな意味の両方を示すカードもあります。どちらの意味で解釈するかは、スプレッドの他のカード次第です。

スプレッドの雰囲気がおおよそネガティブな場合、たとえば、ソードや逆位置が強く優勢な場合には、ネガティブな意味に解釈する可能性が高くなります。加えて、私はカードの解釈の際に時々、数秘術や占星術を参照します。これについては本書の巻末の追記で詳しく説明しています。

私がここに記すことは、あくまでも逆位置のカードを解釈するためのガイドラインとして受け取ってください。実際のリーディングでは、自分の直観と判断力に従ってほしいのです。

これから始まるあなたのエキサイティングな旅に幸あれ。そして、目覚めへの道をタロットの「愚者」にならって進んでいきましょう。

運命を映す大アルカナ

リーディングで大アルカナが現れた場合、人生の大きな変化とかなり重要な感情の変化が期待できるでしょう。

大アルカナカードは、しばしば運命の働きを示します。自分で完全にコントロールできないほどの出来事が押し寄せているかもしれません。大アルカナカードは、非常に重要な事柄、個人的な転機、人生の危機を意味しています。

ユングによる「元型」の旅

多くのタロット専門家は、大アルカナには人間の成長の元型的な物語、つまり、「愚者」〈0〉が旅する行程が描かれているとしています。

ユングによれば、「元型」(アーキタイプ)は、人類の集合的無意識に共通して存在する抽象的な形、パターン、またはモデルだと言います。有名な神話の登場人物は、さまざまな「元型」的行動や反応を演じています。

元型は、無限に多様なシンボルで示され、それに伴う強い感情を通して知ることになります。ユング心理学による最も基本的な元型は、「Self(大文字のS)」で表され、「個人的なself(小文字のs)」とは対象的に、心全体の元型です。

元型は私たち人間の集合的無意識の中に存在し、私たちの夢や神話、空想の中に現れます。さらに私たちは、元型を外の世界に投影し、それらが私たち自身の行動はもちろん、他の人の行動にも表れるのを見かけます。

以下の解説では、すべての大アルカナカードに特定の元型をあてはめていますが、すべてがユング心理学と関連づけされているわけではありません。これらは、ユングが集合的無意識の普遍的状況、感情の状態、行動パターンと呼んだ元型の概念に基づいたものです。

これらの元型は、思考、感情、行動の潜在的傾向にすぎません。ユングは、この元型を水が流れ始めた時だけ生き生きとする干上がった川底にたとえました。私たちにとって元型は、私たちの行動がそれらの普遍的な形の1つをたどる場合にのみ生きてくるからです。

大アルカナについて詳しく説明する前に、
「愚者」がカードからカードへ旅する様子を
段階的に見ていきましょう。

《0》愚者 The Fool

旅の始まり。若々しく、無邪気で可能性にあふれた若者が旅に出ようとしています。空を見上げる彼は断崖の端に立ち、足元に深淵があることに気づいていないようです。彼の忠犬は吠え、未知の世界へと飛び込む危険性を警告しています。
占星術師は、愚者の独創的で冒険心に満ちた、自立した自由な精神から、天王星と結びつけます。
ユング心理学は、神的な子供の元型（人類を啓発するために神が子供をこの世に送り出されたという神話）と関連づけます。

《1》魔術師 The Magician

愚者は今、彼の創造的なエネルギーに集中し、望みを実現するために道具や手段を使うことを学んでいます。
占星術では、魔術師の論理性、意識的な認識、客観性、適応性、勤勉さを水星と結びつけます。
ユング心理学は、錬金術師のメルクリウス（世界を創造する精霊）やトリックスター（秩序を破って、物語をかきまわす者）の元型と関連づけます。

《2》女教皇 The High Priestess

魔術師の論理性、客観性、物質世界を操る能力には何かが足りません。このカードでは、愚者が宇宙に隠されていた精神的、無意識的、直観的な側面に触れようとしています。太陽と月のように、魔術師と女教皇は互いを補い合っています。
占星術師は、女教皇を夜をつかさどる月と関連づけます。

《3》 女帝 The Empress

現実の客観的な部分と主観的な部分について学んだところで、愚者は今、親の元型である、女帝 ― 母 ― 子宮と、皇帝 ― 父 ― ペニスに会う準備ができました。女帝は、偉大な地球の母です。彼女は、滋養、繁殖力、豊かさを表しています。彼女は、感じ、癒やし、育み、生み出し、愛を授けたり受けたりすることができます。

占星術師は、女帝の実り豊かで愛情深い側面を金星と関連づけます。また、月の多くの側面もこのカードに表されています。

ユング心理学は、アニマの元型（男性の無意識に潜む女性的側面）と結びつけます。

《4》 皇帝 The Emperor

女帝を補うのは皇帝です。彼らは父と母であり、妻と夫です。皇帝は支配、権威、秩序、理性、権力、統制を意味します。

占星術師は、黄道十二宮の力強く先駆的な最初の星座である牡羊座、白羊宮と関連づけます。

ユング心理学は、アニムスの元型（女性の無意識に潜む男性的側面）と結びつけます。

《5》 司祭 The Hierophant

このカードで、愚者は伝統的価値観や道徳的な必要条件を学びます。司祭は、保守的で慎重、伝統を重んじ、敬虔で、正統派です。彼は古代の知恵と宗教的教えの伝道者であり伝達者です。

占星術師は不動宮の牡牛座、金牛宮と結びつけます。

ユング心理学は、ペルソナ（外的人格）、または社会的相互作用の中で身につける仮面と関連づけます。

《6》 恋人 The Lovers

愚者は次に、二元性、陰陽、誘惑、決断、魅力、選択、友情、重要な他者との統合、性的適応、恋愛関係について学びます。
占星術師は、双子座、双児宮と関連づけます。

《7》 戦車 The Chariot

恋人のカードで陰と陽、光と闇という二元性を学んだので、愚者はここで安定した道を進めるように相反する力を制御し、バランスをとることを学びます。このカードで愚者は、人生には葛藤と妥協がつきものであること、闇がなければ光はなく、私たちは皆、自分の闇の部分と一体化しなくてはならないということを悟ります。
占星術師は、育成と保護の星座、蟹座、巨蟹宮と関連づけます。

《8》 力 Strength

このカードで愚者は自分を信頼し、自信をつけ、内なる強さを身につけることを学びます。
占星術師は、社交的で創造的、子供っぽく誇り高い星座である獅子座、獅子宮と関連づけます。

《9》 隠者 The Hermit

ここで愚者は、内面を見つめて瞑想し、孤独の中で考え、自分の内なる導きを信頼することを学びます。このカードは古いことわざの「汝(なんじ)自身を知れ」を体現しています。
占星術師は、慎重で奉仕精神にあふれた星座である豊穣の女神、乙女座、処女宮と関連づけます。

《10》 運命の輪 Wheel of Fortune

このカードで愚者は、人生の多くは予測不可能で、浮き沈みが激しいことを学びます。彼は今日が自分の最後になるかもしれないので、どんな一日も当たり前だとは思えないことを理解します。
彼は運命の働き、つまり自分の制御が及ばない力があり、自分が蒔いた種は自分で刈り取らなくてはならないというカルマを理解するようになります。
占星術師は、有益で広大な惑星、木星と関連づけます。

《11》 正義 Justice

宇宙の予測不能さにもかかわらず、その構造には私たちの人生におけるバランスと調和の必要性を反映する、ある種の正義や公正さがあります。このカードは、私たちの行動は、私たちが責任を負うべき結果をもたらす、というカルマの教訓を強化します。社会は人々を公正に扱うために正義のシステムを設定しています。
占星術師は、バランスと調和の星座、天秤座、天秤宮と関連づけます。

《12》 吊るされた男 The Hanged Man

愚者は物質主義にまみれて暮らすことを避け、他の視点を得るために手放す必要性を理解するようになります。カードに描かれた男は、片方の足を吊るされて逆さまにぶら下がり、宇宙について静かに熟考しています。彼はどうやら悟りを求めて、この世界のものを放棄しているようです。
占星術師は、犠牲的、心霊的、精神的で幻想的な惑星、海王星と関連づけます。

《13》 死神 Death

おそらくこの前のカードの吊るされた男は、究極の移行、最後の手放し、つまり自分の死ぬべき運命を熟考していたのでしょう。
〈13〉で愚者は、新約聖書の「一粒の麦が地に落ちて死ななければ、成長できない」という教訓を学びます。これは、移行、変容、更新、古きものの死、浄化、そして大きな変化を表すカードです。
占星術師は、神秘的で秘密主義、癒やしの力があり、性的で、進化的、再生の象徴である蠍座、天蠍宮と関連づけます。

《14》 節制 Temperance

〈13〉で死に直面した愚者は、誠実さ、展望、バランス、節度のある感覚を身につけて現れます。彼は節制という美徳を学んだのです。
占星術師は、賢く寛容で独立心の強い射手座、人馬宮と関連づけます。

《15》 悪魔 The Devil

〈14〉で愚者は成熟したにもかかわらず、自分の内にある悪魔に立ち向かわなければなりません。このカードは、私たちを束縛し、成長を妨げるさまざまな縛りに関係します。この縛りはさまざまなかたちで表れます。たとえば、無知、奔放な情熱、執着心、物質主義、狂信、過剰な精神性、軽薄な愛情、抑えられない衝動、マイナス思考、共依存、間違った信念、自分への疑念、不確実性などです。
占星術師は、野心的で決断力のある意欲的な星座である山羊座、磨羯宮と関連づけます。
ユング心理学は、自分自身の暗黒面である「影」の元型と結びつけます。

《16》 塔 The Tower

突然、稲妻が塔を襲い、その一部が破壊され、燃え盛り、中の住人は地面へと投げ出されます。このカードで、愚者は劇的な変化が警告なしに人生を混乱させることがあると再び学びます。おそらく悪魔のカードが象徴する縛りから抜け出し、真実を直視して自分の成長につなげるように愚者に助言しているのでしょう。

占星術師は、烈火のようなエネルギッシュで好戦的な惑星、火星と関連づけますが、混乱の突然性は「目覚め」の多くの特徴を共有する惑星、天王星ともつながります。

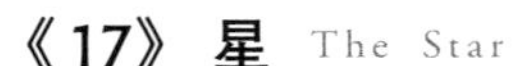

《17》 星 The Star

塔のカードの混乱を受けて、愚者は希望の光を見出します。彼が悪魔と塔のカードから教訓を学び、自分を縛る鎖を解くことができれば、愚者は彼の特別な才能のさらなる開花と発展の準備ができたことになります。

占星術師は、人道的で先見性があり、利他的な星座である水瓶座、宝瓶宮と関連づけます。

《18》 月 The Moon

月の光の下で物事をはっきりと見るのは難しいものです。このカードで愚者は、幻想、欺瞞、不明瞭さ、明確さの欠如、隠された力、基本的な本能、気分のむら、サイクル、直観力、憂うつ、精神的不安、無意識に抑圧しているものに対処することを学びます。

占星術師は、創造力豊かな、精神的で、感受性が強く、だまされやすく神秘的な星座、魚座、双魚宮と関連づけます。

ユング心理学は、偉大なる母の元型と結びつけます。

《19》 太陽 The Sun

月光の中をさまよった後、愚者はまばゆい太陽の輝きの中で生まれ変わります。彼は活力を感じ、目標に向かって、熱意と楽観主義に満ちています。彼は自分のインナーチャイルドを尊重し、本当の自分を表現する勇気を持っています。彼の意識的な計画と個人的な努力は成功という形で報われます。

占星術師は、男性的でダイナミックでエネルギッシュな太陽系のエネルギーの源である太陽と関連づけます。

《20》 審判 Judgement

太陽の光で目覚めた愚者は、精神的な再生への呼びかけと、復活への精神の癒やしを奏でるラッパを聴くことができるようになっています。

占星術師は、変容し続ける冥界の神である惑星、冥王星と関連づけます。

《21》 世界 The World

愚者はサイクルを完成させ、この旅を終えます。このカードの人物を囲む円形の花輪は、旅の完了、全体性の達成、自己実現を象徴しています。

占星術師はこの最後のカードを、古代から知られる７つの惑星で最も外側の軌道を持つ惑星であり、見ることのできる太陽系の果てであり、構造と安定の象徴である土星と関連づけます。

愚者の旅をたどったところで、今度はそれぞれの
大アルカナについて詳しく見ていきましょう。

The Major Arcana

愚者

［ぐしゃ］

0

The Fool

正位置

新たな旅の始まり。未知の世界への飛躍

キーワード & フレーズ

Key Words and Phrases

純真さ。おおらかさ。生まれたばかりの赤ちゃんの元型。可能性。新たなスタート。新しいチャンス。斬新な体験。世の中に対する新しい視点。機会。重要な決定。驚くような解決策。冒険の始まり。重要かつ予期しない状況。変化の時。独創性。オープンな心。楽観。子供のような驚き。純真さ。活発。行動の中にある純粋さ。偏見からの解放。人生の新しい局面。発見への興奮。屈託の

ない態度。サプライズ。生まれ変わり。信頼する。抑圧からの解放。熱意。リスクを冒す。より高い力への信頼。自分が正しい方向へと向かっているという確信。独創的であって追従しない。過去を捨て、新たなことを始める。予期せぬ影響。同性愛。両性愛。

ゼロは純粋な可能性の数だ。すべてのことは可能だ。前人未到の場所へと進む大胆さ。

状況とアドバイス Situation and Advice

「愚者」のカードは、あなたが人生の新たな局面に踏み出そうとする時に現れます。

思いがけないチャンスが降ってわいたように訪れるか、新しい道を歩むために大きな決断を求められるかもしれません。この新たな道筋はどこへでもつながっている可能性があり、流れに乗る必要があるかもしれません。新たな人間関係が始まろうとしているかもしれませんし、革新的な人々との出会いがあるかもしれません。

あなたが今、出会う人は、これからのあなたの私生活や仕事に新たなサイクルをもたらします。このカードはまた、影響力のあるバイセクシャル（両性愛者）や同性愛者を表す場合があります。

また、子供のような楽観主義と無邪気さでリスクを冒す必要性を示しています。というのも、斬新な視点が問題の解決をもたらすかもしれないので、今までになかったような新しい考え方に心を開いておく必要があるのです。

このカードは、神経質なエネルギーや明確さの欠如のせいで状況がはっきりと定まらないということを意味するかもしれません。突然の自分の成長に油断して、自分の立ち位置を取り戻すまでに、いささかの混乱を感じることもあるでしょう。

今、あなたには独創性を発揮する能力があります。過去を捨てて何か新しいことを始めたほうが賢明です。集合的無意識があなたに新たな人生を始めるように促している今、もはや時代遅れとなったやり方にしがみつくのは間違いなのです。

このカードが他に旅を意味する「戦車」「運命の輪」「世界」「ソードの6」「ワンドの10」「ワンドのナイト」と一緒に現れた時には、実際の旅に出ることを意味します。

人 People

新生児。子供。新しいことを始めた人。秘密主義者。夢追い人。無邪気な人たち。冒険家。預言者。旅行者。放浪者。純粋無垢で経験の浅い人。風変わりで独立心が強く、型破りな人。両性愛者あるいは同性愛者。思春期の若者。重要な決断をしようとしたり、旅に出ようとしている人。人生の新たな局面の始まりを告げる人。

逆位置

愚かさ。
未知なるものへの恐れ

キーワード & フレーズ

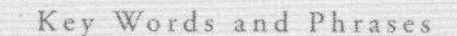

Key Words and Phrases

衝動性。愚かな判断。危険。倦怠感。単純さ。経験不足。だまされやすさ。根拠のない楽観主義。無責任。先見性の欠如。浅はかさ。予期せぬ問題。最後までやり遂げられない。崖っぷちに立つこと。エネルギーの浪費。過剰な迎合。視野の狭さ。決意が弱い。頭が真っ白になる。強迫観念。無謀になる。火遊び。転ばぬ先の杖。

状況とアドバイス Situation and Advice

逆位置の「愚者」は、自分の置かれている状況を用心深く考慮しないかぎり危険を冒さないようにと警告しています。

あなたは、自分が崖の端に立っていて、今にも落ちそうに感じるかもしれません。愚かにも自分の考えに固執している可能性があります。

エマーソン（19世紀アメリカの思想家、哲学者、作家）は、「愚かな一貫性は小さな心のゴブリン（小鬼）だ」と言いました。

あなたの現状は、見知らぬことへの恐怖や、この先の未来に不安がある状態です。楽天的すぎたり、冒険のリスクから目をそらすのはやめましょう。

衝動的な決断や愚かなギャンブルのような行動はあなたの不利益になります。

予期せぬ問題が起こるかもしれません。自分自身や他人の愚行で不安定な状態に陥るかもしれません。

あなたの決断には抜けがあるか､適切なアドバイスを受けていない可能性があります。

物事をもっと広い視野でとらえようとしてください。

あなたの周りの誰かが、愚かな決断をしようとしているかもしれません。あなた自身も本当の幸せを手に入れるための慎重な判断をしていないかもしれません。

あなたが思うほど誰かは忠実ではなく、献身的ではない可能性があります。

あなたやパートナーは、その関係に気まぐれなところがあるかもしれません。相手にただ夢中になることと、愛することは違うものだということを心に留めておいてください。

人 People

ギャンブラー。無鉄砲な人。献身的でない人。無謀な人。極端に楽観的な人。

The Major Arcana

魔術師

［まじゅつし］

I

The Magician

正位置

特別な知識の熟達者。集中したエネルギー

キーワード & フレーズ

Key Words and Phrases

精悍な息子の元型。目的を果たす能力。規律正しく積み上げた修練。意思の力による変容。創造力を活用する能力。クリエイティブな視覚化。決定を下す能力。規律ある創造的な行動。新しいスキル。自信。創造力。予言。自己決定。試行錯誤の学び。機会。問題解決能力。巧妙な手品。変化への適応。男らしさ。脚光を浴びる。自分を売り込む。自営。器用さ。医学的専門知識。言語能力。発明

力。利用可能な機器をうまく使う。永続的な価値のある新しいプロジェクトの創造。行動。現代のテクノロジー。中枢神経。肺。手。五感。両性具有。

私は私の運命の主人であり、魂の主人である。

状況とアドバイス Situation and Advice

あなたは目標を果たすために規律ある訓練の期間から得た専門知識を活用しようとしています。あなたやあなたが信頼する人が特別なスキルや才能を使って目標を達成することができます。

あなたは自分の運命の主人なのですから、新しいプロジェクトを始める時です。必要な機材はすべて手元にあります。現代の機器を技術的にマスターしている人が手助けをしてくれます。

あなたは新たな状況にも適応して、積極的に行動し、自分の潜在能力を発揮できるように集中できます。あなたの特別なスキルと知識を利用したいと思っている人たちに自分を売り込むことができます。クリエイティブ・ビジュアライゼーション（イメージすることで自己実現する方法）は、高度なトレーニングや教育と同様に現時点でも有益でしょう。組織の中であなたの技術が役立ちます。

金銭面では、経済的成功がやってきそうです。

このカードは、目標を達成するために自然の力を使う方法があるということを示しています。

成功するには特別な技術と専門知識が必要になる場合があるでしょう。観察し、実験し、順応性を保ち、技術を磨き、世界を操る方法を学ぶようにカードが促しています。

健康面では、有能な内科医や外科医を表しています。

人 People

息子。兄弟。精悍な男性。物理的な世界を操作する人たち。権力の適切な行使に尽力する政治家。作家。マジシャン。曲芸師。エンジニア。発明家。エージェント。専門技術を持っていたり、多くのツールを使いこなせる人。起業家。錬金術師。教師。ガイド。潜伏期（５歳から思春期まで）の子供。話し手。言語学者。芸術家。応用科学者。医療の専門家。脳神経外科医。職人。心理療法士。

逆位置

ブロックされた創造性。トリックスター

キーワード & フレーズ
Key Words and Phrases

見せかけの専門知識。弱点。優柔不断。物事の本質を見抜けない。利己的な行動。逡巡（しゅんじゅん）。欲求不満。性的不能。遅れ。チャンスをつかむのをためらう。使える機器を使っていない。エネルギーや資源の浪費。非現実的な目標。間違いを犯す。過去の失敗から学ばない。自信過剰。器用さの欠如。技術の失敗。才能の濫用。人を操る。性的抑制。過度の傲慢さ。自信や意思の欠如。問題の回避。ウンチクを語る。何もうまくできない。

生兵法は大怪我のもと（わずかばかりの知識はかえって危険である）。

状況とアドバイス Situation and Advice

何らかの理由で、あなたは自分のスキルや才能を目標達成のために活かせていません。あなたの優柔不断さが困難や遅れを生じさせているかもしれません。

おそらく、あなたには仕事をなし遂げるほどの知識がなく、スキルを完成させるためにさらなる訓練が必要かもしれません。あなたは、ある事柄について、実際に知っている以上に知っているふりをしているかもしれません。

自信のなさが、重要な機会を逃している原因かもしれず、あるいは自信過剰なせいで非現実的な事柄に巻き込まれているのかもしれません。

あなたの努力を妨げたり、だましたりしている人がいるかもしれません。「魔術師」はトリックスター（秩序を破って、物語をかき回す人）なのです。

時に逆位置の「魔術師」は、あなたに迷惑をかけている兄弟を指すことがあります。

恋愛について尋ねた場合、あなたは性的に欲求不満を感じているかもしれません。あるいはベッドでは相性が良くても、感情面では好みでない人とつきあっているかもしれません。

あなたが他人の権利や要求を無視した自分勝手な態度をとっていないか振り返ってみてください。

今こそ、成功するために特別な努力をする時です。

逆位置の「魔術師」は、力不足を感じていることを示唆しています。行き過ぎた物質主義を改め、自分の利益になることだけを考えないようにしましょう。

外側の世界を操ることに集中しすぎて、自分の女性的な直観を無視してしまっている可能性があります。

安定した仕事を捨てて自営業を目指すのに良い時期ではありません。

人 People

詐欺師。権力を得るために外見を操作する人。愛のないセックスだけを求める人。トリックスター。利己的な人。無能で邪魔な人。自分の知識や技術を根拠なく過信している人。自称天才。しくじる人。

The Major Arcana

女教皇

［おんなきょうこう］

II

The High Priestess

正位置

直観的な気づき

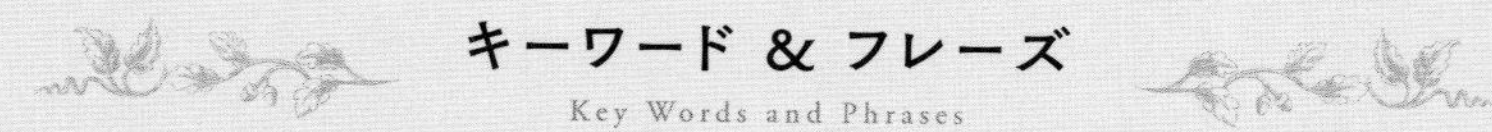

キーワード & フレーズ

Key Words and Phrases

処女の元型。内なる世界の統制。内なる空間。精神的な力。秘密。まだ明らかになっていない事柄。セックスのない愛。悟り。心理的洞察。内なる光。道徳的規準。内面を見つめる。感情について学ぶ。内なる声を信じる。潜在意識。隠れた問題。幼少期の記憶。過去の条件づけ。夢のメッセージ。隠れた影響力。秘儀の知識。秘伝の知識。神秘主義的な知恵。助け。アドバイス。深みにはまる。宇宙の見えない部分。女性の教皇。反省。瞑想。より高い真実への理解。流れに身をまかせる。明らかにされていない秘密。未知のもの。魂。性の目覚め。女性の神秘。レズビアンへの性的興味。隠された知識へのアクセス。学び。沈黙の力。謎を解き明かす。天空の母。隠された才能。隠された知恵の守護者。体液。消化。女性の問題。男性のいない生活。処女。性欲減退。禁欲。

状況とアドバイス Situation and Advice

水面下で何かが起こっています。隠された知識は日の目を見る必要があります。「女教皇」は、あなたが心の奥底の感情に注意を向け、内なる声を聴こうとする時に現れます。

現状のある側面は心の無意識にまで深く触れています。今こそ振り返り、瞑想して祈り、内なる自分にコンタクトする時です。

自分の感情を信じましょう。あなたの夢や直感が最良の助言を与えてくれます。

過去の思い込みと、幼い頃の記憶が現状に影響しています。

あなたはオカルト、神秘主義、占い、心理学、精神分析、あるいは存在の隠された側面を扱うあらゆるテーマに強い関心を持っているかもしれません。その一方で、セックスへの関心は非常に低くなっています。

直観的で霊的（サイキック）な女性が、あなたを助けるために現れるかもしれません。

あなたの内なる心の動きや現状を理解している人が助けてくれるかもしれません。

秘密や隠された側面が明らかになるかもしれません。

「女教皇」は、あなたが成功するために、隠れた潜在能力、心理的な深み、目に見えない才能が必要な時に現れることを示しています。

時に「女教皇」は文字通り、さらなる訓練や教育を通して学ぶように仕向けてくることがあります。

人 People

娘。姉妹。処女。独身女性。敬虔な人。セックスのない愛を求める人。霊的。心理学者。カウンセラー。崇拝者。理想的な恋人たち。敏感な人。秘密を持つ人。研究者。秘儀を授けられた。尋ねられた事柄の内情を理解している人。ルーク・スカイウォーカー（映画『スター・ウォーズ』シリーズの登場人物）。フェアリーゴッドマザー。聖母マリア。

逆位置

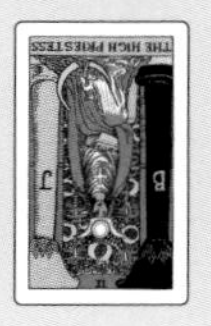

内なる声に耳を傾けない

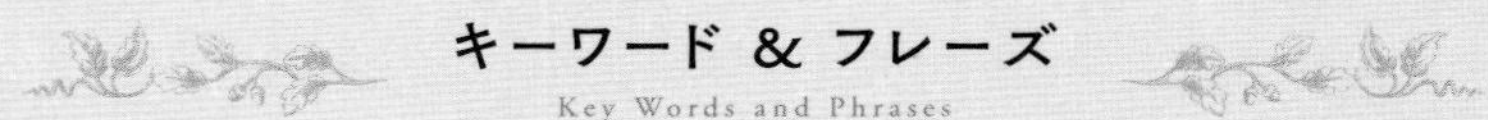

キーワード & フレーズ

Key Words and Phrases

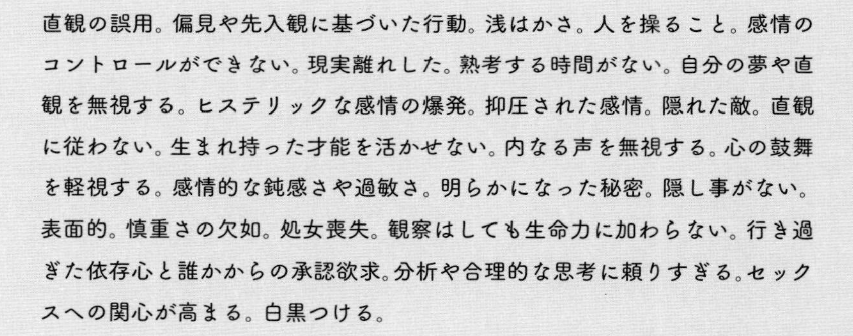

直観の誤用。偏見や先入観に基づいた行動。浅はかさ。人を操ること。感情のコントロールができない。現実離れした。熟考する時間がない。自分の夢や直観を無視する。ヒステリックな感情の爆発。抑圧された感情。隠れた敵。直観に従わない。生まれ持った才能を活かせない。内なる声を無視する。心の鼓舞を軽視する。感情的な鈍感さや過敏さ。明らかになった秘密。隠し事がない。表面的。慎重さの欠如。処女喪失。観察はしても生命力に加わらない。行き過ぎた依存心と誰かからの承認欲求。分析や合理的な思考に頼りすぎる。セックスへの関心が高まる。白黒つける。

しっくりは来ないがとりあえずやる。確実なものにしか賭けない。

状況とアドバイス Situation and Advice

逆位置の「女教皇」は、あなたが自分の本当のニーズや感情に十分な注意を払っていないことを示唆しています。

あなたは問題解決のために過度に知的で合理的なアプローチをしているかもしれません。または、思い込みや先入観から行動している可能性があります。

あなたの周りにヒステリックになったり感情的になっている人がいます。

生活の義務にとらわれていて、自分のための時間を十分にとれていないかもしれません。無意識が何かを伝えようとしているのに、あなたは耳を傾けようとしません。あなたは自分の感情や水面下で起こっていることに触れていません。

隠された知識があなたの意思決定に影響を与えているので、すべての事実を把握してから行動してください。

感情的になっているか、感情が高ぶった人に対処する必要があります。強い性的欲求が判断を鈍らせます。

ノーの意味で、イエスと言わないように。

人 People

人を操る人。秘密の敵、特に女性。残酷な女性。感情的な問題を抱えた人。浅はかな人、または表面的な人。精神的に病んだ人。自滅的な人。ふしだらな人。

The Major Arcana

女帝

［じょてい］

Ⅲ

The Empress

正位置

母。実りあること。
豊かさ。癒やし

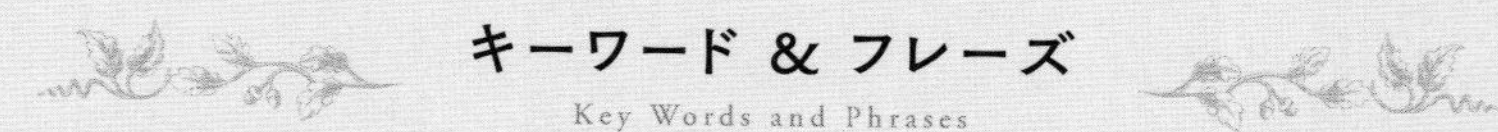

キーワード & フレーズ

Key Words and Phrases

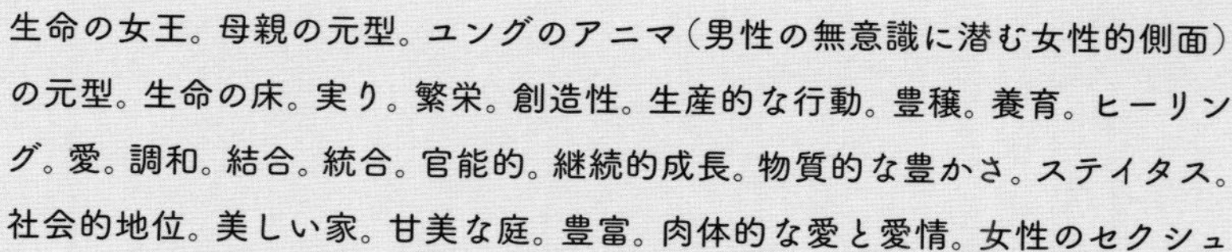

生命の女王。母親の元型。ユングのアニマ（男性の無意識に潜む女性的側面）の元型。生命の床。実り。繁栄。創造性。生産的な行動。豊穣。養育。ヒーリング。愛。調和。結合。統合。官能的。継続的成長。物質的な豊かさ。ステイタス。社会的地位。美しい家。甘美な庭。豊富。肉体的な愛と愛情。女性のセクシュアリティ。結婚。稼ぎ。繁殖力。豊作。妊娠。母性本能。他人を喜んで助ける。

誕生。母性。人生のプロセスにおける基盤。賢明な努力の実った結果。ひとつの成長の段階から次の段階へ。潜在能力を発揮する。王族。幸運。母なる大地。母なる自然。

出て行け、そして増えよ。

個人的な母親が遠く、非現実的であればあるほど、息子は魂で母親を求め、
そのために大学の母校から町、国、科学、理想の擬人化に至るまで、
包み、守り、養い、助けるものすべてが母性的な形態をとるという、
彼の原初にして永遠なる母性像を呼び覚ますのである。
(ユング, *CW13*: *147*)

状況とアドバイス Situation and Advice

「女帝」は女性の持つ創造性、豊かさ、セクシュアリティ、そして繁殖力を示唆する幸運のカードです。今こそ、あなたの創造的な本能を生産的行動で表現する時です。どんな芸術的な活動も成功するでしょう。

あなたのキャリアは、美や官能、または物質的な快適さを提供することに関わるかもしれません。あなたの賢明な仕事ぶりは、物質的な成功として報われます。

性的な関係は、満足できるものになるでしょう。

このカードは、結婚や妊娠(特にカップの3と一緒に出た時)、または出産を示すかもしれません。出産を控えている人は、すべてうまくいくでしょう。

あなたの労働の成果が認められます。

美しいものや物質的な心地よさに囲まれることができます。

感情を共有し、愛を与えたり、受け取ったりすることができるようになります。

人 People

母親。妻。重要な女性。母性に満ちた、子育てをする女性。親切な女性。影響力のある女性。妊婦。母なる地球。威厳のある女性。女性の雇用者。ロイヤルティ。土地を所有

する女性。クリエイティブな人。親。権力や権威のある女性。自分の人生に入り込んでくる重要な女性。男性にとって夢のような女性。

逆位置

発展が遮（さえぎ）られる

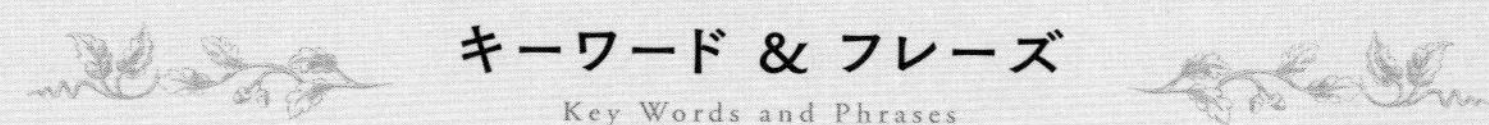

キーワード & フレーズ

Key Words and Phrases

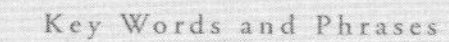

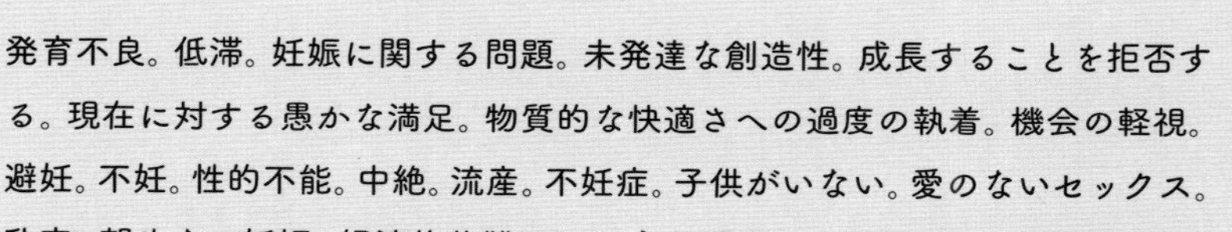

発育不良。低滞。妊娠に関する問題。未発達な創造性。成長することを拒否する。現在に対する愚かな満足。物質的な快適さへの過度の執着。機会の軽視。避妊。不妊。性的不能。中絶。流産。不妊症。子供がいない。愛のないセックス。乱交。望まない妊娠。経済的苦難。トラブル。貧困。病気。貪欲。過度の物質主義。身体の不調。生産性の欠如。エネルギーの浪費。憂うつ。絶望。苦しみ。心の知恵をおろそかにする。

状況とアドバイス Situation and Advice

あなたは、自分が遮られていると感じていて、何も作り出すことができません。

あなたの物質的快適さのレベルが低いか、愛する人と分かち合うかわりに、自分勝手に物質的な所有物にすがっているだけかもしれません。

貪欲さが、あなたの人間関係に問題を引き起こしています。

気分は落ち込んでいるか、絶望しています。

金銭的にも逼迫し、困窮してやりくりができないかもしれません。

不満足な関係は愛のないセックスを伴う場合があります。

逆位置の「女帝」のカードは、望まぬ妊娠や性的な問題を示すこともあります。このカードは危険な性行為を避けるようにという警告である可能性があります。また、妊娠の問題や流産の可能性を示すこともあります。妊娠が難しいとわかるか、もう子供はいらないという決断をするかもしれません。

人 People

流産を経験した人。相手を選ばない人。生産性のない人。冷たい人。情緒不安定な人。売春婦。

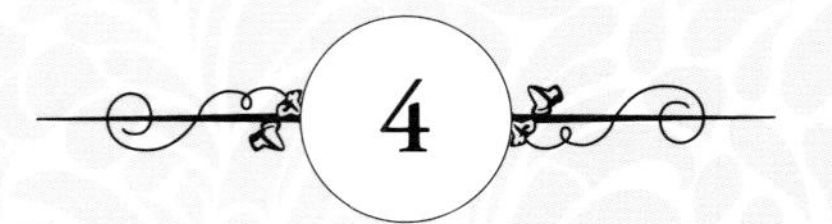

皇帝

［こうてい］

Ⅳ

The Emperor

正位置

父。命令。
支配。権力

キーワード & フレーズ

Key Words and Phrases

大人の世界。男性的なパワーとコントロール。自己主張。ステイタス。権力を使う。一時的な力。影響力のある男性。外界。社会構造。私たちが世界に課す秩序。ロイヤルティ。達成。成功。尊敬。安定のための原動力。永続的な価値あるものをつくる欲求。規則。支配。合理的な考え。物体に勝る精神。世界の支配。野心。保障。構造。強さ。高揚感。怖いもの知らず。堅固。安定性。リーダーシップ。法と秩序。賢明さ。論理。心より頭。法の精神。フロイトの超自我。ユングのアニムス（女性の無意識に潜む男性的側面）の元型。自制心。完了。認識。統治者。自分らしくなる。物質的な豊かさ。昇進。プロジェクトが軌道に乗る。合理的理解。政府。ひるまずに難局に立ち向かう。

父親は純粋な本能に対抗する役割をする精神の典型である。
（ユング, *CW5*：396）

状況とアドバイス Situation and Advice

「皇帝」は、あなたには合理的な思考と直接的な行動で世俗的な成功を収める能力があることを示唆しています。

優れた組織力が認められ、昇進する可能性があります。重要なライバルや権力者との取引が必要かもしれません。

このカードは、尊敬、安定性、堅実さ、統治、理性、合理性を示しています。それは、あなたが世界で自分自身を確立していくにつれ、自分らしさを発揮することを表しています。

今こそ責任をもって行動し、構造化された、安定した環境をつくり上げる時です。

メンターまたは助けとなるパートナーがあなたを支えてくれるでしょう。あなたの社会的な地位が問題になる可能性があります。

「皇帝」は、恋愛関係において、相手を支配しようとしすぎるあまり、感受性や愛情を排除してしまうことを示唆しています。

ストレスの多いスプレッドの場合、このカードは行き過ぎを警告し、社会のルールと対立する可能性を示します。

人 People

父。夫。権力者または地位の高い人。重要な人物。父性的な人。影響力のある男性。敵対者。重要なライバル。親切な男性。社長。雇用主。土地所有者。権力のある人。安全で安定したビジネスマン。主催者。メンター。勤め先の会社。権威のある男性。上流階級。ロイヤルティ。直情的で強引な人。政治の指導者。

逆位置

進歩がない

キーワード & フレーズ

Key Words and Phrases

成長して、大人の世界に入るのを拒否する。弱虫。問題から逃げる。コントロールや自制心の欠如。専制政治。権力や権威の濫用。反抗的態度。未熟さ。劣等感。権限を受け入れる際の問題。ピーターパン症候群。反抗心。依存。無愛想。好戦的。粗暴さ。せっかち。優柔不断。信頼性のなさ。怠惰。狭い心。感情を排除して論理に走りすぎる。独断。法の精神より文字に従う。負担。過大な責任。方向性の欠如。親の言いなりになる。頭でっかちで心がない。

私は大人になりたくない。誰が私の面倒をみてくれるの？　ふざけるな。『ターザン&ジェーン』。

状況とアドバイス Situation and Advice

現時点であなたの進歩を妨げているものがあります。物事を心ではなく頭でとらえすぎているかもしれません。原則に固執するあまり、かえって法の精神に反している可能性があります。

おそらくあなたは無力感や劣等感を抱いている状況にあります。抱えている問題から逃げ出したい気持ちになっていることでしょう。

未熟な男性が問題を引き起こしている可能性があります。

逆位置の「皇帝」は、子供っぽい依存心や無責任さを好み、正当な権威を受け入れるのを拒否していることを反映しています。子供の世界に閉じこもることなく、成長する必要があります。

あなたの行動には過剰で大げさなものがあります。もしかしたら、誰かをいじめたり、暴君的な態度をとっているかもしれません。

現在の恋愛関係は、支配と服従、主従関係、サドマゾヒズム的な傾向が顕著です。

仕事についての質問なら、この時期に昇進の可能性はないでしょう。

人 People

未熟な男性。臆病者。暴君。いじめっ子。権力や権威を濫用する人。弱く、非力な人。弱虫。親権に従うしかない人。依存し、誰かのお荷物になっている人。ママの大事な子供。大人になるのを拒否している人。理由のない反逆者。

5

[しさい]

V
The Hierophant

正位置

伝統。慣習。正統派

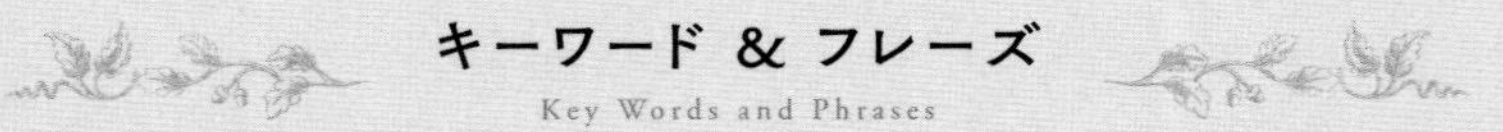

キーワード & フレーズ
Key Words and Phrases

司祭の元型。伝統的な知恵。公式セレモニー。秩序。道徳的要件。精神的成長。賢明な助言。専門家のアドバイス。橋渡し。祈り。精神的な権威。神の法。より高い権威。古代の教えの宝庫。道徳的な発展。真面目さ。禁欲。プラトニックな関係。教える。学ぶ。アドバイスを求める。伝統を好む。適合性。保守主義。行動または信念の確立された規則。外部からの権威。ユングが提唱した社会的な仮面をかぶる「ペルソナ識別」のプロセス。精神的な真理の探求。人間の意味の探求。組織化された宗教。神学的教義。学校。礼拝所。構造化された環境。伝統的な機関。設立。システム。アイビーリーグ。天空の父。意味の探求。宗教的な儀式。結婚式や堅信式、またはバル・ミツワー(ユダヤ教の13歳の男子の成人式)のような宗教的な儀式への出席。個人を共同体の伝統と結びつける儀式。

強大な要塞は我々の神である。サイモンセッズ(「サイモンが言う」で始まる欧米での言葉の遊び)。教会の教えである。従来の常識によると……。

状況とアドバイス Situation and Advice

このカードは、精神的な意味の探求を示しています。重点は道義的発達にあります。賢明なガイドや確立された教師があなたの精神的な探求を助けるために現れるかもしれません。

あなたは、個人と共同体の伝統を結びつける儀式に参加するかもしれません。結婚式に出席するために、礼拝所を訪れるかもしれません。

今こそ、従来の常識に耳を傾ける時です。

「司祭」のカードは、専門的なアドバイスをする専門家のコンサルタントを表します。自分の置かれた状況を解決するために、確立された専門家に相談することを望むかもしれません。権威のある誰かが、あなたの望みを叶えるために介入してくれる可能性もあります。

恋愛関係について尋ねたのなら、「司祭」のカードは非常に伝統的な、あるいはプラトニックな関係を示唆しています。

人 People

司祭。聖職者。治安判事。儀式に関係する人。師。教育者。教師。生徒。アドバイザー。親切で賢い人。メンター。専門家。医者。結婚カウンセラー。仲裁人。弁護士。コンサルタント。大学関係者。精神的指導者、またはカウンセラー。名目上の長。自分の知識や理解を若い世代に伝える人。自分の志に真剣に取り組んでいる人。伝統・慣習などに従う人。保守的な人。伝統主義者。

逆位置

慣習にとらわれない

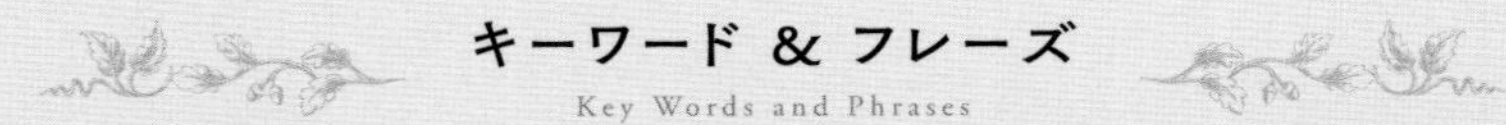

キーワード & フレーズ

Key Words and Phrases

異端的なアプローチ。ニューエイジの信念。悪いアドバイス。閉鎖的な考え。教条主義。頑固。聖職者のスキャンダル。物質主義。過激主義。復讐心。秘密主義。厳格な正統性または過度の不適合。伝統の拒絶。仮面をかぶる。詐称。宣伝。誤解を招く情報。慣習への極端な順応。独創性の欠如。宗教的な過激主義。狂信。異端審問。従来の知恵の失敗。独創的な手法や異端的な解決策の必要性。

もし神が私たちに空を飛ぶことを望んでおられるなら、神は私たちに翼を創造されたでしょう。服が人をつくる。表面で人を判断するな。秩序をしっかり固めよう。

状況とアドバイス Situation and Advice

逆位置の「司祭」のカードのポジティブな面は、現在抱えている問題を解決するために、型破りなアプローチを試みる必要があることを示しています。

伝統的な知恵は、この時期には頼りにならないかもしれません。マンネリから脱却するために、これまでの型にはまったやり方を壊す必要があるかもしれません。あえて人と違ったことをしてみるのです。成功するためには革新的な考え方をすることです。

仮面を捨て、自分自身にも他人にも、あなたの本当の気持ちを伝えましょう。

このカードのネガティブな面は、自分の思考に熱中しすぎて、独断的に判断してしまう可能性を暗示しています。

「司祭」のポジティブな意味（伝統的知恵や慣習）を反対の意味で用いていませんか？強迫観念的、あるいは受動攻撃的な態度をとっていませんか？　本音を隠す仮面を他人に対してだけでなく、自分に対してもつけていませんか？　あまりの不適合は、不利に働くこともあります。

伝統的な方法や確立された方法では期待する結果を得られないかもしれません。今あなたが受けているアドバイスは、役に立たないか、誤解を招くかもしれません。

宗教的儀式や結婚式は中止になる可能性があります。

恋愛関係について尋ねたのなら、この時期に結婚するのは賢明ではありません。

人 People

ニューエイジの信念や宗教に携わっている人。反逆者。エキセントリックな人。イノベーター。迷信深い人。見た目に感銘を受ける人。不寛容で独断的な人。強迫観念の強い人。受動的攻撃性のある人。はしごをはずす人。

The Major Arcana

恋人

［こいびと］

Ⅵ The Lovers

正位置

選択する

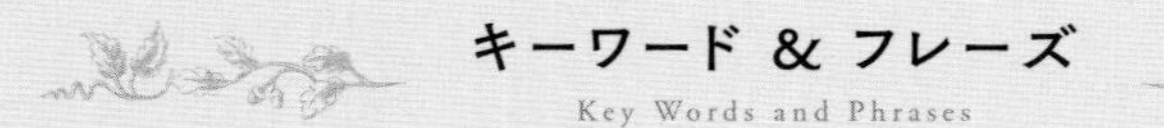

キーワード & フレーズ

Key Words and Phrases

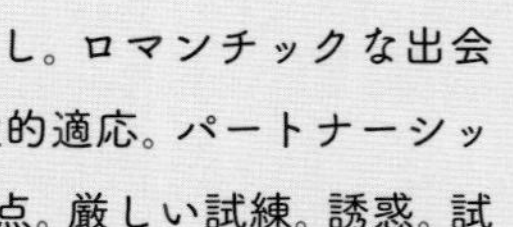

融合。共有。信頼。二元性。近距離旅行。健康。癒やし。ロマンチックな出会い。セクシュアリティ。魅力。ロマンチックな恋。性的適応。パートナーシップ。新しい関係。重要な選択。大事な決断。道の分岐点。厳しい試練。誘惑。試されている。大切な人間関係を見直す。愛や結婚に対する考え。2つの道のどちらかを選ぶ。試練や選択を伴う恋愛や人間関係。愛の力。他の人と人生を共

にしたいという願望。献身。婚約。結婚。生命の樹。二人の恋人の間で揺れる。道なき道を行く。

あなたのことが頭から離れない。死が二人を分かつまで。

状況とアドバイス　Situation and Advice

「恋人」のカードは、人生の大事な決定に直面し、どの道をたどるかを選択しなくてはならない時によく現れます。それはしばしば、試練や選択を伴うロマンチックな冒険の前兆となることがあります。献身、性的適応、愛、結婚などがあなたの思考を占めるかもしれません。重要な関係の進展に気をとられるかもしれません。

スプレッドでこのカードと一緒にカップの2が正位置で出た場合、あなたは重要な恋愛関係の中にいます。

このカードは、あなたが最終結論を出す前に、重大な決断の影響を慎重に考慮するように警告しています。

どういうわけか、あなたは次の段階に入る前に試練を与えられているのです。

あなたは今、岐路に立っています。新しい人間関係やパートナーシップを築こうとしているのかもしれません。あなたは、二人のパートナー候補のどちらかを選ぶ必要があるかもしれません。新しい恋を引き寄せるために、新しい服を買ったり、外見を磨こうとしたりすることもありそうです。

近くへの旅行か、誰からか連絡がありそうです。

「ライダー・ウェイト＝スミス版タロット」では、背景に癒やしの守護聖人、大天使ラファエルが描かれています。「ロビン・ウッド・タロット」では、恋人同士の二人が生命の樹の下に立っています。

『ロビン・ウッド・タロット』の「恋人」のカード

「恋人」のカードは、肉体的または精神的な癒やしが必要なことを示しています。信頼できるアドバイザーや友達と、大切な人間関係について腹を割って話し合ういい機会です。

健康に関するリーディングなら、精神的な保護と回復を意味しています。

人 People

パートナー。恋人。カップル。ビジネスパートナー。双子。ジレンマに陥っている誰か。ヒーラー。仲の良い友達。ロミオとジュリエット。

逆位置

間違った選択

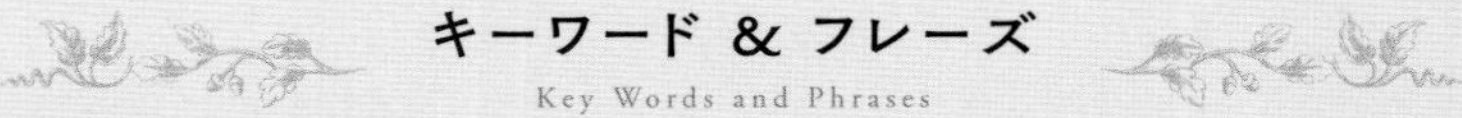

キーワード & フレーズ
Key Words and Phrases

テストに失敗する。愛の終わり。矛盾。どんな犠牲を払っても自由。約束への不安。焦燥感。放浪癖。重要な選択の拒否。熟考を欠いた決断。気まぐれ。不貞。愛に対する未熟な態度。快楽主義。愛のないセックス。夫婦の問題。問題のある、または不健康な関係。健康問題。病気。無責任。不愉快。不和。まとまらない。不愛想。気持ちを傷つける。不仲。優柔不断。反対。悩ましい関係。別離。別れる。断絶。離婚。口論。意見の相違。心の中の葛藤。他者からの反対。外的要因による同盟分裂。孤立。他から切り離された感覚。あばたもえくぼ。

もう私のことなんてどうでもいいんでしょう。相手を次々変える。港々に女あり。

状況とアドバイス Situation and Advice

あなたが誰かの気持ちを傷つけているか、その逆もあります。おそらく、一緒になるチャンスや誘いが失敗し、関係者はお互いの愛情を疑っているのです。

もしかしたら、あなたは別れや恋愛の終わりに来ているのかもしれません。

結婚について質問したなら、ふさわしいパートナーが見つからずに絶望し、人生を一人で生きることに恐怖を感じています。

性生活への適応に不安を感じているのかもしれません。

不健全な関係に陥っているのかもしれません。

恋愛面では、約束への不安が問題を引き起こしているかもしれません。

自分の行動や選択に責任を持つことを学ぶ必要があります。

周りの誰かが、あなたが下した決断に反対しているかもしれません。

もし重大な決断を迫られているのなら、専門家のアドバイスを求め、将来後悔しないよう、慎重に決断しましょう。

このカードは、健康上の問題の発生を知らせることもあります。

人 People

不可能な選択を迫られている人。別れた人。反対者。婚約していない人。不健全な関係にある人。ドンファン。性的逸脱者。

7

戦車

［せんしゃ］

VII

The Chariot

正位置

対立する力の
バランスをとって前進する

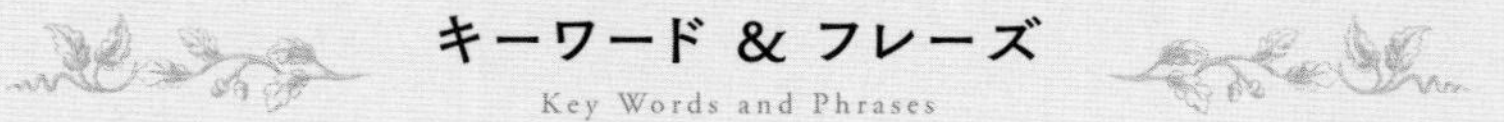

キーワード & フレーズ

Key Words and Phrases

明確な目的。決定。やり抜く力。主体性。自己主張。意志の強さ。コントロール。征服。成功。支配。中心性。内なる平和。勝利の進歩。一心不乱。野心。熟達。勇気。技能。目標のために戦うエネルギー。偉大な努力。達成感。成功への原動力。自制心。目的意識。旅。ニュース。勝利。個人の努力の結果としての勝利。栄誉。評価される。相反する力の制御。内なる闘争。自己鍛錬。利害の衝突。トップに立ち続ける能力。中道へと舵（かじ）をとる。相反する感情のバランスをとる。障害を乗り越える。闘争と対立を乗り越えて前に進む。トップに躍り出る。流れに身をまかせる。交通手段。通信。乗り物。新しい車。私は私の運命の主人であり、魂の主人である。

状況とアドバイス Situation and Advice

このカードは、中心に留まりながら、競合する力をコントロールして遂行する必要があることを示唆するものです。あなたは相反する考えや感情、望みの中で葛藤しながらも、中道を進むなら冷静に指揮をとることができます。同時に、結果をすぐに出せないと感じるかもしれませんが、自分が仕掛けた力の流れに身をまかせて進むのが得策です。

利害の対立を解決する必要があるため、自己主張するのに苦労するかもしれません。しかし、しっかりした解決策を講じることで、軌道修正することができます。あなたの戦略は、明確な目的意識をもって前進することです。

あなたは困難に打ち勝ち、勝利することができるでしょう。

一般的に、どんな状況を尋ねていたとしても、あなたに有利になるように解決できます。あなたの意志の強さと目的意識によってトップに立つことができるのです。

このカードは文字通り、旅行、車の購入、新しい交通手段の入手などの意味があります。

人 People

軍人。メッセンジャー。プロのドライバー。車を運転する人。お抱え運転手。旅行者。騎手。輸送に携わる人。勝利者。自分に満ち足りている人。

逆位置

制御不能

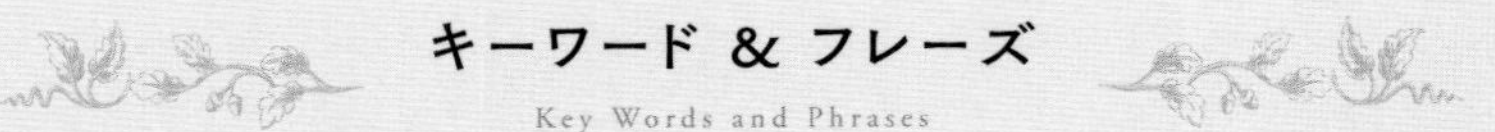

キーワード & フレーズ
Key Words and Phrases

無謀な行動。圧倒される感じ。失敗。思いあがった野心。間違った目的意識。アンバランス。不公平感。方向性の欠如。散漫なエネルギー。計画倒れ。焦点が狭すぎる。速すぎるペース。落ち着きのなさ。障害。葛藤。対立。エネルギーの間違った使い方。圧力。浪費。耽溺。軽率。恨み。不必要な力。威張り散らす。横暴な態度。モヤモヤした関係。不安。疑念。心配。きまぐれ。頑固さ。抑圧。相反する感情を統合することの失敗による性格の欠点。旅行や交通機関の問題。旅行の遅延やキャンセル。自動車事故。車の問題。

我々より大きな存在。

状況とアドバイス Situation and Advice

あなたは平常心ではなく、中心がずれ、自分の運命をコントロールできていないように感じています。少し前に自分で決めた行くべき道から外れてしまったかもしれません。

相対する力を含む状況を解決する必要があります。あなたは別々の方向に引っ張られていると感じるでしょう。中道を見つける必要があります。

おそらく、多くのプロジェクトを抱えすぎて、競合する要求に時間内にこたえることができなくなっているのでしょう。

文字通りに解釈すると、逆位置の「戦車」のカードは、旅行や交通機関の問題、あるいは車の修理の必要性を意味することがあります。

人 People

競合に関与している人。アンバランスな人。無謀なドライバー。立ち往生している運転手。衝動に駆られた人。マキャヴェッリ（ルネサンス期イタリアの政治思想家）。

The Major Arcana

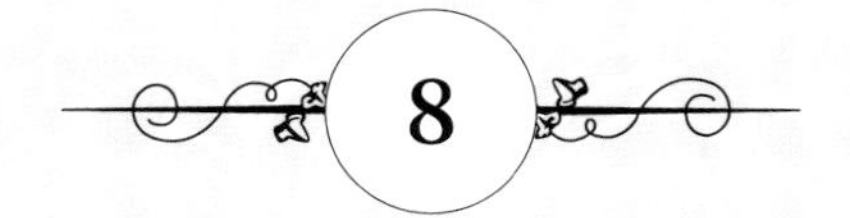

力

［ちから］

Ⅷ

Strength

※一部のタロットデッキでは「力」のカードを11番とするものもある。

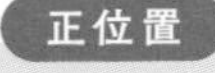

道徳的な力

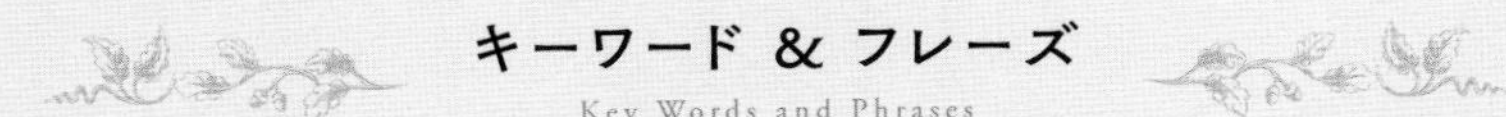

キーワード & フレーズ

Key Words and Phrases

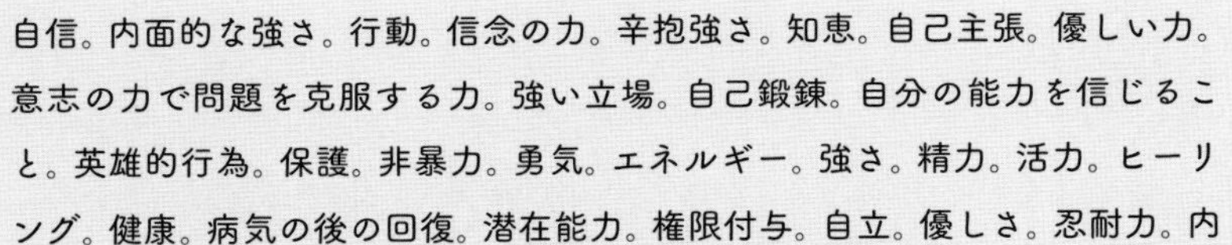

自信。内面的な強さ。行動。信念の力。辛抱強さ。知恵。自己主張。優しい力。意志の力で問題を克服する力。強い立場。自己鍛錬。自分の能力を信じること。英雄的行為。保護。非暴力。勇気。エネルギー。強さ。精力。活力。ヒーリング。健康。病気の後の回復。潜在能力。権限付与。自立。優しさ。忍耐力。内なる獣を飼いならす。本能的な欲求を利用する。性欲の適切なコントロール。

和解。外交。機転。美女と野獣。忍耐は美徳。

状況とアドバイス Situation and Advice

問題を解決するためには、内面の強さ、忍耐力、優しさに頼る必要がありそうです。

今こそ、自分を信じる時です。あなたの立場は強く、あなたを押しのけてきた誰かに立ち向かうことができます。あなたの動物的な情熱を建設的な方向に向けることで、健康と成功を手にすることができます。

機転をきかせた外交的なアプローチが成功につながります。

健康については、癒やしと新たな活力が期待できるでしょう。

人 People

アスリート。ウェイトリフティングの選手。体操選手。動物を扱う人。ヒーラー。穏やかな信念を持つ人。仲裁者。性欲や本能的な食欲と仲良くしている人。自分の性格の影の側面と折り合いをつけている人。

逆位置

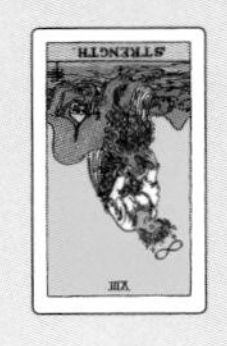

弱さ。病気

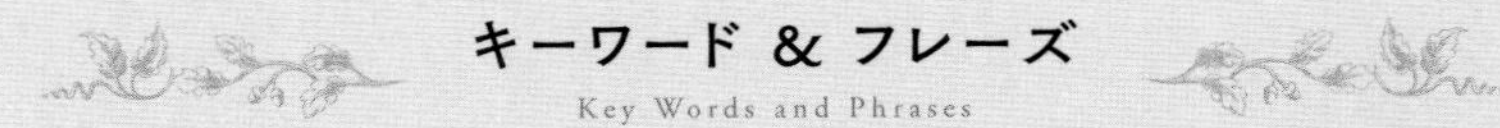

キーワード & フレーズ

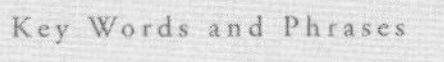

Key Words and Phrases

性的不能。いじめられる。自己不信。恐怖心。憂うつ。内気。臆病。不安。譲歩。基本的な衝動に屈する。うまく対処できない。自信のなさ。自信のない行動。

不幸。恐れに屈する。自己管理能力の欠如。心配。依存。自滅的行動。横柄な態度。傲慢。尊大さ。権力の乱用。専制主義。虚栄心。排外主義。優越主義。誤った権力意識。信念の欠如。内面的な強さの風刺画。過度のよそよそしさ。反抗心。狂信。アナーキー。利害関係の衝突。消耗している感じ。免疫不全。

状況とアドバイス Situation and Advice

あなたは、自分の現在の状況に気力がわかず、病気がちで傷つきやすく、落ち込んで、圧倒されそうになっているかもしれません。今は無理に問題を解決する時ではありません。

逆位置の「力」のカードは、自分の内なる悪魔と折り合いをつける必要があることを示唆しています。

あなたは、人生の舵取りを他人に頼りすぎているか、薬物やアルコールに依存しすぎているのかもしれません。あるいは、誰かからいじめられているか、振り回されたりしているのかもしれません。

自分の内なる強さを確信を持って主張し、力を与えられ、自立していると感じる必要があります。また、あなたは自分の能力を超えた目標を達成しようとしているため、自分の状況をもう一度見直す必要があります。前進するには罪悪感や自責の念、恐怖心と折り合いをつけなくてはなりません。

逆位置の「力」のカードは文字通り、疲労、体力の低下、病気など、自分の健康にもっと気をつけたほうがいいことを示す場合もあります。現在、病気の人との接触があるかもしれません。

人 People

虚弱体質の人。病気の人。免疫不全の人。依存性のある人。ジキルとハイドのような二重人格の性格の人。抑えのきかない性欲に支配された人。薬物乱用者。臆病者。気弱な人。

隠者

［いんじゃ］

Ⅸ

The Hermit

正位置

自分の内側を探す

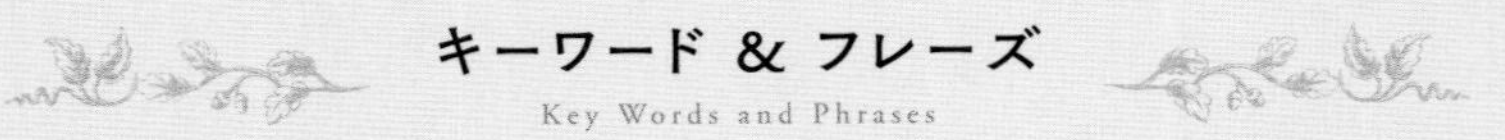

キーワード & フレーズ

Key Words and Phrases

熟考。瞑想。集中する。心理的な空間の必要性。根源との接触。静かな研究。自己発見。社会から退く。自分の中に閉じこもる。辛抱強い。思慮分別。慎重な省察。一人で過ごす時間。思慮深い。賢明なアドバイスを求める。思案。細部まで注意を向ける。内なる導き。カウンセリング。自己診断。再評価。発見。知恵。先見の明。老年。サンクチュアリ。より深い真実を探求するプロセス。内なる理解。人生の謎に思いを馳せる。日常生活からの離脱。神秘的な悟りを求める。孤独と内省の必要性。静かな呪文。我慢強く待つ。宇宙のスピリチュアルな広がりに同調する。知識を明るみに出したいという願い。精神的な健康に気を配る。償い。静寂の音。答えは内側にある。

少し距離を置きたい。宇宙の流れに従う。静かに。忍耐は美徳。

状況とアドバイス Situation and Advice

今は世間から自発的に退き、孤独の中で真理を求めるべき時です。あなたはソース（根源）と再会しなくてはなりません。

休息し、自分の状況について静かに考える必要があります。瞑想をし、我慢強く、冷静に振り返ることがふさわしいのです。

この時期はひたすら辛抱強く待って、自分自身の中に留めておく時です。時には、カウンセリングがあなたの自己理解の探求を助けてくれるでしょう。

時間をかけてじっくりと考えましょう。慎重な決断をくだすために、辛抱強く努力してください。答えは自分の内側にあることが多いのですが、もし行き詰まりを感じた時は、賢人や経験豊富な人にアドバイスを求めてみるのもいいでしょう。

また、あなたが興味のある事柄を本格的に学ぶのにもいい時期です。

人 People

スピリチュアルアドバイザー。賢人。教師またはメンター。指導者。隠者。修道士。修道女。高齢者。知恵の探求者。自分の考えを整理して状況を把握しなおすために休息が必要な人。辛抱強く待つ人。準備期間中の人。自己隔離している人。慎重なカウンセラー。

逆位置

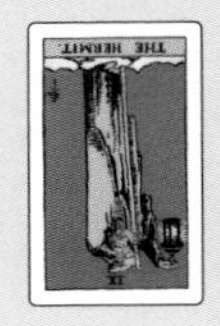

知恵をはねつける

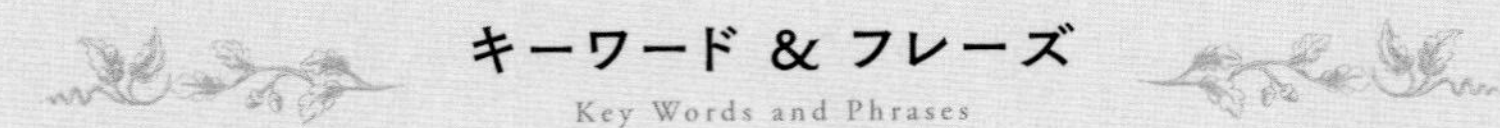

キーワード & フレーズ
Key Words and Phrases

過度の孤立。強制された沈黙。追放。孤独。人との接触の欠如。愚か、または過度の自己信頼。他者からの切り離し。拒絶されたと感じる。自己陶酔。親密なつきあいへの恐れ。外見に焦点を当てる。良いアドバイスを拒否する。不謹慎。軽率。賢明な助言を無視する。孤立感。死別。拒絶。偽りのプライド。コミュニケーション不足。よそよそしさ。疑心暗鬼。自己憐憫。極度の緊張。健康の不安。泣き言を言う。不平を言う。懐疑心。現実逃避。被害者意識。混乱。自己欺瞞。自分自身の最大の敵であること。自分でやるほうがいい。私は自分のやり方でやった。誰も私を愛してくれない。私はただの岩であり、島である。

状況とアドバイス Situation and Advice

あなたは、自分のやり方で物事を行うことにとらわれ、他人からの良いアドバイスや意見を拒んでいるかもしれません。自分の人生から他人を切り離そうとする傾向があるため、孤独感や拒絶感にさいなまれるかもしれません。このような性格が災いして、人間関係を壊してしまうことになるかもしれないのです。

人 People

社交的でない人。自己中心的で無知あるいは愚かな人。亡命者。孤独な人。無責任な人。真実を見ようとしない人。他人から距離を置いている人。極端に自己完結している人、または孤立している人。統合失調症傾向か妄想癖のある人。

運命の輪

［うんめいのわ］

X

Wheel of Fortune

正位置

良い方向への変化

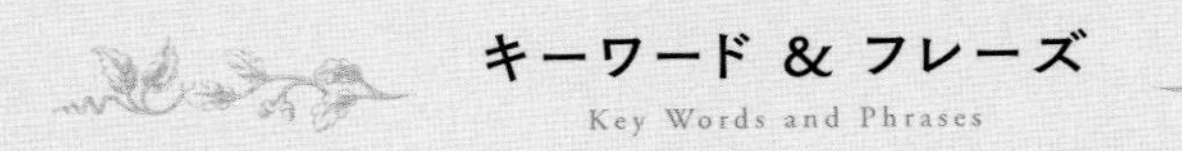

キーワード & フレーズ

Key Words and Phrases

幸運を祈る。前進。チャンス。重要な進展。改善。急激な変化。サイクルの上昇。宿命。運命。進歩。新たな扉が開く。運勢の浮き沈み。タオ。幸運な巡り合わせ。思いがけない幸運。ひとつの局面の終わりと新しい局面の始まり。状況の改善。ギャンブル。運が左右するゲーム。幸運の女神。新しい乗り物（新しいホイール）。

すべてのものは変化する。同じ川に二度足を踏み入れることはできない（訳注：同じことをしても、川も人もつねに変化しているので同じにはならない、ということ）。

状況とアドバイス Situation and Advice

あなたは、有益な変化と継続的な進歩を約束する、幸運な状況を伴う新しいサイクルに入っています。

動いている力は変化と成長を促します。急激な変化は、あなたの人生を向上させる新しい機会を提供してくれます。

偶然の出会いが、過去の困難な状況に終止符を打ち、幸運と成功の時代をもたらすかもしれません。

今後の人生に影響を与えるような重要な決断を迫られるかもしれません。

あなたの人生の新たな局面が始まろうとしています。ひとつの局面を終え、新しいことが始まろうとしています。

運命のいたずらは、あなたに味方しています。

車輪は文字通り、あなたの生活に現れる新しい車を指すこともあります。

人 People

ギャンブラー。投機家。幸運な人。

逆位置

上がったものは必ず下がる

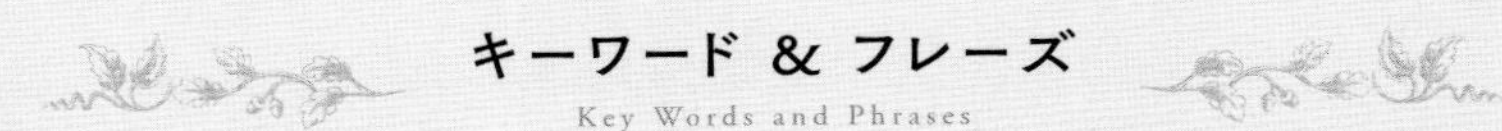

キーワード & フレーズ

Key Words and Phrases

失敗。不幸な境遇。不運。悪い方向への転換。予期せぬ挫折。低迷。悪化。運命のいたずら。サイクルの下降。災難。失望。足踏みをしている。マンネリ化する。ズレを感じる。行き詰まり。下り坂を下る。有益な変化への対抗。

好転する前には悪化するものだ。私がどうしてこんな目にあうのか？　理由も根拠もなく。運命の気まぐれ。

状況とアドバイス Situation and Advice

状況は予想外に悪化します。希望や願望は実現しないでしょう。あなたの人生は理由もなく進んでいるようです。

物事が再び好転する前に、あなたはサイクルの下降線と失望の期間に突入しています。大きなリスクを冒すには良い時期ではありません。「運命の輪」が新しいサイクルに入るまで待つ必要があります。

自分の運勢を知るために、占星術の星のトランジット（経過図）と進行を調べるといいでしょう。

人 People

敗者。不運な人。不幸な人。

The Major Arcana

正義

［せいぎ］

XI

Justice

※一部のタロットデッキでは「正義」のカードを8番とするものもある。

正位置

裁かれる。
公平な結果

キーワード & フレーズ

Key Words and Phrases

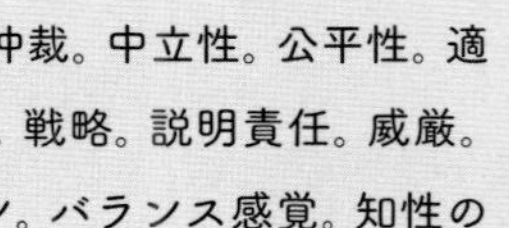

法律上の問題。均衡。調和。バランスの回復。公正。仲裁。中立性。公平性。適切なバランスを保つ。秩序の回復。慎重な金銭管理。戦略。説明責任。威厳。良心の検証。慎重に考慮された選択。明確なビジョン。バランス感覚。知性の力。合理性。公正な結果。正しい判断。明快な視点。法の介在。正義。法律。秩序を維持するために必要な判断。裁判。訴訟。法的取引。訴え。契約。拘束力の

ある契約。和解。謝罪。結婚契約。離婚協議。正義を執行する力。貞操。睾丸と勃起したペニス。

正義は勝つ。私の身にもなってみろ！　神秘主義者アレイスター・クロウリーの『The Woman Satisfied』。

状況とアドバイス Situation and Advice

「正義」のカードは、あなたが合理的で思慮深い決定を下すために、多くの要因を比較検討しなければならない時に現れます。このカードは、結論を出す前に慎重かつ賢明に検討するように警告しています。

このカードは、冷静さとバランスのカードです。道徳的な選択をする前に、自分の良心を吟味し、相手の立場を考慮するといいでしょう。

公平性の問題が顕著です。

「正義」のカードは、近い将来に法的手続きが起こることを示すこともあります。法的問題は、公正で冷静に進められるでしょう。

特に、スプレッドで正位置の「審判」のカードとともに「正義」のカードが現れたら、最終的に正義が勝つでしょう。

公正な第三者が公正な結果をもたらす手助けをしてくれるかもしれません。

もし、誰かがあなたを不当に扱ったら、あなたはすぐに謝罪を受けることになります。

もし、あなたが不当な行為をしていたなら、その結果に直面することになるでしょう。

人 People

仲裁人。弁護士。裁判官。目撃者。法的機関。法廷。決定を下さなくてはならない人。謝罪する人。

逆位置

不公平に判断される

キーワード & フレーズ

Key Words and Phrases

不当な扱い。不公平。正義の遅れ。約束の欠如。報われない。アンバランス。過剰。損失。冤罪。謝罪の拒否。間違った判断。不公正。不当な結果。偏狭。偏り。偏見。虐待。対立。一方に加担する、あるいは人を利用する。問題の両面を考慮しない。不均衡。日和見を決め込む。虚偽の非難。執念深さ。法的な問題やもつれ。違法行為。お役所仕事。不当な判決。試験の失敗。えこひいき。離縁。訴訟の長期化。怠慢。操られる。どんな代償を払っても平和。闘争心。不愛想。残酷で異常な罰。起訴する。正当な権利の濫用。無法状態。自信過剰。警察の横暴。殺人の免罪符。

他人が悪い事をしているからといって自分もそうしてよいということにはならない。自分が間違えていると認めない。ハンプティ・ダンプティは壁の上に座った……（訳注：卵のような体型をした不器用な人）。

状況とアドバイス Situation and Advice

本来、あなたが受け取るべきものを受け取るのが遅れている可能性があります。

不当な扱いや偏見に満ちた扱いを受けていると感じる状況にいるかもしれません。

もしかするとあなたは、冤罪の犠牲者になっているかもしれませんし、誰かを誤って告発しているかもしれません。

あなたに関する決定に関与している人が、その件について偏見を持っている可能性があります。

自信過剰や約束の欠如が、あなたに不利に働いています。

どっちつかずの態度をやめて、目標を追求するために確固たる決断をしなくてはなりません。

権力者がその権力を濫用している可能性があります。

謝罪が順当なのに、なされないかもしれません。

さらに不公平が生じるだけなので、自分自身の手で法を犯さないようにしましょう。誰かを怒らせるのを恐れて、どっちつかずな態度をとるのはやめる必要があります。

もしあなたが訴訟や調停に巻き込まれているのなら、結果はあなたにとってお金がかかるか、不利なものになるかもしれません（特にスプレッドに逆位置のワンドの6が出た場合）。

あなたが試験を受けているか何らかの形で判断されるような状況にあるなら、おそらく状況の不公平な側面やあなたの不十分な準備のせいで、あなたが本当に知っていることが反映されないでしょう。

人 People

濡れ衣を着せる人。他人を差別したり、不当に扱ったりする人。過去の悪い行いを謝ろうとしない人。他人を操る人。暴徒・大衆。中立者。偏見を持った人。偏屈者。腐敗した裁判官。悪徳警察官。略奪者。自警団。

吊るされた男

［つるされたおとこ］

XII

The Hanged Man

正位置

停止。
新たな視点

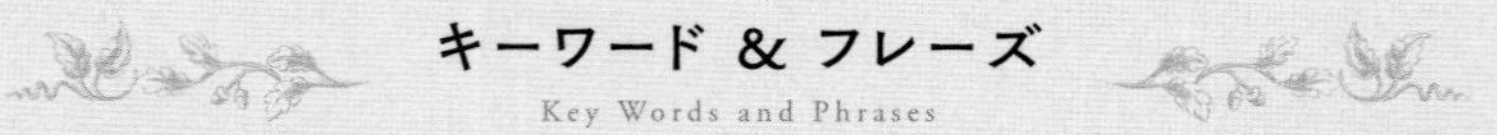

キーワード & フレーズ

Key Words and Phrases

逆転。遅延した行動。過渡期。ゆっくり時間をかける。テスト期間。学ぶべき教訓。宇宙の意識。悟り。ユニークな視点。新しい視点。型にはまらない。スピリチュアルな同調。無私無欲。犠牲。制約。献身。柔軟性。順応性。あえて人と違うことをする。過去との決別。再調整。より高い善を得るための自発的な犠牲。静止。静まる。スローモーション。見かけ上は止まっている。岐路に立つ。

反映。静寂。高次の知恵。神秘主義。予期せぬ家庭や仕事の変化。手放して神にまかせる。対立する両方に通じる。

私には「約束の地」が見える。私たちは、この世に裸でやってきて、裸でこの世を去る。何が彼を突き動かしているのか？　汝自身に対して忠実であれ。

状況とアドバイス Situation and Advice

今は活動を中断して一時停止する時です。自分の精神的な価値感に忠実でありながら、自分の態度や目標、優先順位を見直す必要があります。

時間がゆっくり流れているようで、まるで仮死状態にあるような感じがするでしょう。今はテスト期間であり、学ぶべき教訓があるのです。

あなたは今、大きな転換期にあり、古いものと新しいものの間に挟まれていると感じています。重要なプロジェクトや野望に、無欲で献身的に取り組むことができます。

あなたのユニークな視点は、他人には理解されないかもしれません。

より大きな利益を得るために、あなたは手放したり、犠牲を払う必要があるかもしれません。同じような犠牲を払ってきた人たちのグループに参加することもあるでしょう。

新しい道を切り開くために古いものを手放す必要があります。あなたは、他人への愛と献身によって、利己的な欲求を放棄するかもしれません。

あなたは有害だと気づいて、その人間関係から抜け出すかもしれません。

瞑想、休憩、リラクゼーション、内省に費やす時間には、十分な価値があります。あなたは人生のスピリチュアルな次元と再びつながる必要があります。おそらく、過剰な心配性で、より高いパワーとコンタクトをとる必要があるのでしょう。

他人があなたの言いたいことを理解するのは難しいでしょう。

人 People

無私無欲で目標に向かっている人。瞑想するために人生から退いた人。あえて人と違うことをする人。入院患者。スピリチュアルな人。聖人。

逆位置

無駄な犠牲

キーワード & フレーズ
Key Words and Phrases

物質主義。必要な犠牲を払うことを拒否している。殉教者コンプレックス。偽りの安全。悪い投資。誤った金銭的判断。献身の欠如。利己主義の勝利。不満。憂うつ。倦怠感。無気力。努力が足りない。徒労感。現状にとどまる。過去との決別の拒否。スピリチュアルな同調の欠如。過剰な順応性。魂の殺人。偽りの自分。自分自身の重要な部分を否定する。隣人と張り合う。優柔不断の末路。

状況とアドバイス Situation and Advice

何らかの理由であなたは自分を偽っています。

おそらくあなたは、意味もなく自分の人生の一部を犠牲にしているのでしょう。誰かの期待に応えようとして生きていて、自分の内なるニーズや価値観を否定しているかもしれません。

人間関係の中で殉教者のような役割を演じていませんか？　そのような行動は徒労感をもたらし、価値ある目標に身を投じることをためらわせるだけです。

より崇高な目的のために犠牲を払うことを嫌がっているかもしれません。

自分のペースで歩むことで周囲を動揺させることを恐れているのでしょうか？

エマーソン（19世紀アメリカの思想家、哲学者、作家）の「愚かな一貫性は小さな心のゴブリン（小鬼）だ」という言葉を思い出してください。悟りを開くには、自分の世界を引っくり返さなくてはならないかもしれません。

無駄なプロジェクトにエネルギーを費やさないようにしましょう。

金銭的な問題について質問したのなら、この時期に投資をしたり、疑わしい財政方針をとったりしないように注意してください。

ポジティブに考えると、中断していた期間や宙ぶらりんだった期間が終わりに近づいているのかもしれません。

優先順位を見直し、人生の方向性を見出すことができたなら、決定的な行動を起こす準備が整ったことになります。

人 People

殉教者。利己的な人。アズ・イフ・パーソナリティ（他人の望むように自分を定義する人）。無責任な人。

The Major Arcana

13

死神

［しにがみ］

XIII

Death

正位置

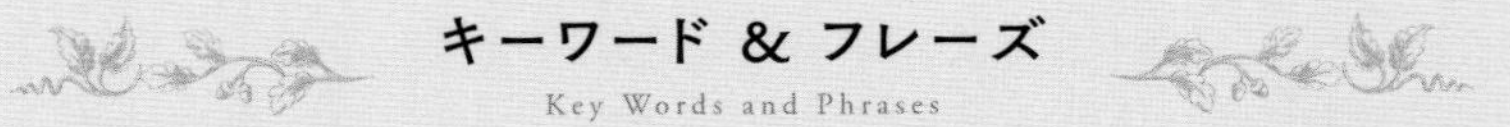

重大な変化

キーワード & フレーズ

Key Words and Phrases

必要かつ深遠な変化。解放。新しい時代の幕開け。過去を置き去りにする。1つの周期の終わりと新しい周期の始まり。新しい生き方に踏み出す。古い自己の死。自信を与える。再生。更新。突然の必然的な変化。移行。洗浄。浄化。活性化。無価値なものを剝ぎ取る。粛清による解放。かつてのライフスタイルの喪失を悲しむ。避けられない終わり。地位の変化。結婚。離婚。仕事の開始または終了。家を出る。移転。関係の終わり。処女喪失。精神的な再生。時代遅れの態度を脱ぎ捨てる。輪廻転生。

状況とアドバイス Situation and Advice

「死神」は13番のカードであり、13は死に関連づけられている数字です。旧暦では13番目の月は死と再生の時とされていました。

重大な変化が起ころうとしています。変容の時が差し迫っているのです。

このカードは、結婚、離婚、家を離れる、引っ越し、転職、親になるなど、人生の重大な転機に直面している時によく現れます。

人生を変えるような変化が起ころうとしています。ある状況が終わり、新しい時代が幕を開けようとしているのです。

今こそ、新しいステージへの道を開くために、もう卒業した態度や状況を取り除くべき時です。

損失も起こり得ます。役に立たないものや時代遅れになったものはすべて捨ててしまいましょう。

これは終わりと新たな始まりの時です。新約聖書にあるように、「一粒の麦が地面に落ちて死ななければ、成長できない」ということなのです。古い非生産的なやり方を手放さなくてはなりません。

時にこのカードは、文字通り知り合いの死を意味することがあります。

人は、死が最悪であるかのようにそれを恐れる。
そして、死は実は最も良いことだということを知っている人は誰もいない。
（ウィリアム・ミットフォード）

人 People

人生の大きな変化を迎えている人。変革の代理人。葬儀屋。

逆位置

必要な変化への抵抗

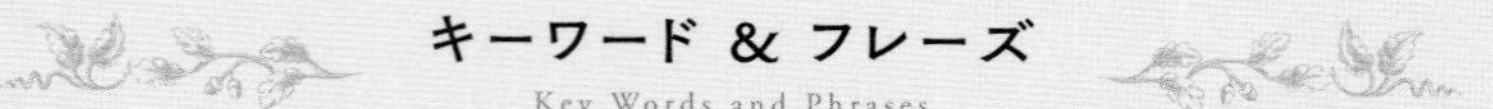

キーワード & フレーズ

Key Words and Phrases

惰性。強情。停止状態。執着。停滞。不動。変化への恐れ。時代遅れの状況や態度を解放することへの恐れ。死にかけている過去にしがみつく。極端な立場をとる。変化への拒絶。頑固。腐敗。未来に背を向ける。落ち込み。宙ぶらりんな状態。自ら手放そうとしないものを手放さざるを得ないこと。友情の喪失。誕生。

状況とアドバイス Situation and Advice

逆位置で「死神」のカードが現れる時、あなたは、本当は捨てるべき時代遅れの状況や関係、態度などにしがみついています。変化への恐れがあなたを過去に縛りつけ、そのことが成長を妨げています。

あなたは何を恐れているのでしょうか？

必要な変化に対するあなたの抵抗は、それが必然的に発生した時に、より多くの痛みを経験させます。そのような変化を不本意ながら受け入れるよりも、恐れずに立ち向かったほうがいいでしょう。

人 People

変化や変容を恐れて過去にしがみつく人。

The Major Arcana

節制

［せっせい］

XIV

Temperance

正位置

節度。自制。融合

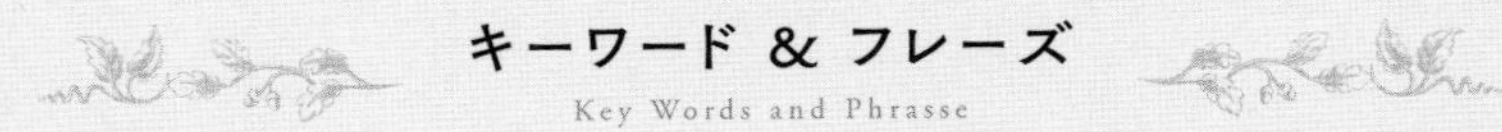

キーワード ＆ フレーズ

Key Words and Phrasse

調整。慎重。寛容。中道。バランスのとれた視点。適切なタイミングを計る。公平性。偏見がない。極端な立場をとらない。妥協。精神から物質への降下。裁量。融合する。実りある組み合わせ。適切な混合物。芸術的な創造。互換性。冷静な能力。多様な力の融合。均衡。落ち着き。平穏、平和。道徳。調和のとれたバランス。調整。忍耐。許容。融通。適応。賢明なマネジメント。質素。倹約。

慈悲。バランスのとれたセクシュアリティの表現。合理性。思いやり。友情。赦(ゆる)し。協力。和解。優しさ。魂の浄化または純化。異人種間の結婚。異人種間の調和。時がすべての傷を癒やす。何事もほどほどに。気楽にいこう。一日一日を大切に。過剰なものはない。私たちはみな神の子である。人種、肌の色、信条に関係なく。

状況とアドバイス Situation and Advice

多様な要素の賢明な交わりは、新しい創造をもたらします。異なる人種や文化を持つ人と友情や関係を築くことができるかもしれません。あなたは他人と調和し、辛抱強く協力することができます。

性行為を含む行動において、慎重さと行き過ぎが気になるかもしれません。

あなたは今、さまざまな素材を調和させることができます。節度ある賢明なマネジメントが成功への鍵です。速度を落として、自分の立ち位置を確かめ、妥協することも必要です。

古傷は、時間の経過とともに癒やされます。

一時的な別れが起こる可能性があります。

人 People

スピリチュアルなヒーラー。熟練者。芸術家。保護者。マネジャー。異人種間に生まれた人。異人種間結婚のパートナー。公民権運動家。シェフ。料理上手な人。錬金術師。調停者。

逆位置

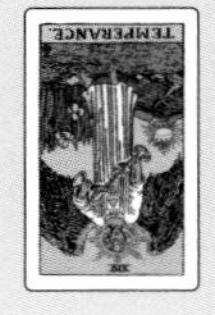

過激主義

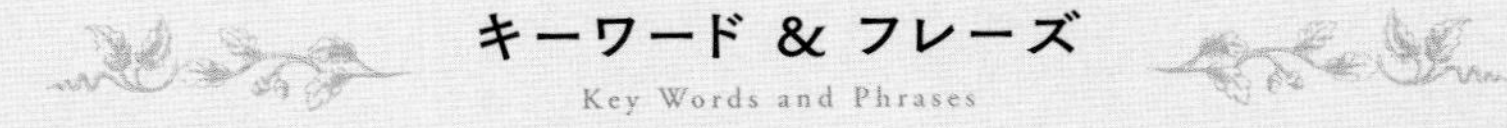

キーワード & フレーズ

Key Words and Phrases

狂信。節操がない。行き過ぎた性的行為。欲望。バランスの欠如。圧力。妥協することへの拒絶。過剰反応。やりすぎ。不和。エネルギーの無駄遣い。コントロールできていない。強迫観念。過度の野心。せっかち。変動性。気まぐれ。奔放な情熱。自制心のなさ。不適切な行動。軽率な行動。散漫なエネルギー。衝動性。利害の衝突。優柔不断。精神と感情のアンバランス。急いては事を仕損じる。突飛なこと。不謹慎。心を閉ざす。ストレス。判断力不足。異質なもののぶつかり合い。不道徳。奔放さ。行きすぎ。甘やかしすぎ。食べすぎ。大食い。不調和な要素を組み合わせようとする。不快な混合物。ある状況を押し付ける。危険なセックス。

用心するに越したことはない。食べて、飲んで、騒げ。明日は死ぬかもしれないのだから。過剰なものすべて。

状況とアドバイス Situation and Advice

あなたは節度を欠いており、今、その結果に直面しています。

食欲をコントロールできないことが有害な結果を招くかもしれません。

親しい間柄では、性的な貞操観念が問題になるかもしれません。

目標に対する執着心が、あなたが目標を達成するのに極端なやり方をとってしまう原因になっているかもしれません。

妥協を許さないことで問題が発生します。

人 People

大食家。浪費家。過激論者。食欲を抑えることができない人。過度の性欲を持つ女性。中毒者。アルコール依存症。愛しすぎる女性。強迫的な性行為に走る人。

The Major Arcana

悪魔

［あくま］

XV

The Devil

正位置

束縛。
自ら課した制限

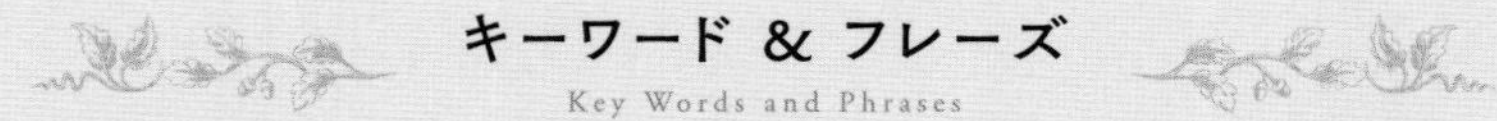

キーワード & フレーズ

Key Words and Phrases

ネガティブ思考の力。手放すのが難しいと感じる。悲観主義。悪い状況から離れるのを拒否する。過度の依存。不必要な罪悪感。重い約束。自分の中の悪魔に立ち向かう。暗闇。物事を明確に見る必要性。物質的なものへの過度の執着。虚栄心。利己主義。不健全な愛着。貪欲。欲望。強力な性的衝動。抑制。恐怖心。自責の念。絶望感。抑圧。束縛。不幸な選択。窮屈な状況や人間関係に行き詰まりを感じる。共依存。奴隷化。監禁。耽溺。依存症。薬物依存症。自分で作り出した悪癖にとらわれる。権力、セックス、お金への執着。サディズム。残酷さ。お金と精神的な幸福の間の葛藤。原始的な衝動。制御できない衝動。倒錯。性的な本能。抑圧された恐怖。自分の急所。ユング心理学の影の概念。

もし全世界を手に入れても、自分の魂を失うなら、
それは何のためになるでしょうか？
（マルコによる福音書8：36）

悪魔には、楽しい形をとる力があります。
（シェイクスピア『ハムレット』）

状況とアドバイス Situation and Advice

あなたは自分で作り出したかもしれない抑圧的な状況に追い込まれていると感じています。おそらくあなたは何か重すぎる約束をしていて、それが負担になっているのです。

なぜ問題のある関係から離れようとしないのでしょうか？　逃れたほうがいいとわかっていても、離れがたいと感じているのではありませんか？

リーディングで「悪魔」のカードが現れたら、物質的な財、抑えきれない欲望、有害な人間関係、経済的な安定に縛られてしまっている自分を見直す必要があります。恐怖心やネガティブな思考があなたの人生を妨げているのです。

現実をよく見てください。あなたは自分の人生で、どのように縛りつけられ、奴隷となっていますか？　健全でない執着にとらわれていませんか？　物欲、物質的な損失への恐れから行動していませんか？　愛をお金で買おうとしていませんか？　有害だとわかっている人間関係にとどまっていませんか？　物質的な成功にとらわれていませんか？　富や性欲に取りつかれてはいませんか？　薬やアルコール、または他の欲望に、人生を支配されていませんか？

「悪魔」のカードは、自分の権力や影響力を使って他人を奴隷にしたり、操ったりしないように警告しています。あなたは自分で作った牢獄にとらわれており、自分の恐怖や抑制に直面する時が来ています。自分は変われないという絶望感や信念があなたの成長を妨げているのです。

なぜ自分の運命は苦しむことだと信じているのでしょうか？　自分の影と立ち向かい成長し続けましょう（ユングの言う影とは、自分の中にある暗黒面、つまり恐怖心やこだわり、性格の最も難しい側面を指し、統合されてひとつになる前に直面し、折り合いをつけなければならないものです）。

人 People

お金にこだわりすぎる人。不健全な執着に巻き込まれている人。貪欲でみすぼらしい人。動物的な欲望に支配されている人。破壊的な人。虐待された女性と虐待する男性。奴隷のようなつながりや束縛と密接に関係した生活を送っている人。

逆位置

束縛からの解放

キーワード & フレーズ
Key Words and Phrases

プラスの意味 恐怖心に立ち向かう。束縛から解放される。鎖をはずす。もう共依存はしない。ポジティブシンキングの力。しがらみを断ち切る。誘惑に打ち勝つ。

マイナスの意味 優柔不断。硬直化する。過度の野心。過度の貪欲。不安定。しがみつく。依存。万策尽きたと感じる。息苦しい関係。権力の乱用。変態性。人間性を奪う。私利私欲や物質的な利益のために人を利用する。絶対的な権力は確実に腐敗する。

状況とアドバイス Situation and Advice

ポジティブな面では、逆位置の「悪魔」は、あなたの首に巻き付いていた鎖が外れることを示します。

あなたは、自分の誤った価値観や、自分で課した制限に立ち向かいました。もはや執着に支配されることはありません。重荷になるような約束が終わりを告げようとしています。

あなたはもう、有害な人間関係、金銭欲や権力欲、ネガティブな思考の力にしがみつくことなく、自由に独立して生きていく準備ができています。圧制的な状況から抜け出す準備が整っています。

ネガティブな面では、あなたが自己中心的または貪欲な方法で行動している可能性があり、欲にまみれていることを示します。お金と幸せのどちらかを選ばなければならないかもしれません。

物質的な利益や権力に対する欲求が、強迫観念になっている可能性があります。

誰かがあなたをコントロールし、操っている可能性があります。

しがらみから解放されないかぎり、落ち込みやすい時期です。

あなたの抑制の多くは、自ら招いたものであり、それを直視することを嫌がっています。

このカードのネガティブな意味は、下品な性的表現に手を出さないよう警告しています。

あなたは堪えがたいほど重荷である状況に絶望的に追い込まれていると感じています。

人 People

プラスの意味 恐怖に立ち向かい、自由になった人。

マイナスの意味 サディスティックで、人をコントロールし、巧みに利用する人。意地の悪い人。悪人。性犯罪者。

The Major Arcana

塔

［とう］

XVI

The Tower

正位置

青天の霹靂（へきれき）。構造物の倒壊

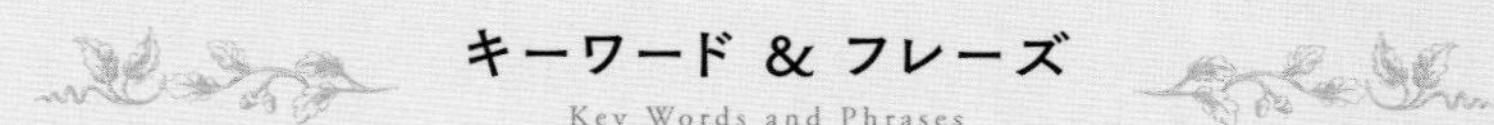

キーワード & フレーズ

Key Words and Phrases

古い生き方の崩壊。修正。崩壊。ショック。大混乱。目覚め。混迷。衝撃的な洞察。衝撃的な啓示。トラウマになるような経験。大きな変化。危機。驚き。避けられない変化。束縛からの解放。構造的な欠陥。幻想の死。解放。脱却。衝撃的な悟り。粛清。急激な変化。闇を払拭する。浄化。不穏なニュース。あなたを自由にする光明。価値のないものを排除する。自分自身の囚われからの解放。揉

め事。失望。誤った信念を打ち砕く。計画の破綻。時代遅れの形式の破壊。無駄な建造物の解体。恥や罪悪感に直面する。誤った価値観を捨てる。真実の瞬間。腐敗したものの破壊。麦ともみ殻を分ける。自由。啓蒙。自分を縛る社会通念。新しい仕事。住居の変化。心乱される出来事。別離。離婚。事故。財産の問題。破産。セキュリティの損失。地震。自然災害。
医学的なリーディングであれば、脳卒中や突然の発作。入院(特にソードの4と一緒に出れば、療養が必要であることを示す)。

痛みがなければ、得るものもない。光明が見える。いつか私に感謝する日が来るでしょう。ああ、そうだったのか！　もう家には帰れない。振り出しに戻らなくてはいけない。

そして壁は崩れ落ちた。
(ジェリコの戦い)

状況とアドバイス Situation and Advice

スプレッドに「塔」のカードが出たら、迅速で衝撃的かつ劇的な変化の前兆となります。あなたの人生を組み立てているものが崩れ始め、古い生き方の崩壊に対処しなければなりません。

突然、家を売ったり、新しい住居に移り住んだり、転職したり、新しいキャリアを追求したり、心理療法を受けたり、重要な人間関係を大きく変えたりすることになるかもしれません。このような変化の時には、自分自身についての重要な真実を知り、それに従って行動することです。

このカードに関連する大変動は、あなたが偽りの人生構造を取り除き、本当の自分の価値を知ることになるものです。インチキな生活様式が凝り固まっているほど、この変化はより破壊的なものになるでしょう。

今こそ、あなたの成長を妨げる社会的拘束や、誤った信念を取り除くべき時です。あなたを縛っている構造を打ち砕かなければ、悟りを開くことはできないのです。

時にこのカードは、盗難、失業、家族ゲンカ、財産に関するトラブルなどを予兆します。

古い秩序は崩壊し、新しい秩序が生まれるでしょう。不健全な構造は崩れ去るでしょう。

人 People

あなたの世界観に挑戦する、攻撃的でエネルギッシュな人。トラウマや混乱を引き起こす人。脳卒中を患った人。自然災害の被害者。

逆位置

衝撃

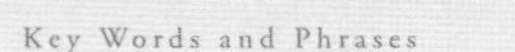

キーワード & フレーズ

Key Words and Phrases

プラスの意味 トラウマが解消された。変化が起きている。物事はいつまでも同じではない。かけらを集めて新しく始める時。

マイナスの意味 自らに課した囚われ。継続的な抑圧。変えられない状況。変えることができない。自由の制限。肉体的な束縛。投獄。崩壊。故障。混沌。大変動。大惨事。代償を伴う自由。暴虐。不正行為。期待に応えられない。

私に自由を与えよ、しからずんば死を与えよ。石の壁が牢屋になるわけでも、鉄の棒が檻になるわけでもない。

状況とアドバイス Situation and Advice

逆位置の「塔」のカードのポジティブな面は、衝撃的または破壊的な影響が終わりを迎えつつあることを示しています。あなたは今、バラバラになった破片を拾い集めて、新しく始めることができるのです。

ネガティブな面としては、人生の状況における不正や不公平を目の当たりにして重荷を感じるかもしれません。今まで当たり前だと思っていた仕組みや人間関係が突然崩れたり、失われたりするかもしれません。閉じ込められ、妨害、制限を受けていると感じるでしょう。

文字通りの監禁状態になる可能性はまれです。

出口のないネガティブな状況に閉じ込められていると感じるでしょう。

避けることができたはずの問題に直面することになります。過去に犯した間違いの報いを経験することもあるでしょう。

人 People

ショック状態にある人。

The Major Arcana

星

［ほし］

XVII

The Star

正位置

希望

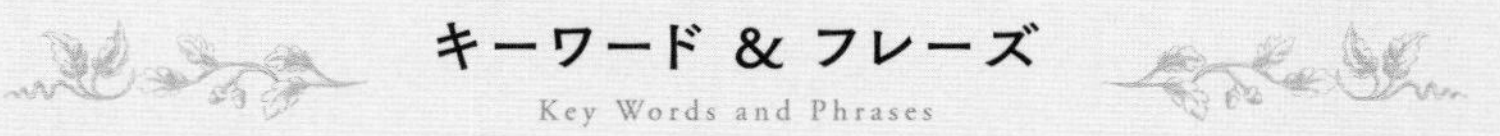

キーワード & フレーズ

Key Words and Phrases

インスピレーション。幸運。静謐。楽観主義。信頼。楽しむ。自信。未来への信頼。快適さ。安心。再生。幸せ。約束。援助。保護。回復。精神的な愛。無私無欲。天の光。あかり。反射。特別な才能。調和。意欲満々。創造性。豊饒。カリスマ。優美。美しさ。平和。気分転換。バランス。落ち着き。感情や精神の豊かさ。内なる導き。方向感覚。視野の広がり。内なる癒やし。健康がよみがえる。

光に導かれる。より高度な知識。神秘主義的な理解。知識の拡大。将来の計画を立てる能力。瞑想。占星術を学ぶ。精神的成長。信仰心。多方面からの援助。天からの助け。占星術的分析。教育。地上の天国。星に願いを。上なる如く、下もまた然り。

天は神の栄光を宣言した。そして大空はみ手のわざをしめす。
（詩篇19：1）

状況とアドバイス Situation and Advice

「星」のカードは、とてもポジティブなカードです。今こそ自分の直観、内なる知恵、導きに頼る時です。ホロスコープを見るのも効果的でしょう。

このカードは、希望、保護、約束、喜び、インスピレーション、幸運、精神的な幸せを表します。

あなたの守護天使が見守ってくれています。

望む反応や結果が近づいています。

理想を実現できるので、自分の力を発揮するのに良い時期です。

「星」のカードはしばしば、特別な才能を開花させるよう質問者に促します。

若い女性があなたの人生に光を与えてくれるかもしれません。

人 People

守護天使。女児。若い女性。援助してくれる人。占星術師。天文学者。UFOマニア。ヒーリングエージェント。ET。

逆位置

提供された助けを受け入れられない

キーワード & フレーズ
Key Words and Phrases

プラスの意味　希望。未来への信頼。不当な悲観主義。

マイナスの意味　遅れ。失望。幻滅。悲観。判断力の低下。叶わぬ望み。はかない幸せ。チャンスを逃す。無為無策。不穏な空気。喪失。不安。不健康。剛直。自責の念。不信感。頑固。利己主義。隔絶感。精神的導きの拒否。学校の問題。

グラスは半分空だ。

状況とアドバイス Situation and Advice

「星」のカードは、逆位置でもポジティブな意味を持っています。

しかしあなたは、自分を取り巻くスピリチュアルな豊かさに気づいていない可能性があります。その結果、計画が遅れたり、事業がうまくいかなかったりするかもしれません。悲観的な態度や、自信のなさが、幸せの妨げになっています。

あなたはグラスに半分入っていることより、半分しか入っていないことに目を向けているのです。そのため、有望なチャンスを見逃すことになりそうです。

未来への信頼が必要です。

提供される助けをなかなか受け入れられない可能性があります。自分の持っている大量のダイヤモンドに気づいていないかもしれません。

ネガティブな意味では、逆位置の「星」のカードは、希望を失い、落ち込み、病気になる可能性を示すかもしれません（特にリーディングでソードのカードが多い場合）。

人 People

助けを受け入れるのが苦手な人。悲観的な人。

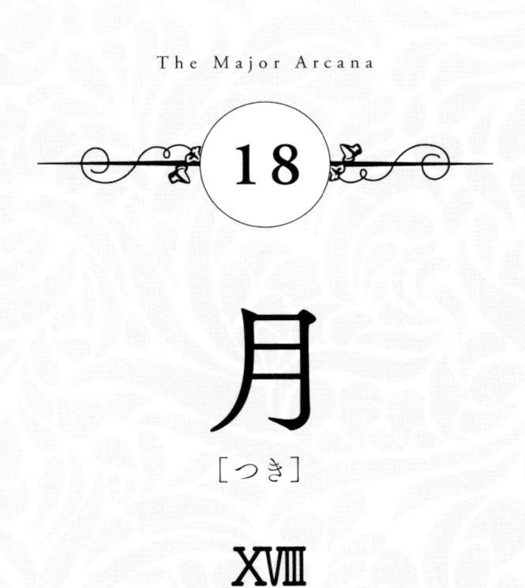

18

月
［つき］

XVIII
The Moon

正位置

深い本能的な力。自己欺瞞

キーワード ＆ フレーズ
Key Words and Phrases

プラスの意味 月の引力。私たちのルーツは動物界にある。過去の条件づけが現在の行動に影響を与える。今は受動的で受容的である時。直感。強い感情。秘密にされている真実。霊的な意識。霊媒能力。不気味さ。夢。想像力。ファンタジー。冥界。母親。女性の元型（典型的女性像）。変化。神秘。困惑。海のような感覚（「永遠」の感覚、「外界全体と一体である」という感覚）。無意識

のクリエイティブな可能性。創作。文芸創作。演技。イリュージョンを用いた仕事。エンターテイメント業界。野生動物。大自然。旅行。

私たちの儚い世界のすべては似姿にすぎない。
（ゲーテ）

月に誓うのはやめて。移り気な月は一月ごとに満ち欠けを繰り返す。
（シェイクスピア『ロミオとジュリエット』）

マイナスの意味 月明かりのファンタジー。現実逃避。混乱。ペテン。詐欺。不誠実。誹謗中傷。ウソ。裏切り。混乱した考え。不貞。狡猾さ。恐怖。欺瞞。不確実性。不安。揺らぎ。幻想。狂気。疑心暗鬼。優柔不断。悪夢。懸念。予期しないまたは予測できない危険。神経質。圧倒的な感情。困った想像。ネガティブな気分。憂うつ。隠れた敵。自己破滅。婦人科系の問題。物事は見かけによらない。

状況とアドバイス Situation and Advice

伝統的に、「月」は虚偽、ウソ、不誠実、混乱、危険、自己欺瞞と月明かりの下のファンタジー（月明かりで見たものが昼間の光ではまったく違って見えることが多い）を警告しています。これらの意味のいくつかは、「月」のカードが占星術で魚座に関連し、監禁状態と破滅の第12ハウスを持つことに由来し、霊的な気づき、精神性、恵まれない人々への関心も意味します。

「月」のカードは、あなたが感情が揺れ動く不安定な時期に入り、前進するために無意識の力に立ち向かわなくてはならないことを示唆しています。

今まで目に見えなかった、あるいは秘密にされていたものが表面化しつつあります。

自分の創造的な才能を執筆、芸術、演劇、演技、心理学、心理療法などの分野で活かすことができるでしょう。

旅行、特に水上での旅行が可能です。

過去に深く根差した習慣が、どれだけ今、自分の行動に影響しているかに気づくでしょう。

不思議な事柄が起こります。あなたは今、自分の夢や感情、勘、直感に注意を払うべきです。水面下にあるもの、過去に埋もれているものに気づくことが重要です。あなたの直感は論理的な分析よりも信頼できます。人間の存在の心理的な側面を意識することが、あなたの人生において重要な役割を果たすでしょう。

「月」のカードは、動物界や無意識における私たちの原初的な起源を振り返るよう、問いかけています。

　質問がだまされたことに関するものなら、このカードはあなたが偽りの情報や裏表のある言動の犠牲者であることを示唆しています。秘密裏に何かが起こっていて、それがやがては明るみに出るでしょう。

「月」はまた、あなたの母親や母親代わりの存在が、あなたが関わる事柄で目立つようになりつつあることを意味しています。

人 People

プラスの意味 母親。女性。旅人。芸術家。サイキック。創作家。海洋学者。獣医。俳優。詩人。薄幸な恋人たち。心理療法士。心理学者。預言者。無意識の領域に触れる人。動物好きな人。

マイナスの意味 ウソつき。詐欺師。横領者。あなたの目をごまかす人。非現実的な夢想家。

逆位置

光の中に踏み出す

キーワード & フレーズ
Key Words and Phrases

プラスの意味 有益な変化。明確な思考。物事をありのままに見る。問題を光に当てる。混乱が終わる。隠されていた事柄が明るみに出る。

マイナスの意味 狂気の沙汰。誤解を招く。現実逃避。あいまいさ。不明確な思考。暗闇の中にいる。ペテン。被害者意識。真実でない。誤解。白昼夢。幻想。混乱。漠然とした不安。健康についての心配。女性に関する問題。原始的な反応。無意識のダークサイド。不安定な感情。隠された動機。自己不信。隠された恐怖。暗い秘密。危険の警告。信仰のテスト。

状況とアドバイス Situation and Advice

光のもとに足を踏み出す時です。この混乱の時が終わるまでは、大きな決断はしないでください。

まもなく、日の光の中で、よりはっきりしたものを見ることができるようになるでしょう。その過程で、自分自身の精神の奥底にあるモンスターと向き合う必要があるかもしれません。

今まで理解するのが困難だった事柄が明らかになることもあるでしょう。秘密の敵や、あなたの幸福を損なう密かな脅威に気づくかもしれません。

また、ネガティブなスプレッドでは、盗難や妨害、裏工作、誤解、薬物やアルコールの過剰摂取に注意する必要があります。

自分の母親が何をしているかを、よく観察してください。

人 People

プラスの意味 混乱に対処し、日の光の下で、物事をはっきり見ることができるようになった人。

マイナスの意味 感情的に問題を抱えた人、または精神的に病んでいる人。よこしまで人を欺く人。悪者。秘密の敵。不穏分子。詐欺師。ウソつき。

The Major Arcana

太陽

［たいよう］

XIX

The Sun

成功。成就

キーワード & フレーズ

Key Words and Phrases

生命の供給者、維持者。活力。喜び。向上心。自信。楽観主義。高揚感。達成感。肯定。地位向上。男性的なエネルギー。主導権を握る時。豊かな発展。照明。真実。論理。明晰な思考。暖かさ。友情。ポジティブシンキングの力。純粋な合理的思考。歓喜。満足。創造的な自己表現。希望。充実。自制心。祝福。精神的な勝利。称賛。誇示。達成。機会。エネルギー。自発性。創造的なひらめき。世間からの評価。健康。元気。幸福。繁栄。合理性。学術的名誉。科学的業績。発明。結婚。子供たち。情緒の豊かさ。新しい一日の始まり。夏時間。暑い気候。野外活動を楽しむ。誕生日会。

晴れた日には、どこまでも見渡すことができる。あなたは私の人生を照らしてくれる。あなたは私の太陽です。生きていることは素晴らしいことだと感じる。そしてみんなで楽しい時間を過ごした。

状況とアドバイス Situation and Advice

一筋の陽光があなたの人生に入り込みます。今こそが、希望、喜び、祝福、成功、楽観、達成、幸運、健康、そして幸福に満ちた時です。仲の良い友人や子供たちと過ごす時間は、実り多いものです。

学生はテストで良い結果を出せるでしょう。その他の試験もうまくいきます。

あなたには意識的、合理的かつ思慮深い問題解消能力があるでしょう。活力があり、健康的で、生きていると感じられるはずです。

このカードを文字通りに解釈すると、旅行や休暇で屋外の日差しを楽しんだり、ビーチで一日を過ごしたりすることです。

人 People

子供たち。赤ちゃん。父親。日光浴をする人。発明家。陽気な人。決断力のある人。リーダー。王様。著名人。科学者。学術経験者。太陽神アポロ。男らしい人。

逆位置

遅延または部分的成功。虚栄心。自慢。誇示。傲慢。自分本位。ナルシシズムの問題。外見への過度な心配。ネガティブな思考。失敗。悲観。憂うつ。不健康

キーワード & フレーズ

Key Words and Phrases

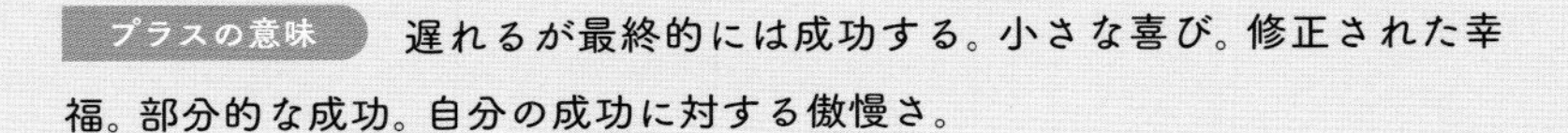

プラスの意味 遅れるが最終的には成功する。小さな喜び。修正された幸福。部分的な成功。自分の成功に対する傲慢さ。

「太陽」はとてもポジティブなカードなので、逆位置でもその好ましい意味が完全に失われることはありません。成功を示すことができますが、それは遅れや障害の後でのみ起こり、正位置ほど強く縁起の良いものはありません。
逆位置の「太陽」はまた、間違った理由で成功を求めることや、本当に成功を得ることなく、目立ったり、成功しているように見せたいという願望を意味することもあります。

隣人と張り合う。私、私、私！（自分中心の考えを表す） 玉にキズ。

マイナスの意味 失敗。不確実性。不幸。曇った未来。子供との問題。夫婦間の困難。計画倒れ。憂うつ。喪失感。孤独。元気がない。考えがまとまらない。評価されていないと感じる。意見の不一致。誤解。ドタキャン。絶望感。目的の欠如。病気。体調不良。日焼け。交渉決裂。不妊。誤った判断。学習障害。試験に問題がある。暗闇の訪れ。黄昏。

ネガティブなスプレッドでは、「太陽」のカードが不幸な意味合いを持つことがあります。

状況とアドバイス Situation and Advice

「太陽」は逆位置で出ても、ポジティブなカードであることに変わりはありません。

このカードで約束する成功に至るまでに、遅れや障害を経験するかもしれません。また、望んでいることが実現不可能であったり、非現実的であったりする可能性があります。部分的な成功しか得られないかもしれません。たとえ望みが叶ったとしても、その結果に満足できないかもしれません。

時に逆位置の「太陽」は、いい気になりすぎて傲慢になっていることを示すことがあります。本当に成功しようとする意欲がないまま、評価を求めてはいませんか？　自分の功績でいい気になっていませんか？

そうでなければ、逆位置の「太陽」は、ネガティブなスプレッドでは、嫌な気持ちになりはしても圧倒されるほどではないくらいの問題を示します。

しばらくの間、あなたは暗雲がずっと立ち込めているように感じるかもしれません。愛されていない、感謝されていない、と感じるかもしれません。

未来に対する悲観的な見通しが、あなたの健康に悪影響を与えるかもしれません。

妊娠や子供とのつきあいは心配の種になるかもしれません。

結婚や恋愛でつらい思いをするかもしれません。

学生は試験で望んだほどの結果が出せないかもしれません。

挫折感にさいなまれるかもしれません。

ちょっとした体調不良に悩まされるかもしれません。

ネガティブな言葉で頭がいっぱいになっていませんか？

人 People

憂うつな気分の人。横柄または高慢な人。エゴイスト。表面的な外見に過度にこだわる人。悲観主義者。

The Major Arcana

審判

［しんぱん］

XX

Judgement

正位置

総括。生まれ変わる

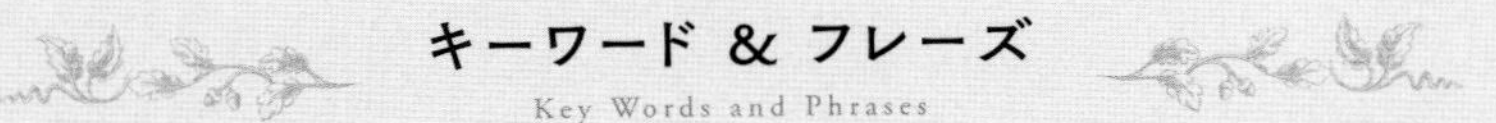

キーワード & フレーズ

Key Words and Phrases

発達のマイルストーン。重大な選択。人生のある段階の終わりと、その価値の評価。判断すること、判断されること。成長する。立場の変化。ひとつの時代の終わり。ある状況の終わり。通過儀礼。転職。昇進。復活。評価すべき、あるいは評価される必要性。若返り。灰の中から立ち上がる不死鳥。非常に重い決断。行動への呼びかけ。更新。アイデンティティの危機。評価の時。新しい方向性。再調整。移行。目覚め。変身。慣習を破る。大きな変化。人生をよりよく変えるために必須の選択。洗浄。浄化。再生。新生活。新しい機会。自己評価。自己改善。最後の清算。変換。癒やし。古い習慣からの脱却。再活性化。有利な法的判断。帳尻合わせ。白紙に戻す。最終試験。学位授与式。卒業式。

自分で蒔いた種は自分で刈り取らなくてはならない。

土は土に、灰は灰に、塵は塵に。永遠の命への復活を信じ願いつつ。
(祈祷書1662)

状況とアドバイス Situation and Advice

ひとつの周期が終わり、あなたは次の成長段階への準備をしなくてはなりません。あなたは成長の節目を迎えています。

人生の方向性を変えるような重大な決断を迫られるかもしれません。変革の可能性をしっかり認識したうえで決断を行えば、結果は有益なものになるでしょう。

今は大きな変化と改善の時であり、一種の再生プロセスのようなものです。

転職を考えている人は、きっと成功するでしょう。

健康問題では、治癒と回復がもたらされるでしょう。

法的な問題なら、あなたにとって有利な判決が下されるでしょう。

学生であれば、試験に合格するでしょう。

健康診断を受診した場合、良好な結果が得られるでしょう。

これはひとつの周期の終わりであり、再生と目覚めの時、そして過去の行動の報いを受ける時です。今こそ、過去を拭い去り、ポジティブで新しい出発の準備を始める時が来たのです。あなたは今、物事をよりはっきり見ることができるでしょう。

人 People

裁判官。最高裁判所。死刑執行人。

逆位置

歓迎されない移行期間。ネガティブな評価

キーワード & フレーズ

Key Words and Phrases

望まない終了。過去の状況に対する失望。遅れ。優柔不断。変化への恐れ。強制終了。欲望を見抜かれる。歓迎されない大きな変化。必要な決定を避ける。立ち上がらない不死鳥。先延ばし。後悔。良心の呵責。不幸な結末。目的の欠如。手放すことの拒否。行動を促す呼びかけを無視する。挑戦や成長の回避。孤独。死への恐れ。愛する人との別れ。幻滅。喪失感。試験に失敗する。残念な法的判断。マンネリ。事実を直視しない。恥。自己憐憫。病気。負のカルマ。

状況とアドバイス Situation and Advice

あなたは今、過去にした誤った決断の結果に直面しなければなりません。あるいは重要な決断を避けているのは、それが自分の人生にもたらす変化を恐れているからかもしれません。

もしかしたら、人生のある段階を振り返ってみて、それが価値のないものだったことに気づいているのかもしれません。

人間関係、仕事、状況、制限された構造などを卒業したはずなのに、手放したくないと感じているかもしれません。

たとえ自分の準備ができていなくとも、自分の人生のある側面を終わらせなくてはなりません。

状況、病気、あるいは死が、あなたと愛する人を引き離すかもしれません。

仕事やキャリアの問題で、あなたと大切な人との間に距離ができてしまったのかもしれません。関係が終わりに近づき、最後の章を終わらせるのに抵抗があるかもしれませ

ん。

事実と向き合うことを先延ばしにすることはできません。難しく思えるかもしれませんが、人生を進んでいくためには過去を手放す必要があるのです。

歓迎されない大きな変化は、制御できない場合があります。

法的な決定や試験の結果は、あなたに有利にならないかもしれません。

時に逆位置の「審判」は、健康問題、特に視力や聴力の問題を示すことがあります。

健康診断の結果について尋ねている場合は、動揺するような知らせを覚悟してください。

人間関係の質問なら、逆位置の「審判」は別居や離婚を象徴することがあります。

法的な問題を尋ねた場合は、判決があなたの望むようには下されないことを示唆しています（特に裏切りによる遅延を示す逆位置のワンドの6がスプレッドに出た場合）。

逆位置の「審判」のカードは、負のカルマを考慮し、過去の失敗から学ぶように忠告しています。

損切りをして、より建設的な方向へ進む必要があるかもしれません。

人 People

望まない結末や望まない人生の大きな変化に巻き込まれている人。負のカルマの教訓を学んでいる人。試験に不合格の学生。訴訟で敗訴した人。

The Major Arcana

世界

［せかい］

XXI
The World

正位置

自然な結論に達する

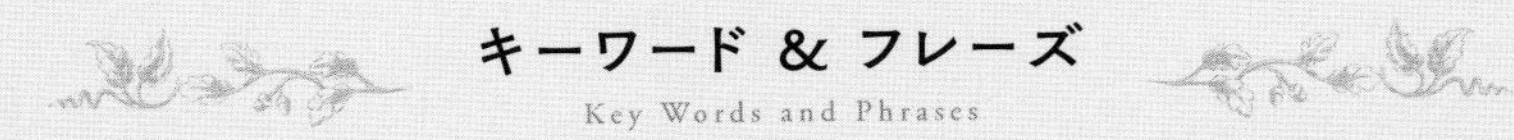

キーワード & フレーズ

Key Words and Phrases

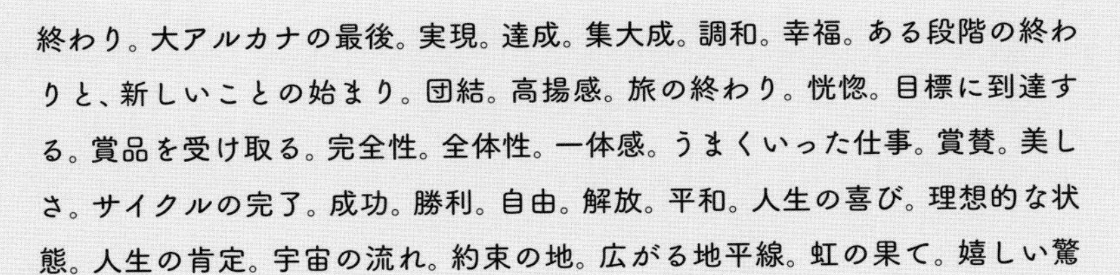

終わり。大アルカナの最後。実現。達成。集大成。調和。幸福。ある段階の終わりと、新しいことの始まり。団結。高揚感。旅の終わり。恍惚。目標に到達する。賞品を受け取る。完全性。全体性。一体感。うまくいった仕事。賞賛。美しさ。サイクルの完了。成功。勝利。自由。解放。平和。人生の喜び。理想的な状態。人生の肯定。宇宙の流れ。約束の地。広がる地平線。虹の果て。嬉しい驚

き。悟り。一日一日を大切に過ごす。理想的な環境条件。身体と心の健康。精神的な幸福。可能な限り最良の結果。旅。道のり。転職や引っ越し。再出発の準備。学位授与式。卒業式。長く充実した人生の最後に、安らかな死を迎えること。終わり良ければすべて良し。虹の彼方に。

楽しいことは終わった。そろそろお開きの時間です。

状況とアドバイス Situation and Advice

あなたは目標に向かって努力する中で、最終段階に到達しました。すべてが順調で、成功は目前です。すべてが計画通りに順調に進んでいます。

あなたは当然、手にすべきものを正当に受け取ることができるでしょう。

あなたは完全で完璧だと感じられます。

あなたは約束の地に到着したのです。この完了期間を過ぎると、あなたは新しいライフサイクルに入り、新たな経験をしていく必要があります。この局面を終える時、あなたは新しいことを始める準備をするのです。

この時期には長距離の海外旅行が可能です。

人 People

勝者。達成者。世界中を旅する人。国際情勢に携わる人。目標に十分に到達した人。

逆位置

停滞。未完成の仕事

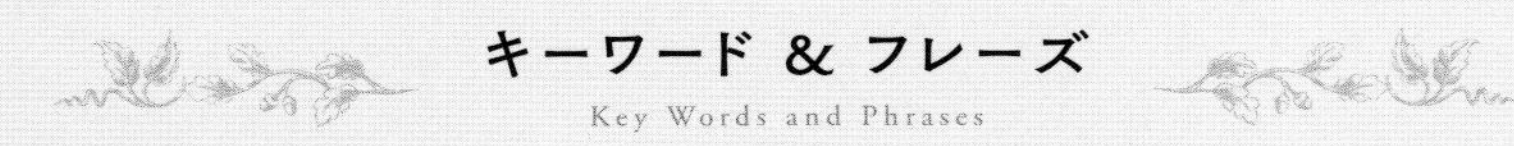

キーワード & フレーズ
Key Words and Phrases

不完全。成功の遅れ。サイクルが完了しない。欲求不満。障害。未完成。未解決のままの問題。変化への恐れ。停滞。足踏み状態。マンネリ化。責任の欠如。すぐやめてしまう。始めたことを終わらせない。不安。変化に対する抵抗。未来に立ち向かう気がない。頑固。応用力のなさ。目隠しをしたまま。不満足な結果。ウンチクを垂れる。旅行の延期。

まだ着かないのか。さらに先へ。

状況とアドバイス Situation and Advice

あなたはやり残しをきちんと片付けていないため、目標に到達するのが難しいと感じています。その結果、轍(わだち)にはまったように感じ、納得のいく結論に至ることができません。

問題が解決されないまま長引きそうです。あなたは、退屈で停滞したまま、非力な感じがするでしょう。やり遂げるより、仕事を途中で投げ出したいという誘惑に駆られています。

変化に対する抵抗があり、新しい経験をする準備ができていないと感じています。一歩下がって全体を見渡すことで、やり残していることを片付けて目標に到達することができるでしょう。

逆位置の「世界」は、時に計画していた旅行が遅れたり、古い旅程を繰り返すことを示すこともあります。

人 People

器用貧乏。轍に自ら身を置く人。自分が始めたことを最後までやらない人。敗者。

大アルカナ

The Major Arcana

ライダー・ウェイト＝スミス版

0 愚者

Ⅰ 魔術師

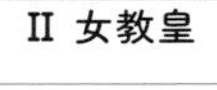

Ⅱ 女教皇

Ⅲ 女帝

Ⅳ 皇帝

Ⅴ 司祭

Ⅵ 恋人

Ⅶ 戦車

Ⅷ 力

Ⅸ 隠者

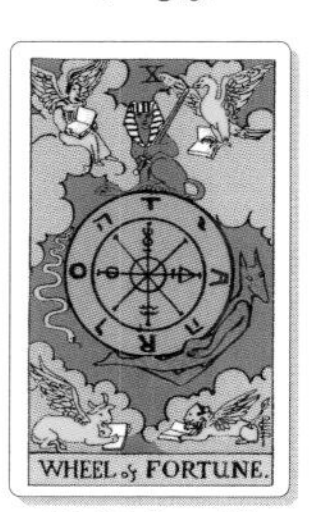

Ⅹ 運命の輪

Ⅺ 正義

Ⅻ 吊るされた男

XIII 死神

XIV 節制

XV 悪魔

XVI 塔

XVII 星

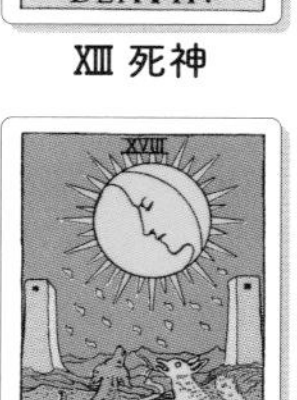

XVIII 月

XIX 太陽

XX 審判

XXI 世界

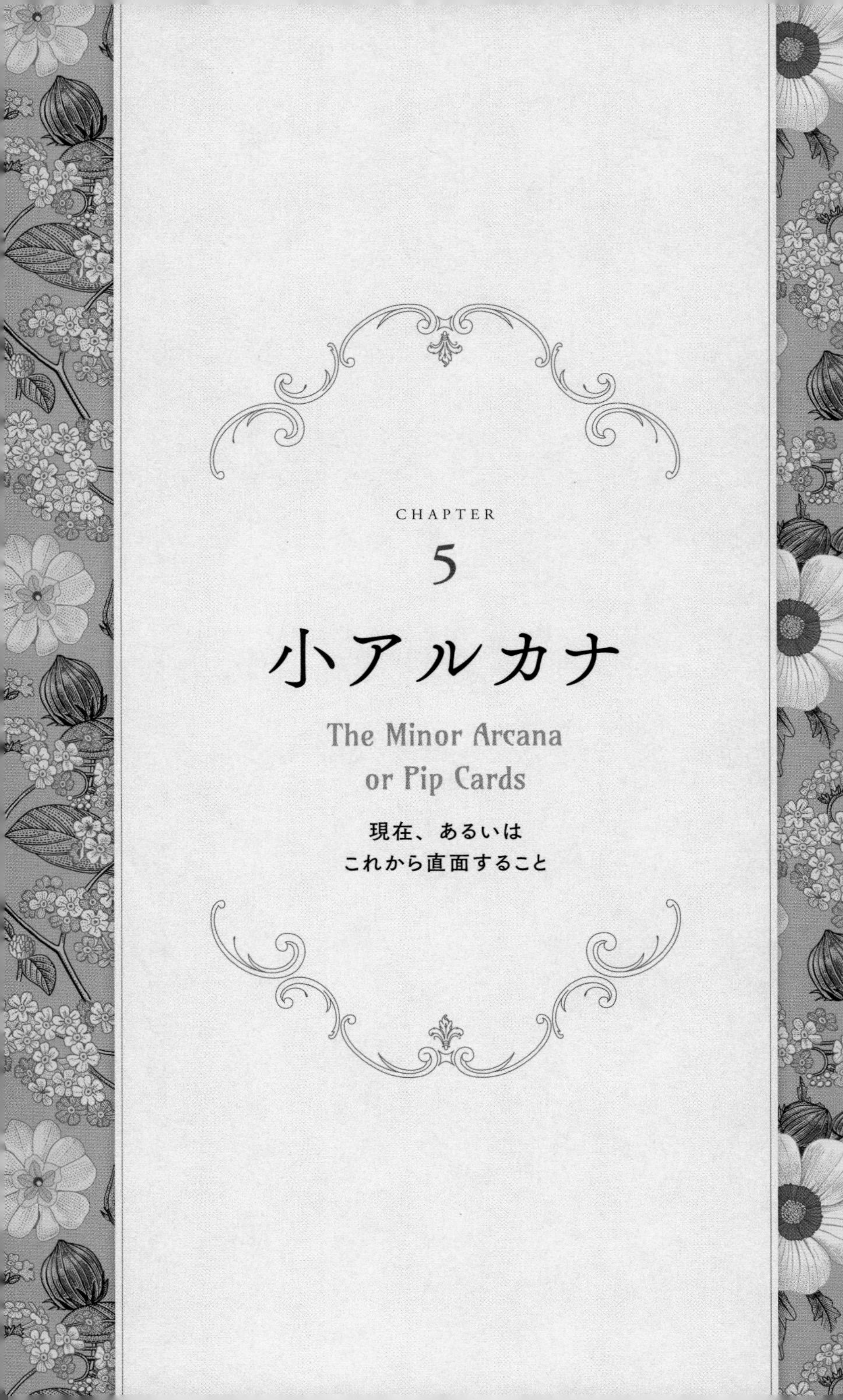

CHAPTER

5

小アルカナ

The Minor Arcana or Pip Cards

現在、あるいは
これから直面すること

数秘術と四大元素に
由来する数札

数札とは、数を示す点やマークがついたカードのことです。

数札は日常生活でよくある感情や日常的な出来事を指しています。時には出会った人の特徴や私たち自身の性格の一面を表すこともあります。

数札は通常、私たちが現在直面している、あるいはこれから直面しようとしている状況や感情を描いています。

数札の意味は、数秘術や古代の四大元素の概念に由来しています。

それぞれのスートは、古典的なエレメント（元素）を示しています。

風＝ソード、地＝ペンタクル、火＝ワンド、水＝カップ（41ページの表参照）。

それぞれのスートの10枚のカードは数秘術の意味の順序に従っています。

1：元素の種または根

2：二元性のバランスをとる。純粋な顕現

3：融合、創造、受精

4：基盤を確立する

5：これまでの安定を崩す

6：調和を取り戻す

7：新しい意識がもたらす安定性の喪失

8：熟達と自立性、不具合の認識

9：完了、結晶化、成就、至高体験

10：終了、最終的な変容、新しいサイクルのための準備

その1年を読み解くパーソナルイヤーナンバー

もう1つの数秘術の考え方として、パーソナルイヤーナンバー（個人年）があります。この数字は、誕生日の数字に特定の年の西暦を足すことでわかります。

たとえば、あなたの誕生日が11月29日だったとすれば、あなたの1995年のパーソナルイヤーナンバーは、11＋29＋1995＝2035となります。

この数字をさらに単純化して2＋0＋3＋5というように足すと10になります。

さらに10を1＋0＝1と計算して1桁にします。

よって、1995年の誕生日から、翌年の誕生日までのパーソナルイヤーナンバーは1で、これは新しいスタートの重要な時期になることを示しています。

パーソナルイヤーナンバー1の期間に、人はよく転職したり、引っ越しをしたり、新しい関係を始めたりします。1という数字が強調されたスプレッドも、同じような意味を持つことになります。

誕生日が11月29日の人の場合

1995年（1995年11月29日～1996年11月29日）のパーソナルイヤーナンバーは？

11（月）＋ 29（日）＋ 1995（年）＝ 2035

↓

2 ＋ 0 ＋ 3 ＋ 5 ＝ 10

↓

1＋0＝ 1

↓

パーソナルイヤーナンバーは1

ワンド

The Suit of Wands

バトン　棒　王しゃく　杖　竿　棍棒

エレメント：火

星座：牡羊座、獅子座、射手座

季節：春（牡羊座から始まる季節）

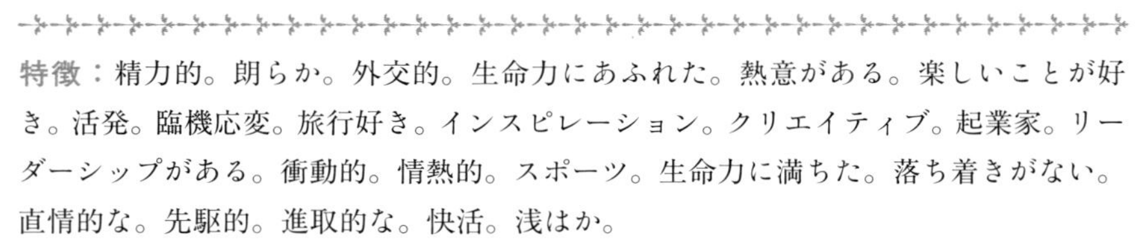

特徴：精力的。朗らか。外交的。生命力にあふれた。熱意がある。楽しいことが好き。活発。臨機応変。旅行好き。インスピレーション。クリエイティブ。起業家。リーダーシップがある。衝動的。情熱的。スポーツ。生命力に満ちた。落ち着きがない。直情的な。先駆的。進取的な。快活。浅はか。

職業：起業家。販売員。教師。伝道師。

キーワード：突き出た陰茎。力。生命の輝き。キャリア。商業。ビジネスチャンス。旅行。仕事。交渉。多忙な時期。新しい事業。新しいプロジェクト。企業。行動。意欲。エネルギー。リニューアル。信念。はじける。創造性。新しい生命。成長と発展。情熱。精神。差別化。希望。野心。勝ち負け。競争のゲーム。政治。成長への欲求。インスピレーション。日常的な事柄。

人：色白。金髪か赤みがかった髪。暗い、あるいは明るい瞳の色。色白またはそばかすのある肌。

ペンタクル

The Suit of Pentacles

コイン　ドゥニエ　ディスク
ダイヤモンド

エレメント：地

星座：牡牛座。乙女座。山羊座

季節：冬（山羊座から始まる季節）

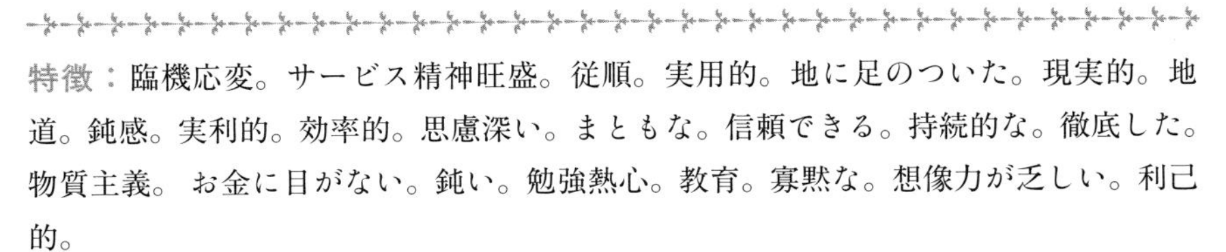

特徴：臨機応変。サービス精神旺盛。従順。実用的。地に足のついた。現実的。地道。鈍感。実利的。効率的。思慮深い。まともな。信頼できる。持続的な。徹底した。物質主義。お金に目がない。鈍い。勉強熱心。教育。寡黙な。想像力が乏しい。利己的。

職業：銀行家。実業家。会計士。不動産管理者。建築業者。農家の人。学生。労働者。建設労働者。

キーワード：物質世界。ビジネス。所有物。お金。財産。遺産。不動産。富。物質的資産。貯金。才能。トレーニング。教育。学び。時間。利益と損失。与えることと受け取ること。目に見える現実。物質。肉体とその健康状態。財政的問題。仕事。価値。スキル。マネジメント。結果。経済的な安全。建設。有形財。自然。排泄物。家庭内のこと。感情的な安心感。官能的な喜び。土壌に含まれる塩分。

人：茶色または黒い髪。黒い瞳。色黒。肌の色が濃い民族。

ソード
The Suit of Swords

つばのついた細身の剣　スペード

エレメント：風

星座：双子座。天秤座。水瓶座

季節：秋（天秤座から始まる季節）

特徴：精神的。コミュニケーション能力がある。引き離された。よそよそしい。客観的な。公正な。知的。冷静。計算高い。洞察力のある。明敏な。深刻。分析的。頭でっかち。気が強い。決断力がある。行動的。真実を追及する。痛いところをつく。感情に鈍感または不愉快。親しくなるのを避ける。抽象的なものに興味がある。攻撃的。意地悪。

職業：知識人。ジャーナリスト。伝達者。旅行者。仲裁人。専門家。医者。弁護士。裁判官。有償のアドバイザー。法の執行者。軍事指導者。

キーワード：争い。緊張。動揺。対立。闘争。敵対勢力。コミュニケーション。旅行。強力なアイディア。心配。重要な決断。大きな選択。真実。正義。知性。先見の明。鋭い男根。障害物。意見の相違。心配事。トラブル。悲しみ。もめ事。ストレス。プレッシャー。大胆さ。勇気。心。人生の精神的側面。思考。精神活動。理性。論理。離脱。先に進む。分離。壊れた人間関係。手つかずの約束。混乱。皮肉。脅威。危険。敵意。いらだち。問題。論議。競合。損失。失望。挫折。法的措置。体調不良。手術。切断。過労。事故。死。

人：茶または黒い髪。明るい色の瞳。小麦色の肌。

カップ

The Suit of Cups

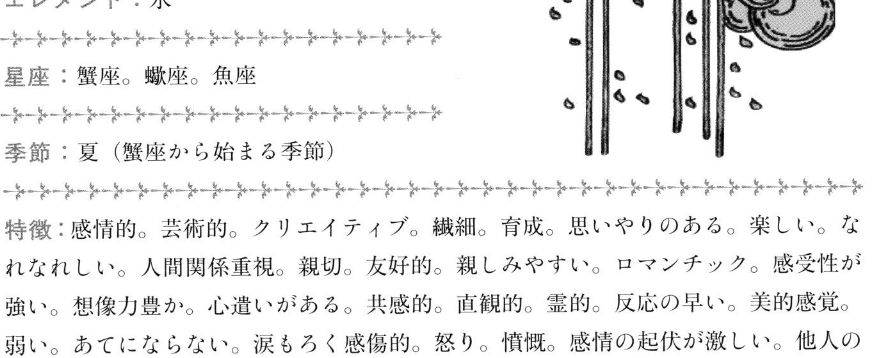

脚つきのグラス　心

エレメント：水

星座：蟹座。蠍座。魚座

季節：夏（蟹座から始まる季節）

特徴：感情的。芸術的。クリエイティブ。繊細。育成。思いやりのある。楽しい。なれなれしい。人間関係重視。親切。友好的。親しみやすい。ロマンチック。感受性が強い。想像力豊か。心遣いがある。共感的。直観的。霊的。反応の早い。美的感覚。弱い。あてにならない。涙もろく感傷的。怒り。憤慨。感情の起伏が激しい。他人の要求を気にかける。

職業：カウンセラー。芸術家。音楽家。サイキック。感覚を生かした仕事。福祉関係の仕事。

キーワード：感情。ムード。愛情。愛。思いやり。ロマンス。関係する。感情的問題。心の問題。膣。子宮。パートナーシップ。人間関係。感性。受容性。気持ち。想像力。セックス。幸福。直観力。芸術。創造性。夢。ファンタジー。ビジョン。快適さ。満足。調和。子供たち。家族。

人：明るい茶、金髪、またはグレーの髪。青、明るい、または薄茶色の瞳。中間色か色白の肌。

The Minor Arcana or Pip Cards

エース

1

Ace

キーワード & フレーズ

Key Words and Phrases

種。新しい始まり。創造の原理。あらゆるものの始まり。根源的な力。誕生。新しいプロジェクトやベンチャー。新しいアイディア。新しい挑戦。通過儀礼。奮起。革新。インスピレーション。活力。可能性。リーダーシップ。主体性。独立。新しい何か。行動の初期段階。生のエネルギー。創造力。エネルギーの高揚。ナンバーワン。

神は「光あれ」と言い、すると光があった。
（創世記１：3）

状況とアドバイス Situation and Advice

各スートのエース（1）は、そのスートの残りのカードを生み出すものです。各スートの最初のカードであるエースは、各スートの根源的な力を表し、数字の1と関連しています。数字の1は、大アルカナの「魔術師」と、牡羊座と獅子座に対応しています。太陽は獅子座を支配し、牡羊座の中で高貴に輝いています。太陽はリーダーシップ、力、強さ、エネルギー、イニシアチブ、野心、勇気、独立心、創造力、独自性、管理能力などの特性を象徴しています。

ネガティブな特徴としては、威張っていて横柄、意地悪で傲慢であることです。すべての逆位置のエースは、カードのエネルギーを利己的に使っていることを示します。

リーディングでの解釈は、新しい始まり、野心、新しいチャンス、種まきを暗示し、長期的な発展を予期させます。新しいことを始めるには絶好のタイミングです。新しい人に出会ったり、既存の関係を活性化させることができるかもしれません。また、大きな引っ越しや転職の計画を開始する時期であることを意味します。

エースは周期の始まりを表します。チャンスを求め、視野を広げるべき時期です。数字の1の持つ陽のエネルギーは、新しいプロジェクトを推進するのに役立ちます。自分で決断を下し、この先のチャンスをつかむ準備をしましょう。陽のエネルギーは目下の問題に男性が大きく関与している可能性を示しています。

パーソナルイヤー Personal Year

パーソナルイヤー1は、9年周期のサイクルが新たに始まる1年です。この1年は、リーダーシップを発揮し、独立した意思決定をし、前進、進歩して、ゴールに向かって突き進む時です。チャンスを追い求め、新しい事業をスタートすることができます。

ただし、軽率で衝動的な決断をする危険性もあります。

対応する大アルカナカード

魔術師

The Minor Arcana or Pip Cards

ワンドのエース

Ace of Wands

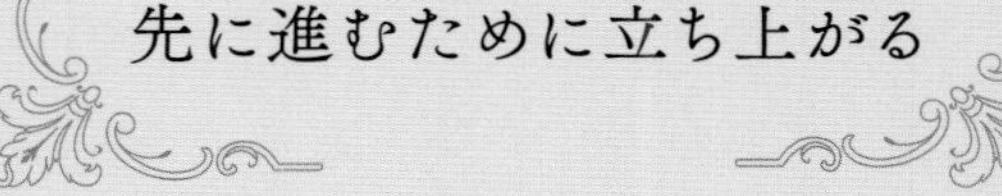

先に進むために立ち上がる

正位置

新しい生活

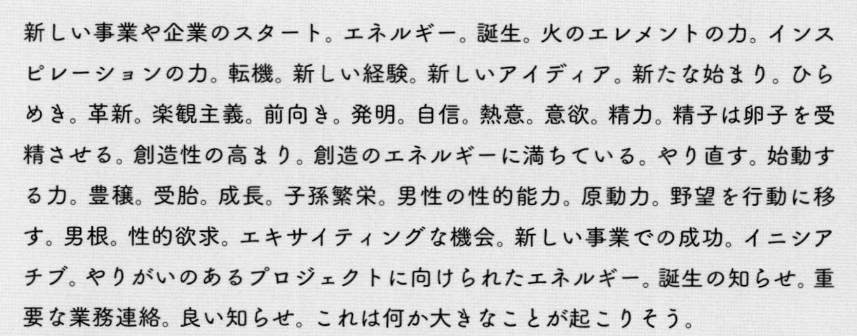

キーワード & フレーズ

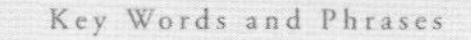

Key Words and Phrases

新しい事業や企業のスタート。エネルギー。誕生。火のエレメントの力。インスピレーションの力。転機。新しい経験。新しいアイディア。新たな始まり。ひらめき。革新。楽観主義。前向き。発明。自信。熱意。意欲。精力。精子は卵子を受精させる。創造性の高まり。創造のエネルギーに満ちている。やり直す。始動する力。豊穣。受胎。成長。子孫繁栄。男性の性的能力。原動力。野望を行動に移す。男根。性的欲求。エキサイティングな機会。新しい事業での成功。イニシアチブ。やりがいのあるプロジェクトに向けられたエネルギー。誕生の知らせ。重要な業務連絡。良い知らせ。これは何か大きなことが起こりそう。

緑の導火線を通って花を咲かせる力が、おれの青臭さをけしかける。
（ディラン・トマス）

状況とアドバイス Situation and Advice

あなたは仕事や事業をスタートさせるかもしれません。新たな土台を築いて、何か有望なことを始めるためのエネルギーがあります。新しいことに興味を持つでしょう。あなたのキャリアを刺激する何かが起こります。これは通過儀礼、発明、創造性の時です。

人 People

開拓者。発明家。起業家。冒険家。創始者。創造する人。

逆位置

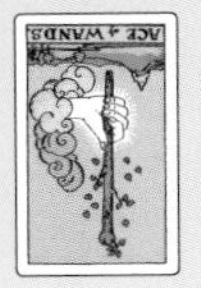

先に進めない

キーワード & フレーズ

Key Words and Phrases

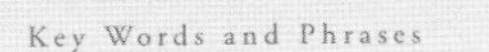

果たされない約束。成長の妨げ。打ち砕かれた希望。遅れ。困難。開始時のトラブル。間違ったスタート。失敗した試み。キャンセル。無駄なエネルギー。フラストレーション。間違った方向の力。わがまま。モチベーションやイニシアチブの欠如。非生産的。性的不能。不妊。間違った希望。計画性のなさ。流産。中絶。試みさえしない。無駄なこと。進歩の阻害。非力。無力。頑固。要求が多すぎる。アイディア不足。悲観。口先ばかりで動かない。どうせ口先だけなんだから。

状況とアドバイス Situation and Advice

有望に思えた事業が実現しないかもしれません。あてにしていた約束が果たされないかもしれません。情熱をもって始めたプロジェクトが立ちいかなくなってしまうかもしれません。

あなたは目標を達成できないいらだちと無力感を感じているかもしれません。

あなたの頑固さや利己的な行動が困難の根源になっている可能性があります。

人 People

約束をしても果たさない人。野心に欠け、非生産的で無力な人。頑固で不屈の精神を持つ人。

The Minor Arcana or Pip Cards

ペンタクルのエース

Ace of Pentacles

確固たる経済基盤

正位置

思いがけない大きな収入。
手助け

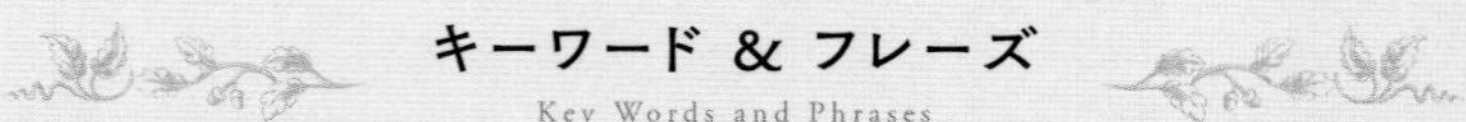

キーワード & フレーズ

Key Words and Phrases

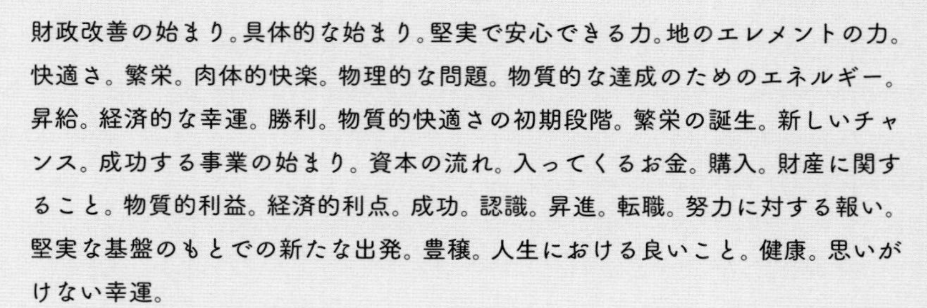

財政改善の始まり。具体的な始まり。堅実で安心できる力。地のエレメントの力。快適さ。繁栄。肉体的快楽。物理的な問題。物質的な達成のためのエネルギー。昇給。経済的な幸運。勝利。物質的快適さの初期段階。繁栄の誕生。新しいチャンス。成功する事業の始まり。資本の流れ。入ってくるお金。購入。財産に関すること。物質的利益。経済的利点。成功。認識。昇進。転職。努力に対する報い。堅実な基盤のもとでの新たな出発。豊穣。人生における良いこと。健康。思いがけない幸運。

彼が触れたものすべてが黄金に変わる。

状況とアドバイス Situation and Advice

あなたには今、金銭的な利益が約束された事業を始める力があります。金銭や贈り物を受け取ることも可能です。

今始めた金融事業は、やがて繁栄と物質的な安泰につながっていくでしょう。あなたが新しい物質的な事業を始めるためにお金を必要とするなら、それは利用可能になるでしょう。

これまでの懸命な努力が報われます。

学生なら、まもなく学位を取得できるでしょう。

重要な書簡や法的文書に対処する必要が出てくるかもしれません。

多くの場合、ペンタクルのエースは、将来の経済的なチャンスの扉を開く人物と接触する初期段階を表すことが多いです。

恋愛であれば、官能的喜びと性的充足に満ちた確実な関係が約束されていることを意味します。

身体や健康、目に見える現実に関するあらゆる事柄が好ましい状態にあることを示しています。

人 People

ヘルパー。働き者。快楽主義者。自分の肉体的な性質に忠実な人。ボディビルダー。労働者。

逆位置

経済基盤に欠陥がある

キーワード & フレーズ
Key Words and Phrases

収入の遅れ。不十分な支払い。物質的損失。金銭や所有物の不正使用。疲れ切る。悪い投資。果たされなかった約束。不安。金銭問題。計画不足。事業のスタートに失敗。計画倒れ。不正スタート。貪欲。ケチ。不満。所有欲。物質主義。軽率な判断。間違った選択。不注意。過度のぜいたく。事業に全財産を使い果たす。転ばぬ先の杖。急いては事を仕損じる。欲しい時に欲しいものが欲しい。小切手は郵送される。私はうんざりしている。

馬だ、馬をくれ、馬の代わりに俺の王国をくれてやるぞ！
（シェイクスピア『リチャード三世』）

状況とアドバイス Situation and Advice

最近始めた新しい事業で、何かがうまくいかない可能性があります。望んでいた、または約束した結果は実現しそうにありません。

損失が出そうです。予想より収入が少ないか、支払いが遅れる場合があります。

健康、仕事、お金、ビジネスに関する状況はあなたに不利に働くでしょう。

過度の貪欲さや物質主義が問題を引き起こすかもしれません。

十分な下調べをしないまま、決断を急ぎすぎたのかもしれません。

予定していた投資もうまくいかないでしょう。

逆位置のペンタクルのエースは、疲労、健康問題、疲れ切っていることを示すことがあります。また、官能的な喜びを妨げる清教徒的な態度を反映している場合もあります。

人 People

約束したことをやり通せない人。性急で貪欲な人。ケチ。皮肉屋、清教徒的な人。感情的に不安定な人。

The Minor Arcana or Pip Cards

ソードのエース

Ace of Swords

知性の力

力強さを感じる。逆境での強さ

キーワード & フレーズ

Key Words and Phrases

自由に使える大きな力。風のエレメントの力。知性の力。自由。決定。精神的なエネルギー。勇気。新鮮なアイディア。言葉の力。悪い状況から良いものが生まれる。成功の始まり。適切なタイミング。必然的で急激な変化。集中している心。論理。秩序。規律。目的の強さ。バランスのとれた行動。合理性。考え抜く力。的を射る。正義。法律。法的問題。権威。意志の力。手術の必要性。医療切開。血液検査。注射。

どんな不幸にも幸いがある。ペンは剣よりも強し。行動する前に考えよ。精神力で乗り越える。

状況とアドバイス Situation and Advice

ソードのエースは、何か知的な事業を始めようとする時に現れることがあります。ソード（剣）は、争い、対立、困難に関係しているので、このカードは逆境から発展していく有望な冒険の始まりを意味します。

このカードの伝統的な意味は、「逆境における強さ」であり、劣悪なものから良いものが出現するということです。

あなたには、障害と困難を克服するための規律と決意があります。

避けられない、時に痛みを伴う人生の変動から、何かポジティブなものが浮かび上がるでしょう。

あなたには大きな強さと力があります。

精神を集中させ、追い求めるゴールに向かってエネルギーを集めることができます。

論理的でバランスのとれた能力と秩序が今のあなたには必要です。このカードは対立を解消するために法律に頼ることを示す場合もあります。

医学的なことを質問したなら、注射や切開、手術の必要性を示すことがあります。

人 People

チャンピオン。論理的な権力者。支配的な人。法律関係で働く人。大義のために闘う人。外科医や医療専門家。切ることを生業とする人。辛辣な人。

逆位置

立場を利用して威張り散らす

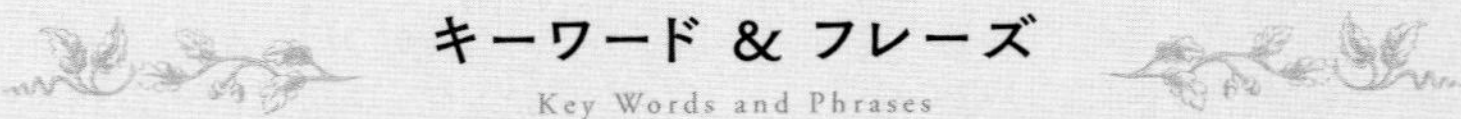

キーワード & フレーズ
Key Words and Phrases

脅し。強制力。高圧的態度。空虚な勝利。辛辣な言葉。皮肉。いじめ。敵対。被害者意識。遅れ。悪いタイミング。障害物。錯覚。不明確な思考。不必要な契約解除。計画の欠如。権力の乱用。間違った方向に向けられたエネルギー。不必要な切断。破壊性。気まぐれ。カオス。搾取。支配。不正。不公平。権力との問題。法的な問題。知性の誤用。他人の気持ちを無視する。切られる。自傷。おとり捜査。

医療用注射や手術の問題。

急いては事を仕損じる。剣で生きる者は剣で死ぬ。力は正義なり。刺し通す。ふざけるな！

状況とアドバイス Situation and Advice

搾取的な状況に巻き込まれているかもしれません。おそらく、目的を達成するために必要以上の力を使っているのでしょう。強く出すぎないように気をつけ、逃げ道を確保しておくようにしてください。

逆位置のソードのエースが現れる時には、不必要に物事を切り捨ててしまう傾向があります。酢よりも蜜のほうがより多くのハエを捕まえるということを忘れないでください。

残酷な扱いや不当な扱いを受けている関係から抜け出す必要があるかもしれません。

刺す側になるか、刺される側になるかは、あなた次第です。

健康についてのリーディングであれば、鋭利なもので切られるか、注射や手術に問題があることを示す場合があります。

人 People

いじめっ子。自傷行為をする人。搾取する人。被害者。切り裂きジャック。

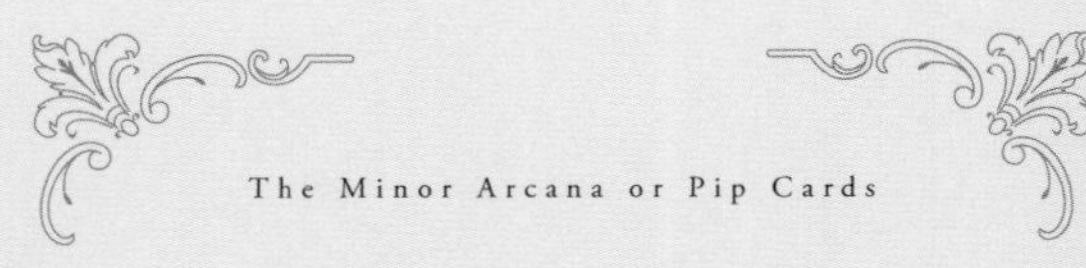

The Minor Arcana or Pip Cards

カップのエース

Ace of Cups

心のざわめき

正位置

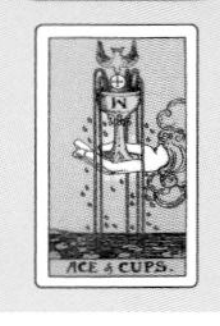

新しい愛

キーワード & フレーズ

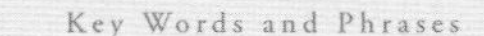

Key Words and Phrases

感情の一新。新しい気持ちの高まり。水のエレメントの力。想像力のパワー。感情的、精神的な滋養。愛。幸福感。友情。優しさ。平和。感受性。熟考。独創的な事業の始まり。芸術。詩。喜び。恍惚。豊かさ。愛の最初のうごめき。優しい気持ち。恋に落ちる。新しい人間関係の始まり、または古い関係の復活。思いやり。社会生活。パートナーシップ。ポジティブな仕事上の関係。健康。ロマンス。結婚。愛のある結合。受胎能力。妊娠。出産。母性。婚約。贈り物。精神的な愛。サイキック能力。

状況とアドバイス Situation and Advice

感情的な生活における新たな始まりを示しています。結婚、永続的な友情、または感情的に密接につながる新しい関係が始まる可能性があります。

妊娠について尋ねたなら、母性が芽生える可能性があるでしょう。すでに深い関係の人がいるなら、感情を一新する時です。親友や恋人から贈り物を受け取るかもしれません。

あなたは愛と幸福に恵まれようとしています。

人 People

恋人。芸術家。サイキック。思いやりのある人。

逆位置

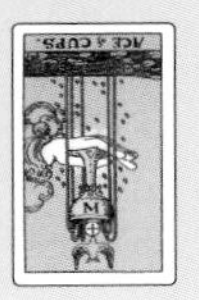

誰も私を愛してくれない

キーワード & フレーズ

Key Words and Phrases

報われない愛。愛の喪失。失恋。拒絶。愛の消滅。関係の終わり。交際中のトラブル。条件付きの愛。感情移入の回避。孤独。深い悲しみ。喪失。別離。涙。憂うつ。悲しみ。悲痛。苦悩。悲哀。うぬぼれ。自己中心。操り。愛のないセックス。不妊。恋愛の準備ができていない。関係を始めるのが遅れる。夫婦間の問題。幸せでない。相手の感情をもてあそぶ。感情的な充足感の欠如。感情的に振り回される。

状況とアドバイス Situation and Advice

感情的な生活に何らかの不幸があることを示しています。おそらくあなたは誰かを失ったり、別れたり、関係における失望から回復しつつあります。あなたは今、友情が愛情に発展しないことを実感しているかもしれません。誰かが、あなたの気持ちをもてあそんでいるか、あなたが誰かを感情的に振り回しているかもしれません。あなたにとって特別な人は、長期的な関係よりも、セックスに興味があるだけかもしれません。このカードが出ている時には、愛されていない、利用されている、感情的に奪われている、という感覚をともなうことがよくあります。

人 People

軽蔑されたり、拒絶されてきた人。不幸な人、嘆き悲しむ人。

The Minor Arcana or Pip Cards

2

Two

キーワード & フレーズ

Key Words and Phrases

編成。二元性。バランス。２つの物体、２つの考え、または２人の関係。道の分岐点。競合する力、または組み合わされた力。相反するものを調和させる必要性。対立。シーソー。まだ満たされていない創造性。育成。パートナーシップ。熟考。２つの選択肢のどちらかを決める。ジレンマ。選択する必要性。

どちらに進むべきか？

神は自分のかたちに人を創造された。
すなわち、神のかたちに創造し、男と女とに創造された。
（創世記１：27）

状況とアドバイス Situation and Advice

数字の2は、大アルカナの「女教皇」と、月と蟹座に関連があるとされています。

蟹座の人は内気で控えめ、優しくて想像力があり、感受性が豊か、敏感かつ感情的で受容的です。彼らは人を助けたり癒やしたりする仕事につき、慈善活動や社会奉仕活動に携わることが多いようです。蟹座の人は、音楽、詩歌、歴史、食、絵画、ダンス、演劇を好みます。彼らはだまされやすく、感情のバランスを崩しやすく、敏感すぎる点には注意したほうがいいでしょう。

スプレッドに2が目立つ場合は、選択する必要があることを示しています。

その選択には多くの場合、協力、チームワーク、忍耐、バランス、機転、育成、駆け引きが必要です。スートのエースで築かれた基礎は、今まさに定着し始めたばかりなので、大事に養わなくてはなりません。積極的というより、むしろ穏やかなアプローチが成功しやすいでしょう。近距離旅行が多くなりそうです。

数字の2は、協力、パートナーシップ、友情、受容性を促進する陰のエネルギーを表します。陰のエネルギーはしばしば、タロットに尋ねたことに関して重要な役割を果たすかもしれない女性を指します。今は、数字1の時期に植えた種の発芽を待つ時。数字の2が優勢な時には、人生が変わるほどの大きな決断をする前に、よく考えてください。

パーソナルイヤー Personal Year

パーソナルイヤー2の年は、忍耐、待機、ゆっくりとした発展、育成、着実な動き、バランス、調和の時期です。他者との協力が重要な鍵となります。提携や連携が望ましいでしょう。恋愛、ロマンス、親子関係は、この年を象徴するキーワードでもあります。形而上学的な興味、宗教活動、クリエイティブな趣味、執筆活動などはすべてうまくいきます。前年の1の年に始めたプロジェクトを発展させる時期であり、人生を大きく変えるような時期ではありません。

対応する大アルカナカード

女教皇

The Minor Arcana or Pip Cards

ワンドの 2

Two of Wands

機会

正位置

良いスタートを切る。待機期間

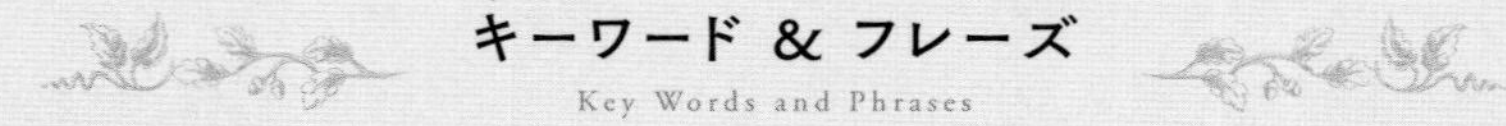

キーワード & フレーズ

Key Words and Phrases

事業の初期段階。物事がどのように展開するかを待つ必要性。さほど活発なことは起こらない。協力的なベンチャー企業。共同作業。プロジェクトの第一段階の完了。真摯な努力。未来への信頼。移行。達成。野心。プライド。所有。パートナーシップの問題。共同での創造的な試み。謝礼。精力的な関与。成長。イニシアチブ。成功のための準備。満たされていない将来性。努力による繁栄の可能性。新しい展望。新しいビジネスパートナー。交渉の成功。洞察力。正しい方向に向かう。返事を待っている。移転。動き。旅行。

ここから私はどうすればいいの？

状況とアドバイス Situation and Advice

しばしば待ち時間を意味し、その間、あなたは変化への準備として、落ち着かない気分になることがあります。

あなたは、新しい事業の初期段階にいて、この先の進展に不安を感じているかもしれません。今はほとんど動きがないように見えるかもしれません。

ひょっとしたら今はまだ、パートナーとのプロジェクトや旅行、活動を検討している段階かもしれません。

仕事の提案、就職や学校への願書の返事を待っている段階かもしれません。

今こそ、あなたが抱えている問題に精力的に取り組む時です。

どんな交渉もうまくいくでしょうが、積極的に自己主張する必要があります。

自分の人生に対して責任を負う時です。

あなたには障害を乗り越える能力があります。創造力を発揮して、目標を達成するためにしっかりした計画を練ってください。成功はあなたの努力の結果です。計画通りに進めば、自分の目的を果たせるでしょう。

新しい家や職場への移転が可能です。

仕事上の謝礼を受け取ることもありそうです。

重要な書類や契約に関する事柄に注意を払う必要があるかもしれません。

これは旅行の可能性を示すカードの1つです。

人 People

商魂たくましい人。ビジネスパートナー。プライドの高い人。交渉に関わる人。返事を待っている人。旅人。

逆位置

拍子抜け。
尻すぼみ

キーワード & フレーズ
Key Words and Phrases

事業に対する不安。遅れ。疲れ切る。興味を失う。活動不足。間違った方向に進んでいる。途方に暮れているか幻滅している感じ。エネルギーを集結できない。潜在能力が発揮されない。パートナーシップの難しさ。意見の相違。業務提携の解消。行き違い。交渉の失敗。価値感のズレ。自信喪失。過度のプライド。細部への不注意。富や権力の濫用。財産に関する問題。悪いニュース。旅行が延期になるかキャンセルされる。何も起こらない。

状況とアドバイス Situation and Advice

計画通りに物事が進まないかもしれません。

あなたが最近始めた事業に対する献身や熱意を自分で疑っています。

交渉の結果が思わしくないなど、悪い知らせを受け取るかもしれません。

期待したように物事が進まず、幻滅する可能性があります。あなたや他人の行き過ぎたプライドが困難を引き起こしているかもしれません。

財産を所有していたり、管理している場合、問題が発生することを予想しておいたほうがいいでしょう。

不満や徒労感から同僚と口論になったり、パートナーシップの解消につながったりするかもしれません。

他の人との共同事業を検討しているなら、逆位置のワンドの2は、その問題を慎重に検討するよう警告しています。

人 People

弱気な人。無能なパートナー。自分の能力に疑いを持つ人。プライドが高く、問題を起こす人。

The Minor Arcana or Pip Cards

ペンタクルの 2

Two of Pentacles

運命の浮き沈み

正位置

財政のやりくり。柔軟性の必要性

キーワード & フレーズ

Key Words and Phrases

複数の義務のバランスをとる。綱渡り。多方面に引っ張られる。日常生活の変動に対処する。金銭的な変動。2つ以上の仕事をする。財源の分割。バランスをとる。目的を達成するために懸命に働く。クリエイティブな資金調達。資源の分配。巧みな操作。一度に多くのプロジェクトをこなす。多くの責任。決断する必要。良い知らせ。贈り物。仕事や環境の変化。新しい人間関係。出航。人生を変えるような動きや旅行。旅立ち。すべてのものは変化する。悪銭身につかず。借金を借金で返す。流れに乗る。時は金なり。

状況とアドバイス Situation and Advice

あなたはいくつもの仕事を同時にこなそうとしています。おそらく、仕事が義務や職務となってしまい、以前のように楽しめなくなっているのでしょう。

他人を喜ばせるために働いていて、自分のことをないがしろにしてはいませんか？　賢く時間を使う必要があります。

あなたの財政状態は不安定で、金銭的なバランスをとらなくてはなりません。その結果、新しい事業を軌道に乗せるには苦労するかもしれません。

あなたは薄給だと感じていて、借金で借金を返す必要があるかもしれません。あてにしていたお金は入りませんが、他のところから収入があります。パートナーとの共同資産を分けなくてはならないかもしれません。

少ない報酬のために懸命に働かなくてはならず、金銭問題に翻弄されてしまうかもしれません。

人生の緊張感をやわらげるような決断をする必要がありそうです。

仕事や環境を変えることで、状況を改善できるでしょう。今こそ臨機応変に対応して、流れに乗る時です。

離れたところに旅に出るのもいいかもしれません。

複数の仕事をうまくこなせると成功につながるでしょう。

途中、良い知らせや贈り物がやってくるかもしれません。

人 People

多くの義務をこなさなくてはならない人。何でも屋。

逆位置

複雑さに圧倒される

キーワード & フレーズ
Key Words and Phrases

曲芸師はお金をしっかりつかめない。バランスを保てない。流れに逆らう。不安定。不均衡。無秩序。無駄。柔軟性がない。気まぐれ。落ち着きのなさ。優柔不断。無目的。借金。賢明でない出費。財政の扱いを誤る。不十分な努力。合併症。集中力の低下。焦点が欠けている。悪いニュース。反対勢力。落胆。あちこち散らばる。旅行はキャンセルか延期される。もちこたえることができない。宙に浮く。ほころびが出る。パートナーが保有する共同資産が多すぎる。クレジットで買いすぎる。形式的で非効率なお役所仕事。自分ができる以上のものに手を広げる。私の目は胃より大きい(レストランで「頼みすぎじゃない?」という意味の欲張りをたしなめる言葉)。欲張り。

私の魂は会社のものだ。私はもう我慢できない。

状況とアドバイス Situation and Advice

あなたは多くの義務に圧倒されそうになっているかもしれません。人生は今、複雑で果てしない瑣末なことに満ちています。

お役所仕事に追われて精一杯かもしれません。自分の目的を成し遂げるために粘り続けるのは難しく、反対勢力に対処するのも大変です。

おそらく、あなたは自分ができる以上のものに手を広げすぎてしまっているのです。焦点を絞り、1つのことに集中してください。

パートナーが共有資産を使いすぎて、必要な時にお金が使えない可能性があります。その一方で、あなたは不適切な支出や、クレジットの使いすぎなどで金銭感覚がおかしくなっている可能性があり、その結果、支払いに苦労しています。

難しく思えるかもしれませんが、柔軟に、流れに身をまかせることが大切です。目標を見直し、必要なスキルや熱心さを身につけてから先に進みましょう。

人 People

散漫な人。衝動的で未熟な人。あちこち気が散る人。堅物で融通がきかない人。クレジットカードを限度額まで使っている人。

The Minor Arcana or Pip Cards

ソードの 2

Two of Swords

膠着状態

正位置

緊迫した状況。行き詰まり

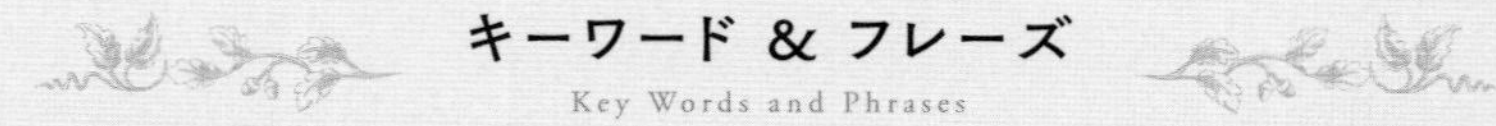

キーワード & フレーズ

Key Words and Phrases

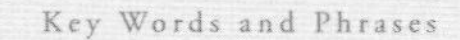

感情の厳しい抑制。行き詰まりを感じる。進むべき方向が定まらない。行動を一度棚上げにする。優柔不断。膠着状態。パラドックス。無為無策。じっとしている。ひずみ。反対。遅れ。待機。隔絶された感覚。拮抗。ケンカ。争い。難しい決断。多くの要因に圧倒される。不安定なバランス。自分の感情を押し殺す。どこにも速く行けない。動き出せない。完璧なバランス。感情に蓋（ふた）をしたまま。合意。和解。

状況とアドバイス Situation and Advice

あなたはジレンマに陥り、どちらに進めばいいかはっきりとわからなくなっています。頭で考えればいいのか、心に従えばいいのかがわからない状態です。優柔不断で、まるで膠着状態か袋小路に入り込んでしまったかのように、身動きがとれなくなっています。自分の感情をしっかり抑える必要があると感じているのです。問題に対して自分の感情と向き合わないで済むように、あらゆる知的防御を駆使しているかもしれません。何か新しいことが起こってから決断するという受け身の態度をとっています。行動を起こすのではなく、わざと現実から目をそらしているのです。

しかし、いつまでもそのままではいられません。というのも、問題がまるでないかのような態度をとっていても、その問題にきちんと向き合わない限り、あなたの問題は解決しないからです。自分が本当は何を望み、感じているのかに向き合わなくてはなりません。

時にこのカードは、ある結論に達するか、和解や合意に至ることを意味することもあります。

人 People

決心できない人、あるいは大切な感情を押し殺している人。反目している人。

逆位置

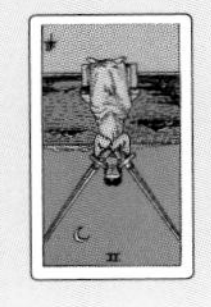

新たな動き

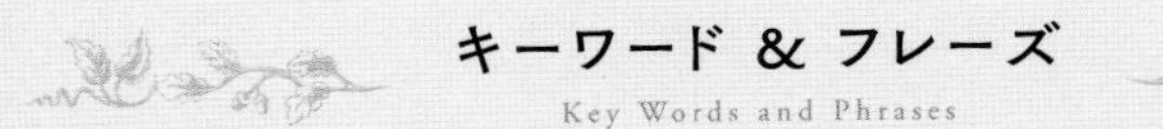

キーワード & フレーズ

Key Words and Phrases

膠着状態が終わる。決定が下される。動き出す。変化。決断できる。解放。選択の早期の結果。動きの再開。蓋をはずす。自分の感情に向き合う。表面に浮き出てきた感情。波及効果。

状況とアドバイス Situation and Advice

あなたは最近、ある決断をしたか、決断せざるを得ない状況でした。今は問題のなりゆきを待つべき時です。緊張が解けました。強い感情が表面化し、今では正面から取り組むことができます。膠着状態は終わり、変化が訪れようとしています。

あなたの人生は今、前進することができるのです。

人 People

最近、不確実な結果をもたらす決断をした人。

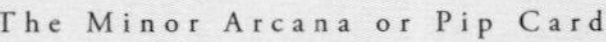

The Minor Arcana or Pip Cards

カップの2

Two of Cups

相互性

正位置

幸せな結合

キーワード & フレーズ

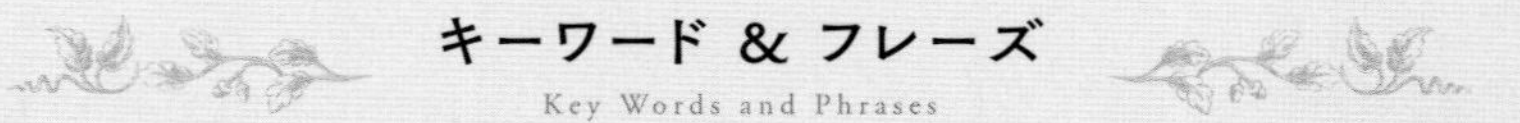

Key Words and Phrases

共有。暖かさ。魅力。調和した関係の初期段階。ロマンス。恋愛。幸せな雰囲気。相互の交流。信頼関係。友情。バランスのとれたパートナーシップ。取引。バランスのとれたギブアンドテイク。協力。相互関係。親しさ。愛情。敵対関係の終結。理解。感情の均衡。調和。連合。相互尊重。共通点を見つける。和解。関係への責任。プラトニックラブ。契約や合意を結ぶ。婚約する。結婚。あなたを愛している。

状況とアドバイス Situation and Advice

カップの2は、調和のとれた関係の継続を示唆しています。もしあなたが争いに巻き込まれているなら、対立する見解の中から共通項を見つけ、妥協点を見出すことができます。今こそ他者と協力し、相手を説得する時です。問題が解決し、和解する可能性があります。契約や拘束力のある同意を結ぶ決心がつくかもしれません。

人間関係について尋ねている場合は、調和、理解、友情、そしてロマンスの可能性を約束します。婚約や結婚の可能性もあります。

職場環境には協力の精神が広がっています。心のこもった贈り物が届くかもしれません。

人 People

カップル。パートナー。友達。恋人。同僚。

逆位置

関係の終わり

キーワード & フレーズ
Key Words and Phrases

拒絶。別れ。幻滅。パートナーシップの解消。契約や拘束力のある同意の解消。問題のある関係。相容れない。思いやりの欠如。報われない恋。愛する人の旅立ち。不信。不実。言い争い。誤解。意見の相違。対立。思いやりのない行動。信頼を裏切る。バランスの崩れた関係。合意が崩れる。不和。恨み。憎しみ。競合。論争。不公平。分離。離婚。別れるのはつらい。別れは甘く切ない。あなたが嫌いだ。

状況とアドバイス Situation and Advice

大切な人との別れが来るのではないかと心配している人もいるでしょう。おそらく、信頼関係が崩れ、拒絶、思いやりのない行動、傷ついた感情、期待に応えられないパートナーシップといった状況に巻き込まれているのです。あなたの周りには、不穏な空気が漂っています。誰かが他の人の身勝手さに腹を立て、口論になる可能性があります。

一方のパートナーが与えるばかりで、もう一方が奪うばかりになっているかもしれません。

人 People

元パートナー。他人の信頼を裏切る人。与えることなく、奪ってばかりの人。

キーワード & フレーズ

Key Words and Phrases

創造。成長。発展。増加。開花。拡大。再生。受精。探検。世界に出ていく。最初の部分の完了。熱意。準備。展望。成長の第一段階が達成される。

相反するものを混ぜ合わせて、互いの相違を調整できる独立した第三者を組み入れる。精子と卵子が結合する。

数字の3は人間の生殖器と密接に関連している。

神はまた、彼らを祝福し、このように神は彼らに仰せられた。
「生めよ。ふえよ。地を満たせ。地を従えよ」
（創世記1：22）

状況とアドバイス Situation and Advice

数字の3は、大アルカナの「女帝」と木星、射手座と魚座に関連しています。

木星は、幸運、親しみやすさ、楽しさ、広がる地平線、視野の広がり、コミュニケーション、営業、出版、自己表現、創造性、楽観性、成長、拡大、誇り、野心、広い視野、旅行、高等教育、そして独立心の星です。

木星のネガティブな面には、浪費、怠惰、虚栄心、浅はかさ、過大なもの、誇張が含まれます。

スプレッドに3が目立つ場合は、個人の成長、創造性、拡大、自己宣伝、自己表現、人気、自己改善の時期を示唆しています。創造的なプロジェクトは成功するでしょう。仕事での昇進もありそうです。

数字の3は、仕事での成功、自己認識、進歩、昇進と関係があります。長距離旅行も可能です。ロマンスの始まりも期待できます。ネガティブな面は、仕事のしすぎ、浪費、無節制、エネルギーの散乱、神経の緊張、感情的な動揺を示しています。

奇数である3は、陽のエネルギーに属します。スプレッドに3があれば、外出の必要性、楽しさ、社交性などを示唆することが多いです。執筆や講演、放送などを通して自分をアピールするのに良い時期です。

パーソナルイヤー Personal Year

パーソナルイヤー3の年は、楽しさと喜びに満ちた1年です。創造的な自己表現、出産、自己宣伝、販売、執筆、講演、教育、社交、コースの受講、コミュニケーション、恋愛、創造的な努力はすべて良い方向に進みます。

パーソナルイヤー3の年は、過剰な拡張、過剰な関与、浪費、エネルギーの散逸、ぜいたくのしすぎに危険があります。

The Minor Arcana or Pip Cards

ワンドの 3

Three of Wands

事業の誕生

正位置

事業の誕生を成功に導く。協力すること

キーワード & フレーズ

Key Words and Phrases

活発なビジネス。新しいプロジェクト。最初の成功。早期の好結果。計画を実行に移すための手助け。創造的なエネルギーの共有。アイディアの交換。チャンス。将来の目標を定める。満足しているが、まだやることがある。新しいアイディアが生まれる。仕事に関するニュース。チームワーク。交渉。商品の発送。品物の展示。新しい仕事。役立つアドバイス。家族のサポートや支援。種が芽を出そうとしている。パートナーとの関係がよくなる。仕事での旅行。

順調に進んでいる。船が入港しそうだ。

状況とアドバイス Situation and Advice

ビジネス関係は活発に動いていて、うまくいっています。プロジェクトの第一段階は完了しましたが、さらにやるべきことがあります。

チームワークと仲間の協力を頼りにしてください。事業の次の段階に入る準備をしながら、達成感とこれからの挑戦に心を躍らせていることでしょう。

チャンスはたくさんあり、新しい仕事も可能です。

ビジネス関連のニュースが届きます。

仕事関連の旅行や通信があるでしょう。

今は自分の創造的な成果を公表するには良い時期です。

自分の商品や製品を遠方に発送することになるかもしれません。

誰かが役に立つ情報や援助を提供してくれたりするかもしれません。

将来の発展のための基礎を築きたいのであれば、この機会に他の人と協力し合うといいでしょう。

人 People

商人。商取引に携わる人。商品の生産者。共同制作者。著者。企業。

逆位置

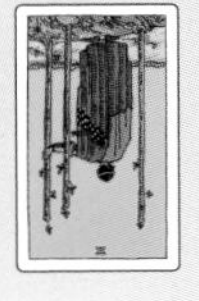

達成感が薄れる。協調性に欠ける

キーワード & フレーズ
Key Words and Phrases

自信過剰。非現実的な計画。企業の成長阻害。夢のような話。傲慢。助けてもらうにはプライドが高すぎる。無駄な努力。遅れ。創造的なプロジェクトにおける挫折。創造性が阻止される。臆病。失望。目標に到達するのは難しい。将来有望な事業が実現できない。反対。不注意。誤報。頑固。役に立たない同盟関係。台座から下りる。

状況とアドバイス Situation and Advice

何らかの理由で、あなたは自分のお金を出すことができないでいます。おそらく、援助の申し出が実現していないか、あなたの利益にならないことがあるからでしょう。

また、最近立ち上げた事業が期待通りに発展していないかもしれません。たぶん、あなたの計画が現実的でないか、アイディアを実現するためのエネルギーやリソースが不足しているようです。

目標を高く設定しすぎたのでしょうか？

目標を達成するのが怖いのでしょうか？

協調性が足りないのでしょうか？

チーム全員が同じ目標を目指しているでしょうか？

尊敬していた人に失望させられたことはありませんか？

人 People

臆病で現実離れした人。

The Minor Arcana or Pip Cards

ペンタクルの3

Three of Pentacles

うまくいった仕事

正位置

才能をうまく活かす

キーワード & フレーズ

Key Words and Phrases

達成の初期段階。最初の報酬。雇用。ステイタスをともなう仕事。お金を稼ぐチャンス。優れた能力。職業上の成長。ステイタスの向上。実力。真摯な努力。高い水準。専門知識。職人技。正しい方法で仕事をこなす。スキルによる成功。仕事のやりがい。勤勉。細部へのこだわり。労働条件の改善。昇進。認識。承認。社会的地位の向上。名誉。学校での好成績。資格取得。上達する。新しい学び。友愛の努力。自信。よくやったことに対する報酬や賞賛。社会的地位や他者からの承認への欲求。学位取得。誰かのために仕事をする。他者からの援助。家や財産の改善。転居の可能性。良いスタートを切る。

状況とアドバイス Situation and Advice

物理的な面で起きている発展のカードです。

この状況には、お金、仕事、教育、身体の健康、家、具体的な結果を生み出すプロジェクトに関わることが含まれています。あなたは有能に仕事をこなし、自分のスキル、知識、才能を生かすことで報われるでしょう。

あなたは素晴らしいスタートを切っており、その分野での専門家として認められるようになるかもしれません。自分の専門分野や知識を使ってお金を稼ぐ機会があるでしょう。

あなたは、ステイタスや評価、他者からの承認を求めていて、うまくいった仕事に対して達成感を感じることができます。昇進の可能性もあります。

ペンキ塗りや模様替えなど、自分の才能を活かした家づくりができそうです。

学生の場合、良い成績を収めるか、学位を取得できます。

恋愛や人間関係の質問なら、このカードには感情的な関わりが少なすぎ、物質主義、地位、社会的評価や家族のプレッシャーに重点を置きすぎていることを示唆しています。

人 People

働き者。才能のある人。職人。慎重で勤勉で有能な労働者。完璧主義者。

逆位置

仕事上のトラブル

キーワード & フレーズ

Key Words and Phrases

パフォーマンスの低下。方向性の欠如。仕事への不満。怠ける。野心の欠如。遅れ。失望。努力不足。退屈。中途半端な努力。経験不足。知識不足。不十分なスキル。能力不足。無知。機会損失。装備の不備。割に合わない仕事。不十分な材料。パフォーマンスの低さに対する批判。学校の成績が悪い。不幸な仕事の状況。仕事に対して過剰な資格を持っている。敬意の欠如。評価、承認、または社会的地位を過度に気にする。

状況とアドバイス Situation and Advice

逆位置のペンタクルの3は、重要なプロジェクトを完了させるために、もっと学び、もっと働き、新しいスキルを習得する必要があることを示しています。

リスクを恐れて貴重なチャンスを逃さないように気をつけましょう。

他の人にはあなたが何をやっているのかわからず、結果が出ていないと非難されるかもしれません。

あなたは一生懸命働いているのに、自分の仕事が評価されていないと感じたり、仕事に不満や退屈を感じるかもしれません。おそらく、良い仕事をするよりも、評価や承認を得ることに気をとられているのです。

自分の社会的地位を上げることに対する過度の関心が、他人との真の関係づくりを邪魔している可能性があります。

人 People

仕事をさぼる人。未熟な労働者。気取った初心者。貧しい労働者。社会的上昇志向の強い人。

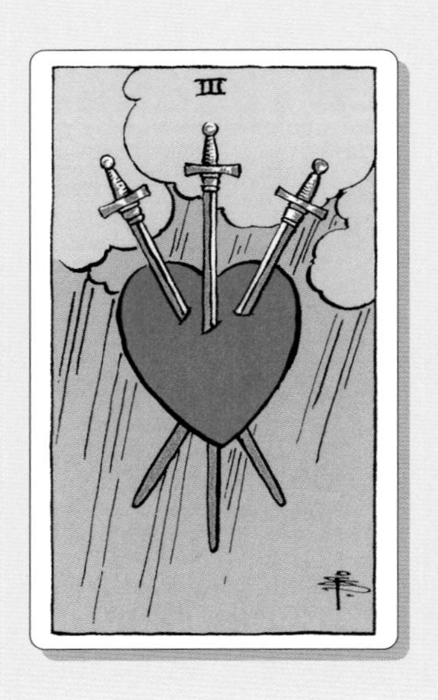

The Minor Arcana or Pip Cards

ソードの 3

Three of Swords

心の痛み

正位置

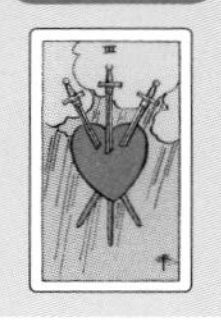

必要な手放し。情に流されすぎる人

キーワード & フレーズ

Key Words and Phrases

感情的な嵐。喪失。災い。感情的痛み。愛を失う。情に流されすぎる人。関係の難しさ。感情の乱れ。自己陶酔的な傷。短気。口論。対立。誤解。疎外感。不和。動揺。神経質な行動。悲しみ。傷つく。不幸。外科手術。断絶。衝撃的な変化。具合が悪い。ストレス。緊張。病気。嗚咽。悲しむ。喪に服す。夜明け前の暗闇。気持ちの奥底にあるもの。裂け目。別離。離婚。拒絶。見捨てられる。恋人を失う。涙。流産。心臓病。中絶。葬式。訃報。死。つらい知らせ。骨身にこたえる。

状況とアドバイス Situation and Advice

ソードの3は、あなたに何か嘆き悲しむことが起こると示唆しています。愛する人との別れを含む心の傷から、ストレスや悲しみを感じているのでしょう。悲しみを視野を広げて見つめてみることが大切です。苦悩をもたらすだけの関係や状況を手放す必要があるかもしれません。

このカードは病気や体調不良の前触れかもしれません。

これは手放しのカードでもあり、時には大きな手術や歯科治療の必要性を示すこともあります。自分が緊張してイライラしているからといって、愛する人を疎外しないように注意しましょう。

時にソードの3は、死による喪失を示すことがあります。通常、死はそれを意味するカードがスプレッド中に多数出現することによって示されます。たとえば、「塔」「死神」、何枚ものソードのカード、多くの逆位置のカードなどがそうです。しかし、ソードの3が出た場合、知人の死を知ることが多いようです。

人 People

哀れな人。悲嘆に暮れている人。イライラしている、ストレスの多い人。心臓病を患っている人。

逆位置

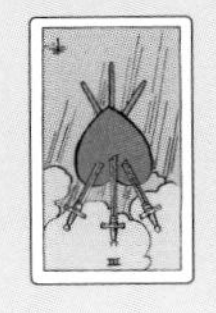

痛みは終わりつつある

キーワード & フレーズ
Key Words and Phrases

回復。最悪の事態は脱した。別離は起きたが傷は癒えていない。さほど厳しくない別れ。過去の傷を引きずる。後悔や憂うつが続く。軽度の手術。

状況とアドバイス Situation and Advice

心の痛みは終わりつつあります。あなたが巻き込まれたつらい状況は、最終段階を迎えています。その苦しみは耐えがたいものであり、もうしばらくは続くでしょう。失われた関係を復活させるために、あなたができることは何もありません。最悪の状態が終わった今、回復できるでしょう。もし別れが起こっても、正位置でソードの3が出た時ほどの痛みはないはずです。

健康問題に関するリーディングの場合は、軽い手術や歯の治療が示されているかもしれません。

人 People

ふられた恋人。

The Minor Arcana or Pip Cards

カップの 3

Three of Cups

祝祭

正位置

歓喜の時。楽しくすごすこと

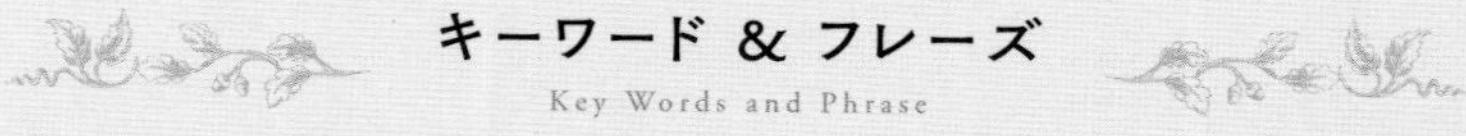

キーワード & フレーズ

Key Words and Phrase

喜び。楽しい出来事。満足。再会。他者との団結。家族の集まり。幸せな時間。趣味。楽しむためにすること。完成の満足感。祝祭。パーティー。家庭生活の豊かさ。幸運。幸せ。すべての人に豊かさを。遊び心。もてなし。欲望からの解放。豊かさへの賛美。収穫する。良い時間の共有。懐妊。妊娠（特に多産を暗示する「女帝」がスプレッドの中に正位置で出た場合）。誕生。成果。ヒーリング。健康回復。幸福の初期段階。新しいライフスタイルの始まり。結婚。婚姻。結婚式。離婚。何かがやってくる。何かいいこと。

あなたが来ると知っていたら、ケーキを焼いたのに（アイリーン・バートンの楽曲のタイトル）。食べて、飲んで、騒げばいい。

状況とアドバイス Situation and Advice

何かお祝い事が起こるでしょう。今は楽しむ時です。パーティー、結婚式、卒業式、昇進、出産、その他の喜ばしい出来事に備えて、準備をしましょう。あなたは他の人と幸せを分かち合うことになるでしょう。今はお祝いの時ですが、まだ先があります。

結婚、妊娠について尋ねた場合は、喜ばしい結果を期待しましょう。カップの3は、結婚（または離婚を経ての再婚）を意味することがよくあります。

健康問題のリーディングなら、健康回復や、病後の回復を約束します。

キャリアに関する質問なら、職業よりも趣味に打ち込むことを示唆します。

人 People

パーティー好きな人。趣味を持つ人。人を楽しませる人。バーテンダー。

逆位置

良いことがありすぎる。自己満足

キーワード & フレーズ

Key Words and Phrase

過度のぜいたく。放蕩。不貞。ロマンスがうまくいかない。有害な過剰。中毒。アルコール依存症。他の人と一緒になる機会がない。快楽主義。肥満。乱交。愛のないセックス。自己憐憫。自分本位。夫婦間の問題。妊娠の難しさ。不妊。子供を持てない。搾取。他人を利用する。感情に流される。お祝いする理由がない。招待が撤回される。キャンセル。パーティーに行かない。祝祭が中止される。離婚。悲しい社交の場。不幸な結末。病気。すぐれない健康状態。自分の能力を発揮できない。罵倒。

自分のパーティーなんだから、泣きたい時に泣けばいい。何を笑っているんだ？

状況とアドバイス Situation and Advice

結婚は中止されます。喜びをもたらす状況が、今では苦痛でしかありません。

おそらく、あなたはお祝いや同窓会には予定通りに参加できません。

逆位置のカップの3は、過度の官能的快楽があなたの幸せや健康を害する要因になっていると警告しています。私たちは皆、自己破壊につながるような個人的な依存症を持っています。

良いものを手に入れすぎると代償を払うことになりかねません。

あなたはまた、恋愛関係で問題を抱えている可能性があります。あなたか恋人かのどちらかが、相手への興味を失ってしまっていたり、浮気をしてしまっていたりするかもしれません。

人 People

わがままで甘やかされて育った人。依存症の人。不誠実な恋人。相手を選ばない人。

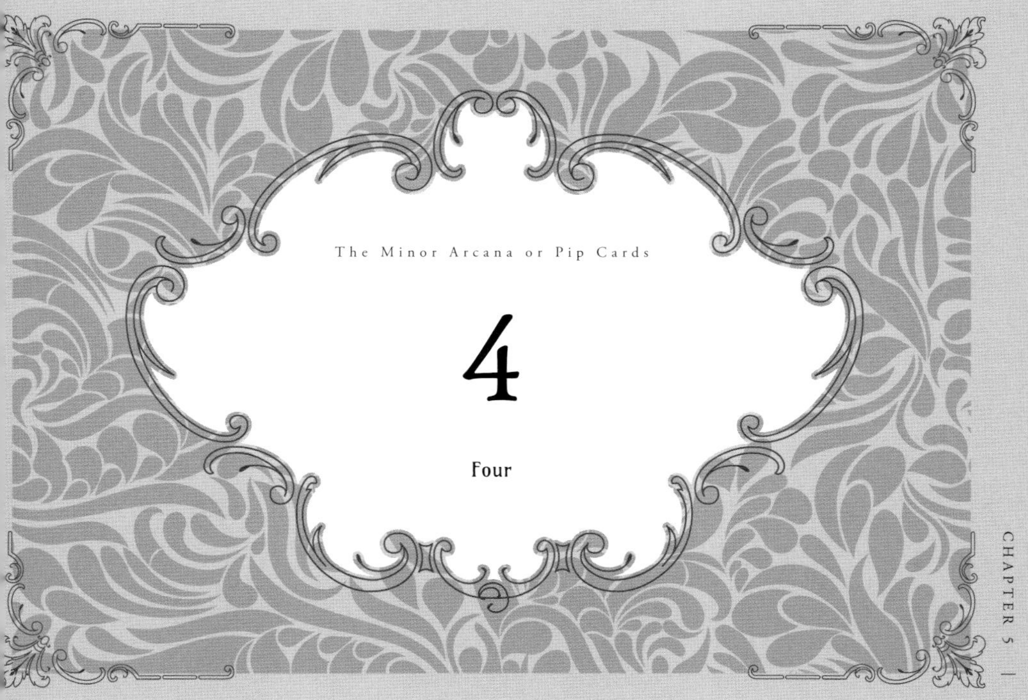

キーワード & フレーズ

Key Words and Phrases

構造。安定性。基礎。秩序。予測可能性。堅実性。不変性。粘り強さ。根回し。仕事。現実。組織。顕在化。具体的な達成。明白な成果。具体化。凝固。停滞。論理。理性。権力と支配。物質世界。物理的な宇宙。

そして神は大きな光をふたつ造った、
大きなほうには昼を治めさせ、小さいほうには夜を治めさせた。
また神は星も造った。
そして神はそれらを天の大空において、
地の上を照らさせ、昼と夜を支配させ、光と闇を区分させた。
神はそれが良いことだとご覧になった。
（創世記 1 ：16-18）

状況とアドバイス Situation and Advice

数字の4は、大アルカナの「皇帝」と、土星、水瓶座と関連づけられています。土星は、秩序、仕事、権力、統制、規律、組織、構造、具体化、堅実さ、基礎、実用性、忍耐、正確さ、数学的精度、経済、財産、不動産、耐久性、永続的価値を司る惑星です。

土星と水瓶座のネガティブな面は、独断的で強固、頑固で、抑圧され、憂うつで、過度に深刻であることが含まれています。水瓶座は、進歩的で人道的、独立していて、自由奔放、普通でなく、いくぶん風変わりなことが特徴です。

スプレッドに4が目立つ場合は、将来の成功のための基礎を築く時期だという意味です。今は仕事の整理や人生の再構築に励むべき時です。時に土星の影響で、制限や負担を感じることがあるかもしれません。慎重な判断が必要な、重要な決断を迫られるかもしれません。病気の可能性もあり、休息が必要です。水瓶座の影響で、あなたの人生に普通でない、風変わりな人が関わってくるかもしれません。

土星は占星術上、カルマに関係する星です。数字の4が優勢な時、あなたはカルマのつけを払う必要があるかもしれません。細部にまで注意を払い、自己規律を重んじ、組織化された体系的な方法で人生に取り組むといいでしょう。

人生を変えるほどの変化は、慎重に検討した後に行うべきです。

パーソナルイヤー Personal Year

パーソナルイヤー4の年は、実用的で秩序正しく、体系的で保守的な1年で、安全性を確保し、確固たる基盤を築くためのハードワークによって特徴づけられることがよくあります。一年を通して、制限や限界の感覚があるかもしれません。財産、不動産、貯蓄、予算編成、法務、商品化、自己管理、および細部へのこだわりはすべて恵まれます。

パーソナルイヤー4の年は通常、キャリアに大きな変化を起こす時期ではありません。

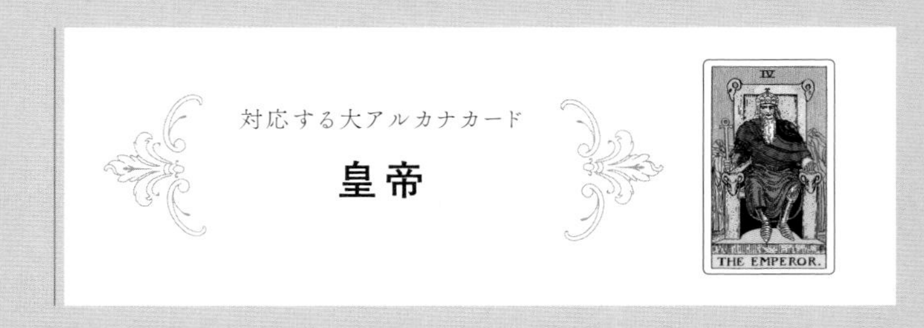

The Minor Arcana or Pip Cards

ワンドの4

Four of Wands

避難場所

正位置

十分な休息

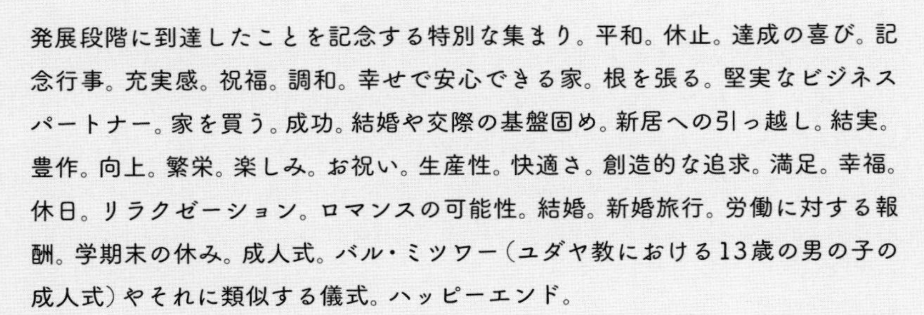

キーワード & フレーズ

Key Words and Phrases

発展段階に到達したことを記念する特別な集まり。平和。休止。達成の喜び。記念行事。充実感。祝福。調和。幸せで安心できる家。根を張る。堅実なビジネスパートナー。家を買う。成功。結婚や交際の基盤固め。新居への引っ越し。結実。豊作。向上。繁栄。楽しみ。お祝い。生産性。快適さ。創造的な追求。満足。幸福。休日。リラクゼーション。ロマンスの可能性。結婚。新婚旅行。労働に対する報酬。学期末の休み。成人式。バル・ミツワー（ユダヤ教における13歳の男の子の成人式）やそれに類似する儀式。ハッピーエンド。

状況とアドバイス Situation and Advice

ワンドの4は、骨の折れる作業の後の休息と報酬の時を表す、ポジティブでハッピーなカードです。
事業は成功の段階に達し、成果を祝う時が来ました。
あなたがやったことは、安全に根づいています。
あなたは家を買って、根を下ろそうと考えているかもしれません。
創造的な仕事は順調に進んでいます。
休暇が終わって新しい仕事を始める前に、あなたは労働の最初の成果を楽しむことができます。
ワンドの4は、通過儀礼、つまり発展のひとつの段階の達成と、次の新しい段階に乗り出すことを示す特別な儀式や祝祭を意味することがあります。
恋愛関係についての質問なら、約束されたポジティブな関係の基礎を象徴し、伝統的に結婚を意味します。

人 People

行楽客。幸せ、または満足している人。家を買う人。卒業式などの社会的行事で奉仕に携わる人。

逆位置

遅れているが、成功は目前に

キーワード & フレーズ

プラスの意味 正位置と同じような意味を持つが、程度は劣る。

成功するが予想以上のお金がかかる。休息。リラックスするための小休止。改善。困難を乗り越えた後の幸福感。感謝。ご褒美。プロジェクトのある段階が遅れているが、まもなく終わる。結婚を前提としない関係。

マイナスの意味 抑制。批判。不安。サービスの悪さ。失望。不寛容。心が狭い。過度の保守主義。我慢する。制限。不承認。財産の問題。パートナーシップの解消。成功の喪失から身を守る必要性。

状況とアドバイス Situation and Advice

逆位置でもワンドの4は、一般的にポジティブな意味を持ちますが、成功のために支払うべき、より大きな代償があります。

休息と努力に対する報酬がまもなく手に入る時期です。しかし、乗り越えなくてはならない何らかの障害や制限、あるいは所有している財産に関する何らかの問題を表している場合があります。

社会的なイベントを計画しているのであれば、サービスが不十分か、手配が期待通りでない可能性があります。

望む結果を手にするには、さらに多くの努力が必要になるでしょう。

人 People

抑制的な人。サービスの悪い人。

The Minor Arcana or Pip Cards

ペンタクルの 4

Four of Pentacles

しっかり握る

正位置

現状維持

キーワード & フレーズ

Key Words and Phrases

充実。所有。努力は報われる。健全な財政管理。経済的安全。確固たる財政基盤。予算収支。所有権。金銭の取得。お金を得る。所有物を手に入れる力。健全な経営判断。所有物を保持する。保証を求める。家を買う。保守的な投資。堅実な学習。根深い信念。試験に合格する。過剰な警戒心。贈り物。遺産。虎穴にいらずんば虎児を得ず。用心に越したことはない。書き留める。

状況とアドバイス Situation and Advice

ペンタクルの4は経済的な安定を表します。自分を豊かにし、資産を増やすチャンスがあるかもしれません。

時にこのカードは、リスクを冒すことを恐れすぎて、保守的になったり、ケチになることを警告していることもあります。

現状維持のために、深く根差した信念に固執してはいませんか？

慎重に手に入れたものを手放すことを恐れているかもしれません。

また、何でも自分でしようとするのではなく、誰かにまかせることを学んだほうがいいかもしれません。

しかし、ペンタクルの4は通常、優れたビジネスセンスと、物質的な利益のために懸命に働く意欲があることを意味しています。

金銭に関する質問の場合は、安全と物質的な獲得を保証してくれます。

人間関係についての質問なら、物質的なものへの関心が、あなたの感情的な成長を妨げていることを警告しています。

人 People

銀行家。富裕層。保守派。銀行。金融機関。

逆位置

ケチ

キーワード & フレーズ
Key Words and Phrases

貪欲。貧困に対する不当な恐れ。予算の問題。財政的安全の欠如。無頓着。散財。不十分な財政管理。金銭的損失。手放すのが苦手。責任委譲の失敗。提供されたサービスに対する不十分な支払い。不十分な報酬。遅れ。障害物。ねたみ。失敗への恐れ。臆病。疑心暗鬼。防衛意識。わがまま。反対。主体性のなさ。無駄な出費。金銭問題。不均衡な予算。浪費。充実感の欠如。試験に失敗する。満足感が得られない。

我々の主なる神は、他に何も保証してくれない粗野な愚か者たちに
富を与えるのがつねである。
（マルティン・ルター）

状況とアドバイス Situation and Advice

賢くお金を使ったり、節約したり、予算のバランスをとることに苦労しているかもしれません。

経済的なことや、その他のことで、安全性に関する懸念があなたの心を悩ませています。

手放すべき時に、手放せなくなる可能性があります。

守りの姿勢が行き過ぎていたり、臆病な態度があなたの進歩を妨げているかもしれません。

何らかの遅れが出る可能性もあります。

人 People

ケチ。欲張り。浪費家。お金の運用が下手な人。無力な人。意地悪で嫉妬深い人。守銭奴。超保守派。お金について心配しすぎる人。

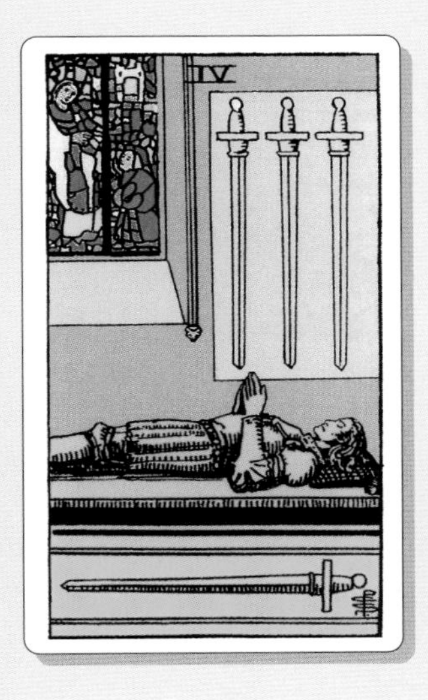

The Minor Arcana or Pip Cards

ソードの 4

Four of Swords

小休止

正位置

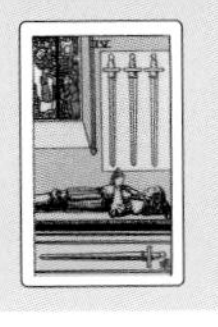

あなたのバッテリーを充電する

キーワード & フレーズ

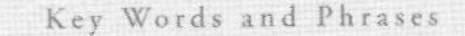

Key Words and Phrases

休息とリラクゼーションの必要性。休戦。再生の必要性。ゆっくりした時間。療養。回復。立ち直る。安息。一時休止。退却。ストレスからの解放。一時のくつろぎ。回復期。不活発。再編成。引きこもる。必要な休日。横たわる。孤独。祈り。瞑想。内省。熟考。再評価。嵐の前の静けさ。病気からの回復。入院。病院との関わり。医者通い。休暇。旅行。平和な環境。すべてから逃れる。

私に休息を与えてください。祈ることにしよう。

状況とアドバイス Situation and Advice

ストレスを感じていませんか？　一時的な休戦はいかがでしょう？

今こそ、苦闘や葛藤の時期を終えて、休息をとるべき時です。心を落ち着かせ、身体を若返らせるには再生の時期が必要です。今はリラックスして自分の力を再編成しましょう。

祈りや瞑想に癒やしを求める人もいるかもしれません。日常から距離を置くことで、物事の全体像を見ることができます。

瞑想をすれば状況が明確にわかるようになるでしょう。

慌ただしい毎日を過ごしている人は、一日、日常のルーティンから離れてみるといいかもしれません。

休暇や旅行ですべてを忘れてみてはいかがでしょうか？

病気を患っている人は、療養の時です。

患者や訪問者として、病院と関わる可能性があります。

人 People

休息が必要な人。病気で療養している人。病院で働く人。病院を訪れる人。医療を受ける人。

逆位置

行動に戻る

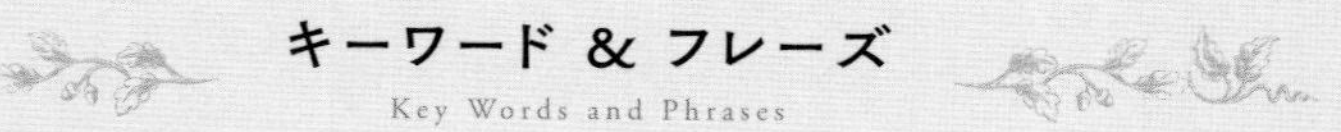

キーワード & フレーズ

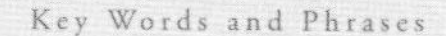

Key Words and Phrases

プラスの意味 のんびりしている時間はない。行動の再開。休息は終わった。行動への召喚状。仕事に戻る。癒やし。以前の機能を取り戻す。

立ち上がって仕事にとりかかれ。もう一度、突破口へ！

マイナスの意味 病気。隔離。不満。引きこもる。恨み。拒絶。追放。孤独。不謹慎。仕事上の問題。解雇。不穏な空気。反対。ストライキ。ボイコット。暴動。監禁。勾留。亡命。追放。不快な環境。

状況とアドバイス Situation and Advice

ポジティブな面では、このカードは休息の期間が終わり、再び行動を起こす時が来たことを意味します。

必要な休息をとったあなたは、これから活動を再開しなければなりません。あなたはリフレッシュして人生のストレスに対処できるようになっています。

ネガティブな面では、一般的な問題、体調不良、孤独を強いられる時期が来る可能性を示しています。

人 People

歓迎されない客。亡命者。囚人。追放された人。ストライキ中の労働者。

The Minor Arcana or Pip Cards

カップの 4

Four of Cups

不満足

正位置

殻に閉じこもる。不満がある

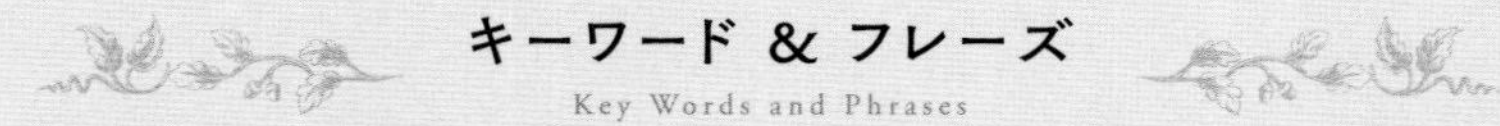

キーワード & フレーズ

Key Words and Phrases

退屈。倦怠感。引きこもる。社会的孤立。社会的な招待の減少。再評価。内向きになる。無気力。壁をつくる。思考を失う。沈黙。気が散る。距離を置く。あっけない結末。何かが足りない。内なる虚無感。マンネリ化した感じ。憤り。憂うつ。疲労感。アンニュイな気分。内向的。内面を見つめる。やる気のなさ。うんざりしている。誰も私を理解してくれない。

蜜月は終わった。永遠の幸福など約束した覚えはない。隣の芝生は青く見える。不満の冬。

状況とアドバイス Situation and Advice

人生のある側面に不満を感じ、自分の殻に引きこもってしまっているかもしれません。あなたは退屈や閉塞感を感じています。

甘いだけの期間は終わりました。すべてが陳腐で、満足のいくものではありません。この時期は見直しが必要です。

このポジションの危険性は、あなたを取り囲む良いものが見えなくなっていることです。

引きこもった状態では、差し出される助けを拒んでしまうかもしれません。あなたは落ち込み、意気消沈し、自分の置かれている状態に戸惑っているかもしれません。

目新しさはなくなり、新たに刺激を与えてくれるものは何かと考えています。

何かが人生に欠けているような空虚さを感じていますが、それが何なのかわからないのです。不必要に他人との関係を断ち切ってしまっていませんか？

カードが与えるアドバイスは、急がずに、瞑想と熟考の時間をとってから進むように、ということです。

人 People

不満があるか、物事を見直す必要のある人。世捨て人。隠遁者。

逆位置

不満の終わり

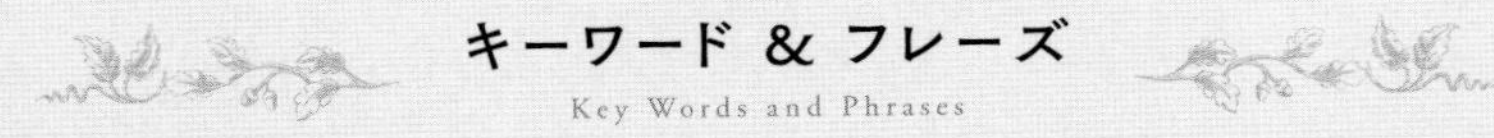

キーワード & フレーズ

Key Words and Phrases

プラスの意味 他者との新たな関係。楽しみなことがある。社会的な招待を受ける。やる気。主体性。社交的。活気。チャレンジと新しい機会への準備。活性化。力が湧く感覚。外を向く。自分の殻を破る。壁を取り払う。満足感。マンネリの解消。

マイナスの意味 自己憐憫。運命論。満腹感。過剰。無関心。無気力。絶望。憂鬱。疲労困憊。楽しみがない。機会損失。

状況とアドバイス Situation and Advice

ポジティブな面では、物事が良い方向に向かっています。

あなたはリフレッシュして、新たな挑戦を待っています。退屈で不満のあった時期を経て、再び満足のいく生活が待っています。

楽しいことが待っています。

パーティーに参加したり、招待を受けたりすることで、社交的になり、新しい友達ができるかもしれません。

今は古い知人関係を更新し、自分の人間関係を見直す時です。

ネガティブな面は、あなたが大きな落ち込みに見舞われる可能性を示しています。

自己憐憫に浸らないようにしましょう。

人 People

マンネリや社会的活動から遠ざかっていた時期を脱した人。

キーワード & フレーズ

Key Words and Phrases

バランスを崩す。安定を乱す。闘争。不確実性。動揺。変化。崩壊。変動。新しいサイクル。移行。調整。逆境。葛藤。争い。失望。損失。何かを失う。競合。チャレンジ。困難。問題。勉強。学ぶ。どんな人にも必ず雨は降る。

状況とアドバイス Situation and Advice

数字の5は大アルカナの「司祭」と、水星、双子座、乙女座と関連があります。

水星（Mercury）には水銀という意味もあり、その金属の性質と同じように、移ろいやすい、気まぐれ、という意味もあります。水星は、変化、行動の自由、適応性、順応性、汎用性、多様性、旅行、学習などを象徴しています。水星の人は肉体労働よりも知的な仕事を好みます。彼らの衝動的行動や、その場の状況に合わせて自分の考えを変えてしまうカメレオンのような性質に注意する必要があります。

スプレッドに数字の5が目立つ場合は、劇的な変化を暗示していて、しばしばキャリアアップや旅行の機会に恵まれます。また、何らかのかたちで世間から称賛される可能性もあるでしょう。

数字5はまた、冒険、チャレンジ、移転を意味します。この時期は、緊張と神経質なエネルギーに満ちています。5という数字は落ち着きがなく、不安定で、衝動的な陽のエネルギーを表しています。

今は、性急な行動、冒険心、興奮、過去の制約からの解放、多忙な変化、不確実性、散漫なエネルギー、創造的なチャンスに恵まれる時です。執筆、スピーチ、広告、旅行、探検、ギャンブル、芸術、販売、コミュニケーションなどはどれもうまくいきます。

落ち着きのない5の性質上、長期にわたる重要な約束を交わすのに好ましい時期ではありません。

パーソナルイヤー Personal Year

パーソナルイヤー5の年は、4の年に課されていた制限から解放される時です。

5は、大きな変化と内面の落ち着きのなさが特徴です。旅、自由、新しい関係、芸術的表現、事業拡大、妊娠、多様性、変化、変動する財政、衝動的な行動、異常な出来事、これらすべてがパーソナルイヤー5の特徴です。

パーソナルイヤー5の年は、刺激的な新しいキャリアの機会に恵まれて終わることが多くあります。

The Minor Arcana or Pip Cards

ワンドの5

Five of Wands

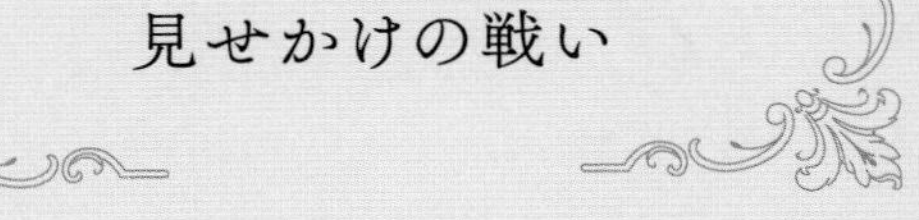

見せかけの戦い

正位置

刺激的な挑戦

キーワード & フレーズ

Key Words and Phrases

形式的な対立。闘争。ライバル。自分を証明する必要性。男性同士の結びつき。同性同士の活動。健全な競争。自己主張。競争力への信頼。少しは羽目をはずせ。身体活動。スポーツ。アクティブなゲーム。仲間になること。スパーリング。障害物。精力的に行動する時。手ごたえのある努力による成功。議論。争い。動揺。主張。不和。自責の念。口論。ライバル意識。揉め事。法律問題。けがをしないケンカ。言い争い。武道。煩わしいこと。些細ないらだち。やっかいなもの。予期せぬ問題。利害の衝突。やりかけのことがたくさんある。優先順位を決める必要性。戦争ゲーム。テストステロン。ホルモンの作用。縄張り意識。旅行計画の遅れ。エンドウ豆の上に寝たお姫さま(アンデルセン童話)。

状況とアドバイス Situation and Advice

欲しいものを手に入れるために競争したり、刺激的な挑戦に直面する必要がありそうです。

この時期は、受け身の態度は避けましょう。

成功は、やっかいなことや障害を克服するための多大な努力の結果として訪れます。

争いの原因は、他人の立場を考えようとしないあなたにあるかもしれません。

おそらくあなたは、いろんなことをいっぺんにやりすぎて、あちこちにエネルギーを分散させている可能性もあるので、優先順位をつけて、過度なストレスをためこまないようにしましょう。

ワンドの5はまた、争い事やライバル関係に巻き込まれることを暗示しています。

複雑な法律問題が起こる可能性もありそうです。些細な不快感や困難に立ち向かわなくてはならないかもしれません。

あなたは歓迎すべき競争に加わっているのです。

質問が恋愛に関するものなら、恋人の愛情を勝ち取るために他の人と争う必要があるかもしれません。

旅行についての質問なら、多少の遅れや計画にややこしい問題が起こる可能性を予想しておきましょう。

このカードは単に、あなたに今、燃やせるエネルギーがたくさんあることを示しています。男同士、女同士で夜遊びするのもいいかもしれません。

また空手や武道をやりたくなる人もいます。たとえば、このカードを引いた日、私は仕事から帰ると、11歳の息子が友達と空手をして遊んでいて、足のかかとを切ってしまったことがありました。その夕方は息子を小児科医に連れていく羽目になったのです。

人 People

競争相手。スポーツチーム。すきのない対戦相手。格闘技愛好家。争いを煽る人。

逆位置

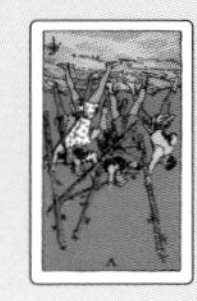

もめ事。争いの後の救済

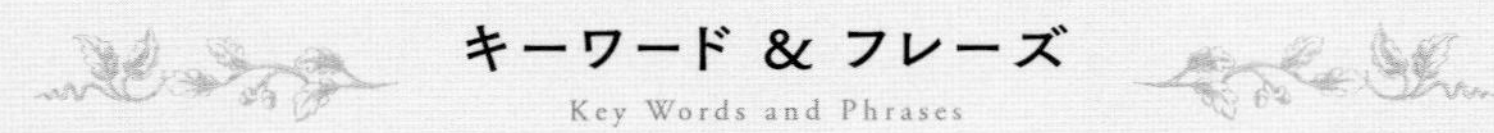

キーワード & フレーズ
Key Words and Phrases

プラスの意味 健全な競争。活発なゲーム。スポーツ。平和。調和。闘争は終わった。争いの終わり。好機。好ましい変化。ケンカや対立からの解放。有利な法的判断（特に正位置の「正義」、正位置の「審判」といった「法律上ポジティブなカード」がスプレッドにある場合）。

マイナスの意味 内輪もめ。自分の競争力に対する信頼の欠如。不公平な戦術。法廷闘争。言い争い。ストレス。不健全な競争。卑劣な行動をする。悪意。反感。挫折。意見の相違。些細なケンカ。旅行計画のトラブル。契約に関するトラブル。

負担を感じると健康に悪影響が出る。

状況とアドバイス Situation and Advice

逆位置のワンドの5のポジティブな面は、争いは終わり、今が前進すべき時であることを意味しています。

ネガティブな面では、不健全な競争、些細な口論、不公正な戦術、歓迎されない挑戦、悪意のある反対や、やっかいな挫折を表します。

通常、正位置のカードは健全な競争を示し、逆位置はその反対を示しています。逆位置のワンドの5は、日々の仕事に疲れ、健康を害していることを忠告しているのかもしれません。

自分のエネルギーを多方面に分散させすぎていませんか？　今こそ、優先順位をつけて、日々のストレスに効果的に対処する時です。

救いが見えてきています。

人 People

悪意ある、あるいは隠れた敵。手に負えない相手。

The Minor Arcana or Pip Cards

ペンタクルの5

Five of Pentacles

貧困

正位置

落ちぶれ果てる

キーワード & フレーズ

Key Words and Phrases

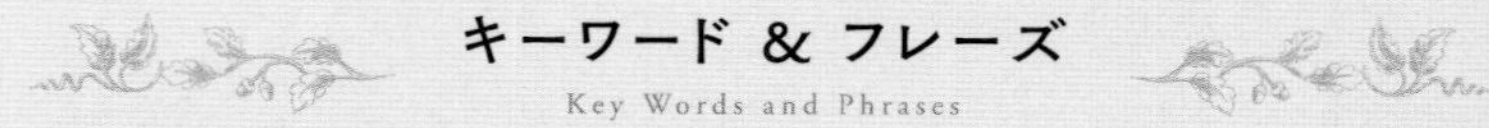

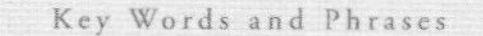

損失。失望。不幸。トラブル。失業。リスキーな自営業。苦難。資産の不足。何かを逃している。見捨てられた感じ。経済的負担。資源の枯渇。才能の浪費。悲しみ。不確実性。憂うつ。欠乏。困難な時期。過度の負担。法的和解。信仰の欠如。精神的な価値追求の失敗。信仰の賜物を無視する。孤独。絶望。やる気をなくす。寒さの中。取り残された感覚。健康問題。再評価の必要性。お金で幸せは買えない。

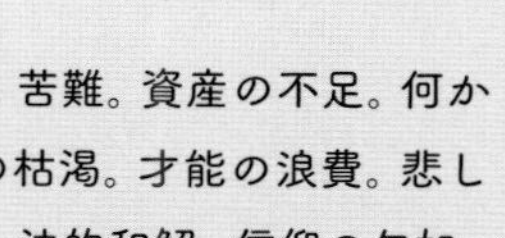

状況とアドバイス Situation and Advice

寒空の下に取り残されたように感じるかもしれません。経済的に負担がかかり、苦境に立たされているかもしれません。たとえ経済的に余裕があっても、お金で愛は買えないことを実感しているでしょう。あなたは無理をしすぎているかもしれません。今こそ無駄な出費を抑え、窮屈な生活から解放される時です。

このカードは、自分の才能をうまく活かしきれていない時に現れます。

事業について尋ねたのなら、金銭的損失が起こりやすいので、リスクを回避するようにという警告です。法的な問題でも金銭的な損失が発生する可能性があります。現実的な問題に心を奪われていると、精神的な導きや慰めを求めることができなくなってしまいます。

恋愛関係についての質問なら、長続きはしないでしょう。

人 People

困窮している人。孤独な人。落ちぶれ果てている人。

逆位置

信仰心の回復

キーワード & フレーズ
Key Words and Phrases

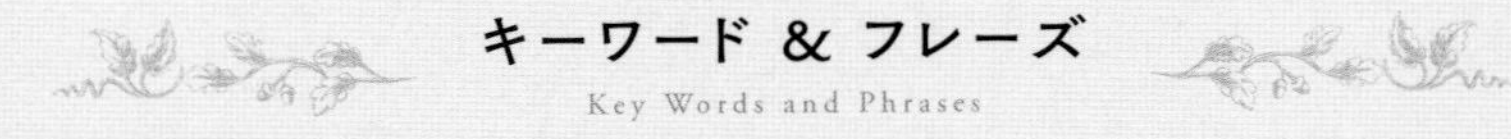

プラスの意味 良い方向への転換。スピリチュアルな気づき。信仰心の回復。労働環境の改善。より良い健康状態。貧困や失業の解消。

マイナスの意味 失業。フラストレーション。逆境。絶望。金銭問題。極度の貧困。深刻な困窮。

状況とアドバイス Situation and Advice

ポジティブな意味では、正位置のカードで示される貧困と損失が終わりに近づいていることを意味します。

健康は回復するでしょう。

お金、収入、ビジネスに関する問題が片付き始めます。

ネガティブな意味では、正位置のカードで表された困難がさらに強まり、慢性化します。

人 People

苦境から脱した人。

The Minor Arcana or Pip Cards

ソードの5

Five of Swords

空虚な勝利

正位置

一歩先んじる。ネガティブなエネルギー

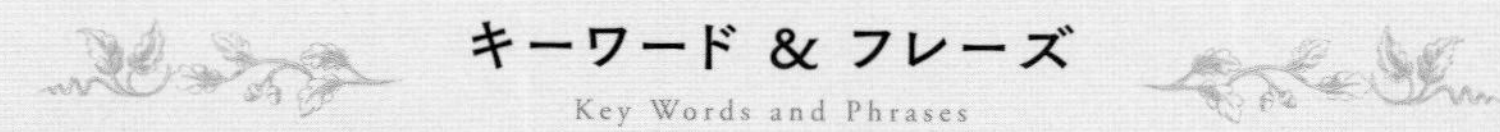

キーワード & フレーズ

Key Words and Phrases

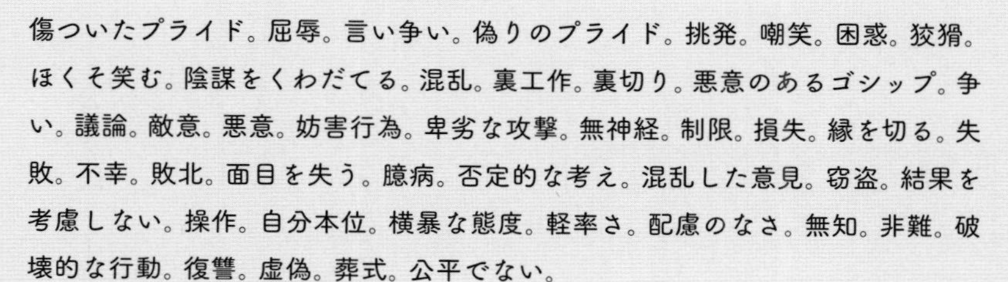

傷ついたプライド。屈辱。言い争い。偽りのプライド。挑発。嘲笑。困惑。狡猾。ほくそ笑む。陰謀をくわだてる。混乱。裏工作。裏切り。悪意のあるゴシップ。争い。議論。敵意。悪意。妨害行為。卑劣な攻撃。無神経。制限。損失。縁を切る。失敗。不幸。敗北。面目を失う。臆病。否定的な考え。混乱した意見。窃盗。結果を考慮しない。操作。自分本位。横暴な態度。軽率さ。配慮のなさ。無知。非難。破壊的な行動。復讐。虚偽。葬式。公平でない。

それがすべてか？　重要なのは勝つか負けるかだけで、どうゲームするかじゃない。気をつけろよ——欲しいものが手に入るかもしれないぞ。

状況とアドバイス Situation and Advice

このカードは、あなたか周りの誰かが否定的または破壊的な行動をとっている可能性があると警告しています。

前に進む前に自分のプライドを押し殺し、自分の限界を認める必要があるかもしれません。エゴのせいで、手に負えないことをやろうとしてしまったことを認められないのでしょう。

あなたは、自分の間違いを他人のせいにしているかもしれません。勝つことにこだわるあまり、自分の行動がもたらす結果を無視しています。

自分が欲しいと思っていたものを手に入れても、それが自分の欲望を満たすものではないと気づくかもしれません。

悪意ある行動は、望んだ結果をもたらしません。

結論を自分で出さずに、人の意見を聞きすぎている可能性があります。

変えられないものを受け入れ、負けを認めて前に進む知恵が必要です。

戦いには勝利するかもしれませんが、その代償は？　勝利の余韻に浸る間に、「その価値はあったのか？」と自問してください。また、あなたのそばにいる人が、信頼に値しないかもしれないということを考慮すべきです。

不快なゴシップや卑怯な行為の犠牲になっている可能性もあります。誰かが嫉妬心や悪意から、あなたの利益に反する動きをしているかもしれません。

スプレッドにコートカード（人物カード）が出ていたら、誰があなたの計画を妨害し、評判を落としているのかについて、さらなる情報を与えてくれるでしょう。

人 People

面目をつぶされた人。負けず嫌いな人。悪意あるゴシップ。妨害工作をする人。トラブルメーカー。

逆位置

疑念を晴らす。
不名誉

キーワード & フレーズ
Key Words and Phrases

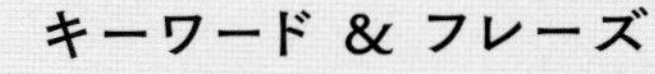

プラスの意味 冤罪が晴れる。悪意のあるゴシップや誹謗中傷の終わり。裏切

りが明らかになる。

マイナスの意味 正位置と似た意味だが、よりネガティブな意味合いを持つ。

損失。失敗。脅迫。操られる。屈辱。不正。違法な戦術。卑怯な手口。被害者意識。悪意。ペテン。弱腰。敗北。不公平。自分本位。偽りのプライド。悪だくみ。絶望。悪いほうに転ぶ。疑い。パラノイア(妄想症)。悪い態度。勝利だけにこだわる。

私のものだ、すべて私のものだ!

状況とアドバイス Situation and Advice

ポジティブな面は、正位置のカードが示す攻撃や誹謗中傷が終わることを示唆しています。

ネガティブな面は、あなたが屈辱を感じ、貶(おとし)められ、犠牲になっていると感じる状況に対処していることを暗示しています。

あなたの自尊心は、つらい屈辱や敗北のせいで低くなっている可能性があります。

誰かがあなたをいじめ、あるいは悪意と憎しみを持って行動しているかもしれません。

人 People

いじめっ子。悪意ある敵。

The Minor Arcana or Pip Cards

カップの5

Five of Cups

喪失と失望

正位置

喪に服す

キーワード & フレーズ

Key Words and Phrases

後悔。自責の念。悲しみ。陰うつ。不幸な結末。覆された感情。コミュニケーション不足。信頼の喪失。感情的な落ち込み。恋の裏切り。誇張された悲観主義。別離への不安。残されたものを救う。愛の衰退。夫婦や家族の問題。恋愛関係の危機。別れの危機。見捨てられた感じ。叱られたり、罰せられたと感じる。別離。離婚。流産。使っていない才能。

失ったものはあるが、残ったものもある。覆水盆に返らず。終わったことは仕方ない。過ぎたことは水に流そう。グラスは半分空だ。

状況とアドバイス Situation and Advice

あなたは喪失や失望に苦しんでいます。愛する人に見捨てられたか、裏切られたと感じているかもしれません。

けれどすべてが失われたわけではありません。この状況から救われるものが残っています。

あなたは、グラスに半分しか入っていないと考えることもできるし、半分も残っていると考えることもできます。

つらい人間関係に関わっているなら、後悔と失望をもたらすだけの感情的な結びつきを断ち切ることが最善です。

グリーフワーク（死別の悲しみを受けとめていくこと）を進めると同時に、感情の優先順位を見直す必要があります。

人 People

つらい思いをしている人。憤りを感じている人。燃えつきた人。悲観的な人。流産した女性。虐待された子供。

逆位置

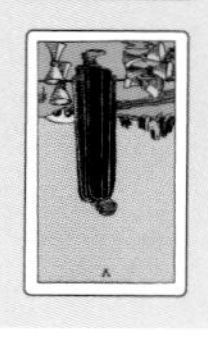

痛みは終わりつつある

キーワード & フレーズ

Key Words and Phrases

プラスの意味 希望。昔の恋が再燃する。良い知らせ。期待。受け入れる。新しい人間関係。チャンス。古い結びつきの更新。誤解に建設的に対処する。過去の傷からの回復。

グラスには半分も入っている。

マイナスの意味 痛ましい結末。死別。避けられない損失。後悔。大切な関係の終わり。愛の喪失。

状況とアドバイス Situation and Advice

ポジティブな面は、正位置のカードが示す感情的苦痛が終わったことを意味します。トンネルの終わりには光があり、あなたは過去の傷や喪失から回復する道を歩んでいます。

過去に出会った誰かが、あなたの将来への希望をよみがえらせてくれるかもしれません。

恋人が過去から戻ってくるかもしれません。

感情的な生活の急激な変化が、いくつかの不快感の原因である可能性があります。

昔の友人が戻ってくるかもしれません。今こそ、過去の誤解や傷ついた感情を解き放つ時です。

ネガティブな面は、大切な人間関係の取り返しのつかない終わりを受け入れる必要があることを示しています。それは、死別、孤独、深い悲しみを象徴している場合もあります。

人 People

古い友人。失った恋人。過去の恋人。

The Minor Arcana or Pip Cards

6

Six

キーワード & フレーズ

Key Words and Phrases

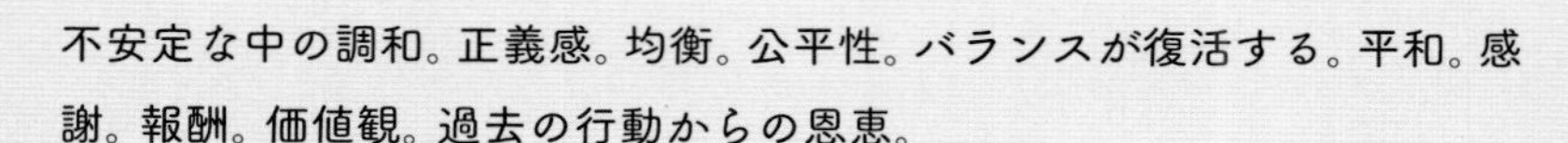

不安定な中の調和。正義感。均衡。公平性。バランスが復活する。平和。感謝。報酬。価値観。過去の行動からの恩恵。

神が造ったすべての物を見られたところ、それは、はなはだ良かった。
夕となり、また朝となった。第6日である。
（創世記1：31）

状況とアドバイス Situation and Advice

数字の6は、大アルカナの「恋人」と、金星、牡牛座、天秤座と関連しています。

金星は、調和、愛、ロマンス、結婚、平和、美しさ、ぜいたく、芸術、音楽、協力、バランス、均衡の惑星です。

スプレッドに6が目立つ場合は、個人的な関係、家族、家、愛する人、創造的な事業、教育、恋愛やロマンスを含む活動を示唆します。結婚の可能性もあるでしょう。何らかの創造的、芸術的な試みが可能です。教育やキャリアアップのチャンスもありそうです。旅行は今は行けそうもありません。

6という数字は、心地よく、調和がとれ、安定して平和な陰のエネルギーを表します。6は、他人の気持ちやニーズを考慮する必要性を示唆し、結婚やパートナーシップをすすめています。家、家族、子供や年長者のニーズに注意を払いましょう。

私的な人間関係では、機転をきかせ、許し、理解することが求められます。パートナーとの関係に問題を抱えているなら、今が解決する時です。

質問が負債に関することなら、今なら解決できるはずです。

パーソナルイヤー Personal Year

パーソナルイヤー6の年は、2の年と同じように、状況が落ち着き、平和で調和のとれた時期です。

今の焦点は、義務、人間関係、家庭、家族の義務、親子関係、教育、学校教育、経済的問題の解決、家庭内の問題、愛、結婚です。

6の年は、自分のことを考えるより、他人のことに過度に関わりすぎてしまう危険があります。

The Minor Arcana or Pip Cards

ワンドの6

Six of Wands

勝利

正位置

成功の可能性

キーワード & フレーズ

Key Words and Phrases

勝利。大手柄。称賛。感謝。正当性の証明。疑念を晴らす。野望の実現。賢明な判断。成功。自己肯定感。世間に認められる。良い知らせ。外交。征服。達成。問題の解決。報酬。満足感。昇進。栄誉。喝采。奨励。正しい資質。

状況とアドバイス Situation and Advice

勝利と大手柄を意味するカードです。仕事ぶりが認められたり、昇進したりする可能性があるでしょう。

学生なら、奨学金や学業上の名誉を受け取るかもしれません。望んでいた目標を果たし、努力が報われます。あなたは戦いに勝ち、ふさわしい勝利を手にするのです。旅行をする可能性があります。問題は解決されるでしょう。合意に達するでしょう。良い知らせが届きそうです。

人 People

勝利者。称賛を受ける人。

逆位置

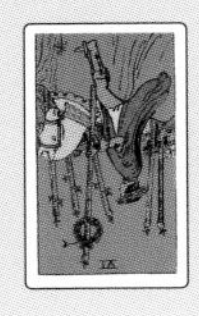

勝利が遠のいていく

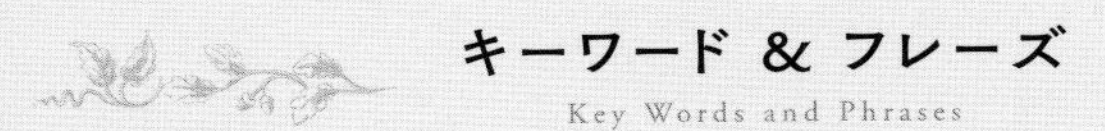

キーワード & フレーズ
Key Words and Phrases

敗北。成功の遅れ。勝てない。失敗。損失。延期。勝利に恵まれない。闘いに勝っても、戦争に負ける。ライバルが勝つ。相手が勝つ。あなたは挑戦する気になってない。お役所仕事。ふてくされる。コミュニケーション不足。誤解。二番手を演じる。重要でないように感じる。次回はもっと良いことがある。私は尊敬されていない！

状況とアドバイス Situation and Advice

期待していたお金や評価が遅れたり、来なかったりするでしょう。今回は勝てそうにありません。あなたは挑戦する気になっていないか、必要なものを持っていないだけです。必要な合意に達する段階ではありません。誤解やコミュニケーションの失敗があったかもしれません。

競争相手の多い就職についての質問なら、遅れが生じるか、他の誰かがその仕事を得ることになるでしょう。

人間関係の質問なら、自分のニーズが満たされていないと感じるかもしれません。もしかしたら、パートナーは、あなたを尊重してくれず、その結果、あなたは自分が重要な存在ではないと感じているかもしれません。いつも後部座席に座っているのは楽しいことではありません。逆位置のワンドの6は、時に結婚生活での不貞を意味することもありますが、これは単に一方の配偶者がパートナーよりも自分の趣味や他の興味を優先させるというかたちをとる場合もあります。

人 People

敗者。勝利を逃す人。ライバル。サッカー、ゴルフなどに熱中する夫に相手にされない妻。

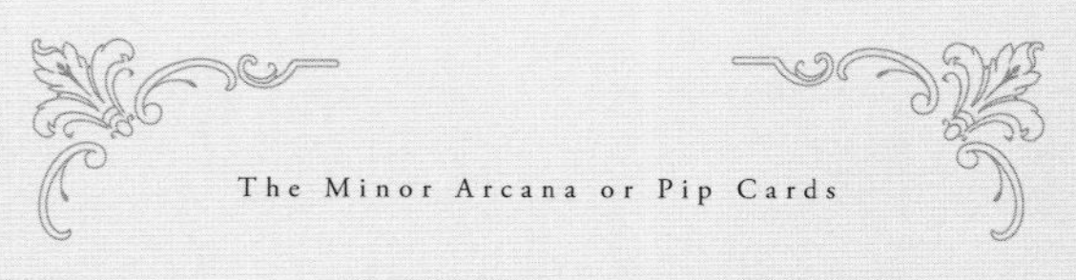

The Minor Arcana or Pip Cards

ペンタクルの6

Six of Pentacles

寛大さ

正位置

自分にふさわしいものを手にする

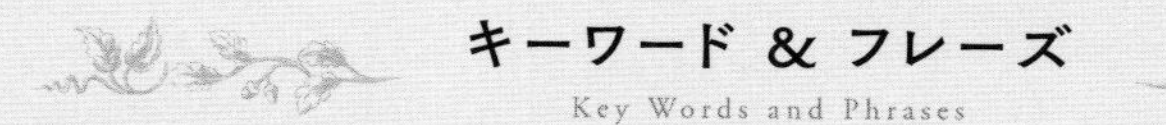

キーワード & フレーズ

Key Words and Phrases

他人を助ける。慈善行為。債務の返済。投資の利回り。感謝の気持ち。物質的利益。健全な金銭管理。あなたの才能、時間、お金を与えること。ローン。助成金。賞品。ボーナス。富の共有。チャリティー。贈り物。感謝。経済的支援。余分なお金。借りたお金を受け取る。あなたの仕事は報われる。資産の公平な分配。公正な金融取引。労働の成果を享受する。利益。自分の技術を人に教える。指導。繁栄を分かち合う。ビジネスチャンス。昇進。

状況とアドバイス Situation and Advice

贈り物、お金の受け取りや貸し出し、またはビジネスチャンスに参加する機会を表します。あなたにお金を借りている人は、今すぐ返してくれる可能性が高いでしょう。あなたは公平に扱われるでしょう。近い将来、金銭的な援助があり、あなたは正当なものを受け取ることができるでしょう。

また、人に金銭的援助やトレーニングを提供する立場になるかもしれません。友人から借金を頼まれるかもしれません。誰かの仕事を見つけるのを手助けしたり、昇進を手伝ったりするかもしれません。

あなたは子供の教育や自分の将来の目標のために貯蓄を始めているでしょう。

誰かの才能を伸ばす助けができるかもしれません。昇進や金銭的な報酬を受ける候補者になっているかもしれません。

今は、寛大さ、健全な投資、そして富の共有に適した時期です。誰かを助けることがあなたの喜びとなります。

少し多めの臨時収入があるかもしれません。

求めよ、さらば与えられん。

人 People

メンター。バイヤー。慈善家。施しをする人。賢明な投資家。お金を貸す人。困った時のために貯蓄する人。後援者。サービスを提供する人。慈善団体。

逆位置

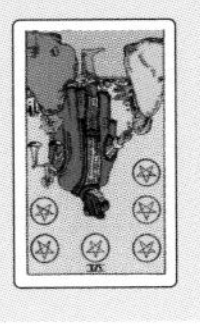

商品や財産の損失。ローンの返済期限が来る

キーワード & フレーズ
Key Words and Phrases

共有を拒否。経済的支援の取り消し。不公平な商取引。不正経理。未払いの請求書。金銭問題。不良債権。貪欲。自分本位。ケチ。みじめさ。不公平。未払いの負債。無駄な支出。盗難や不注意による損失。未払い金を受け取っていない。ねたみ。嫉妬。認識の欠如。投資の利率が低い。過剰な利己主義。先見性のなさ。軽率な行為。慈愛の欠如。恩を仇で返す。条件付きのお金。違法な金銭取引。マネーロンダリング。

なぜ私は、あなたに何かをあげなくてはならないのか？　あなたが国に何ができるのかを問うのではなく、国があなたのために何をしてくれるのかを問うてほしい。

状況とアドバイス Situation and Advice

逆位置のペンタクルの6は、不注意、不誠実、または慎重さの欠如による金銭や財産の損失を示唆することがよくあります。

借金の返済や恩返しを拒否されたり、借金の返済期限を迎えて経済的に困窮する可能性があります。金銭的な援助が得られなくなるかもしれません。正当に手に入るはずのものを手に入れられなくなるかもしれません。

時にこのカードは、実際の窃盗を意味する場合もあります。お金の管理者が非倫理的な、または不正な取引に関わっているかもしれません。

他人の身勝手な行動によって、物質的な不幸が生じる可能性があります。

このカードはまた、クライアント（質問をした人）に慈善や寛容の気持ちがないことを警告することもあります。

あなたが金銭取引に携わっている場合は、悪だくみや契約書の虚偽記載に注意してください。

人 People

年季契約の労働者。お金を借りている人。物乞い。泥棒。浪費家。ケチ。マネーロンダリングしている人。不誠実な金融マネジャー。基本的な生活必需品を他人に依存している人。放蕩息子。自分のためにしかお金を使わない人。

The Minor Arcana or Pip Cards

ソードの 6

Six of Swords

自分の問題から抜け出す

正位置

明るい日々が待っている

キーワード & フレーズ

Key Words and Phrases

ストレスやトラブルから離れる。緊張をほぐす。歓迎される変化。和解。より穏やかな水域を探す。静寂と心の平穏を取り戻す。ストレス後の緊張緩和。順風満帆。争いや困難から遠ざかる。水泳。流れに乗って泳ぐ。旅行。移転。撤去。旅に出る。海外旅行。歓迎される経過。遠方の人とのつきあい。知識の増加。ストレスの多い状況からの解放。有益な変化。しがらみを断つ。態度の変化。苦しみに終止符を打つ死。破壊的な状況から建設的な状況への移行。

最悪の事態は終わった。荒海に架かる橋のように……。

状況とアドバイス Situation and Advice

あなたは緊張、心配、そして不安の期間を後にし、心の平和が回復するような穏やかな時期に入っています。

旅行が緊張をほぐし、バランスと調和を取り戻すこともあります。旅に出る機会や、遠方から来客がある可能性があります。

あなたは今、新しい学びに対して心を開いています。

今は、より良い未来を確実なものにするために、過去の困難を振り返ってみる時です。

あなたやあなたの身近な人が苦しみから解放されるような出来事があるかもしれません。

あなたは今、破壊的な状況やこれまでの行動パターンから解放されます。

人 People

旅人。クルーズに参加している人。苦しみの時期から抜け出した人。遠くから来た人、または遠くにいる人。困った時に助けてくれる人。

逆位置

荒波にもまれる

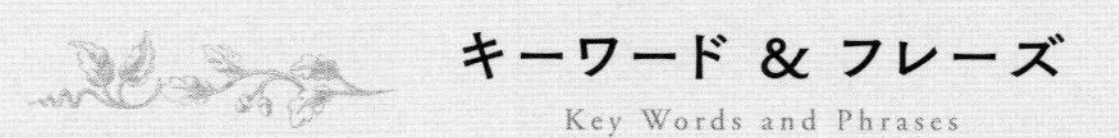

キーワード & フレーズ

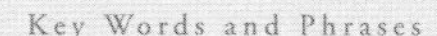

Key Words and Phrases

悩みを置き去りにすることができない。遅れ。先延ばし。ネガティブな思考パターンにはまる。差し出された助けを受け入れない。トラブル続きの状況から抜け出せない。流れに逆らう。上流に漕ぎ出す。進歩がない。閉塞感やストレスを感じる。停止状態。次々と問題が起こる。束の間の安堵。安易な解決法。過去を忘れることができない。マンネリ化する。現在の苦境から抜け出す方法がないと感じる。現実を直視できない。旅行がキャンセルまたは延期になる。旅行の計画が変更になる。旅から戻る。

一難去って、また一難。現実から逃げて知らないふりをする。

状況とアドバイス Situation and Advice

どれだけ頑張っても、あなたはどうしても悩みを過去のものにすることができずにいます。困難から抜け出せず、身動きがとれないと感じているのでしょう。

あなたは自分の問題に対して、ずっと適切ではない解決法を求めていたのかもしれません。おそらく安易な方法を選んでしまったか、単に現実を見ないようにしていたのでしょう。

現実を直視し、自分の困難に立ち向かう必要があります。あなたの人生が再び落ち着きを取り戻すまでには、多くの荒波を乗り越える必要があります。

このカードは文字通り、旅行計画の変更やキャンセルを意味する場合もあります。

人 People

先延ばしにする人。怠惰な人。荒波にもまれる人。旅から帰ってきた人。

The Minor Arcana or Pip Cards

カップの6

Six of Cups

古き良き時代

正位置

懐かしさ

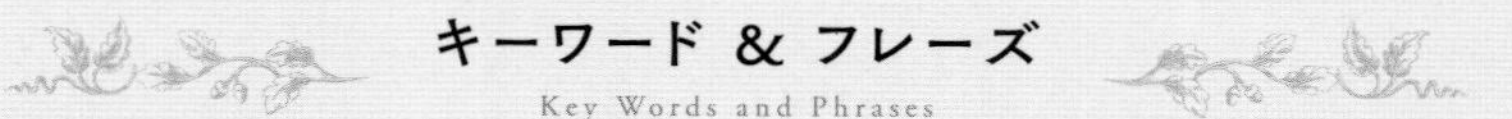

キーワード & フレーズ

Key Words and Phrases

無邪気さ。子供の頃の思い出を振り返る。子供時代の場所を再訪する。共有。本音で語り合う。愛の再燃。古い絆を更新する。調和が回復する。古き良き時代を想う。過去の恋人。昔の浮気相手。旧友。因縁のあるつながり。幸せな記憶。記念日。感情的な再生。埋もれていた心。宝物を掘り起こす。温かい集まり。お祝い事。贈り物。感傷。家族の価値感。家庭や家族の楽しみ。家族を訪ねる旅。仕事の依頼。引っ越し。遺産相続。子供とのつきあい。

状況とアドバイス Situation and Advice

古くからの知り合いと再会するチャンスがあるかもしれません。

家族の集まりや同窓会に出席することになるかもしれません。過去の人が、再びあなたの人生に現れるかもしれません。子供の頃の思い出や幼い頃の家庭環境の重要な側面に思いを馳せることになるでしょう。

過去にルーツのある事柄が今、実を結ぼうとしています。

カップの6のカードは、古い記憶を取り戻し、対処することが重要だとアドバイスしています。

昔の恋人が現れるかもしれません。

旧友が仕事のオファーや転居につながる知らせをもたらしてくれるかもしれません。

この時期、子供たちがあなたの人生で重要な役割を果たす可能性があります。

信頼できるアドバイザーと心を開いて話すなどして、過去の人生のある側面を見直す必要があるでしょう。

長らく眠っていたスキルを使う機会があるかもしれません。

人 People

旧友。家族同然の人たち。幼なじみ。子供たち。かつての恋人。自分の過去に関係する人たち。

逆位置

過去に固執する

キーワード & フレーズ
Key Words and Phrases

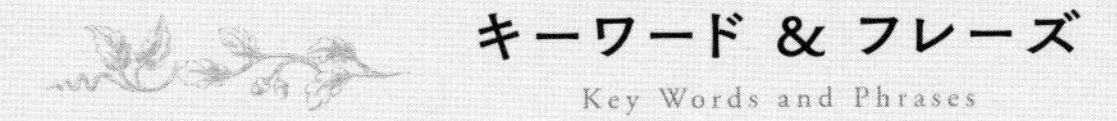

現在の状況を望まない、適応する気がない、またはできない。過去にこだわる。母親との関係を切れない。非生産的な郷愁。古い形の安全を求める。虚栄心。記憶を追い求めることに苦しむ。正当な評価を得ていない。過去の亡霊が今も生き続けている。クローゼットの中の骸骨。時代遅れの習慣や信念にしがみつく。新しいことに挑戦する気がない。未来を見据える必要性。大人になりたくない。

未来を信じず、今を楽しめ！　過去は死んだ過去に埋葬させよ！　行動あるのみ
――生きている現在に行動せよ！　心に勇気を、頭上に神を抱いて。
（ヘンリー・ワーズワース・ロングフェロー）

状況とアドバイス Situation and Advice

家族の絆や過去の人間関係が、あなたを苦しめている面があるようです。あなたはまだ、母親のエプロンの紐にしがみついているつもりですか？

過去に起きたことが、あなたの身に降りかかってくるかもしれません。

昔の恋愛が、今の生活に影響しているかもしれません。

期待していたことが延期されたり、遅れたりする可能性があります。

自分の人生を進むために、昔のしがらみを断ち切るか、過去の軽率な行動を認める必要があります。

また、家庭や過去の人間関係に根差した感情や価値観が、あなたの前進を阻んでいる可能性があります。

過去の功績を引きずることで、新しいことに挑戦できなくなります。

時代遅れの信念や価値観にしがみついていませんか？　未来を見据えて、今ここに生きる時が来たのです。

現時点では子供のことで頭がいっぱいになっているかもしれません。

人 People

リップ・ヴァン・ウィンクル（訳注：ワシントン・アーヴィング作『スケッチ・ブック』の主人公。20年間眠り続けた）。過去に生きている人。母親に強い愛着を持つ息子や娘。老いぼれた時代遅れな人。

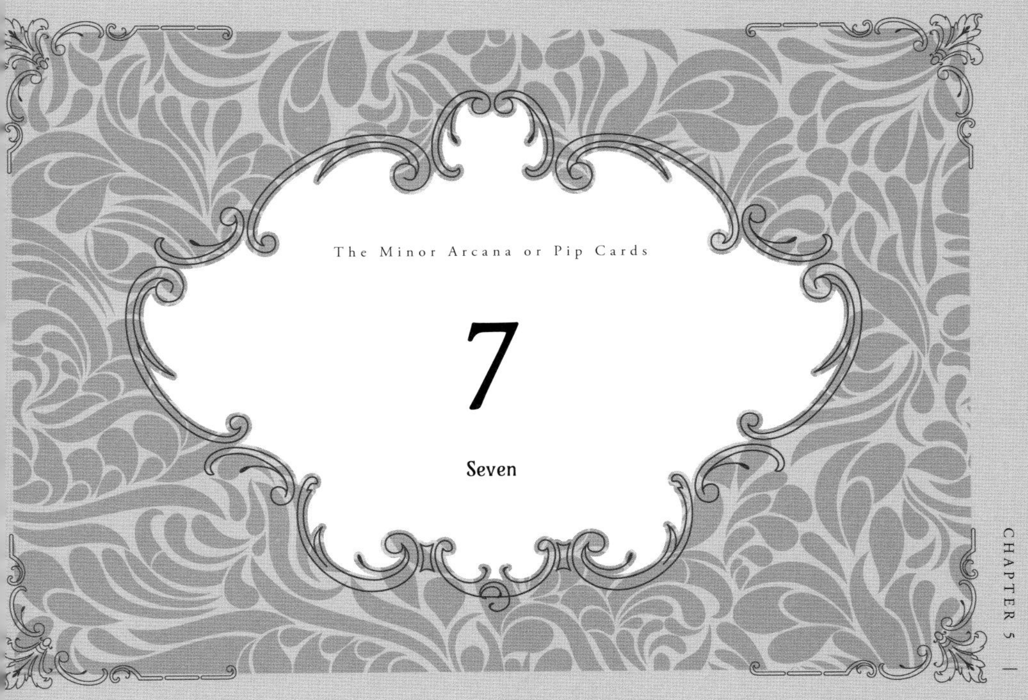

キーワード & フレーズ

Key Words and Phrases

選択。知恵。運命。神の秩序。冷静な意識。決断の必要性。調和を払拭する。精神的な成長。道徳。神の正義。神秘主義。魔法。変化。ターニングポイント。反抗。奇抜さ。直感。ある段階や周期の完了。

神は7日目を祝福し、それを聖なるものとした。というのは、
それをもって神は御自分の仕事を離れ、安息なさったからだ。
（創世記2：3）

状況とアドバイス Situation and Advice

数字の7は、大アルカナの「戦車」と、天王星、月、蟹座と関連があります。
天王星は、抽象的思考、理論、知性、分析、占星術、技術の進歩、独立、真理の冷静

な探求の惑星です。蟹座は、私たちの感情的な性質に関係する水の星座です。瞑想と休息に関連する海王星は、蟹座の中で最も生き生きと輝きます。

スプレッドに7が目立つ場合は、学習に対する独自の分析的なアプローチを示唆しています。今ならどんな旅行でも歓迎され、楽しむことができます。科学やテクノロジー、コンピューター関係の仕事がおすすめです。執筆や研究、神秘主義の勉強をする機会もありそうです。

現在の焦点は、独立した自己発見と内面の成長にあります。人間関係の問題や仕事のキャリアに関することは、自己認識よりも後回しになっているでしょう。

7という数字は、精神的な陽のエネルギーを表します。神は7日目に安息したので、スプレッド中の7はしばしば、休息、孤独、静養、瞑想、熟考の必要性を指摘します。そうしなければ結果として、緊張、過労、心配、束縛感、神経過敏が生じる可能性があります。

今は、物質的な野心を持つよりも、精神的な成長に集中するべきです。行動よりも分析、考察、瞑想に適した時間なのです。

パーソナルイヤー Personal Year

7はスピリチュアルな数字なので、パーソナルイヤー7の年は、熟考、休息、瞑想、静養、魂の探求、内なる気づき、再評価、精神的な発達のための時間と言えます。あらゆる種類の研究や形而上学的な関心に心惹かれます。

この時期は、タロットを使ってスピリチュアルな気づきを養うにも絶好の機会です。

The Minor Arcana or Pip Cards

ワンドの 7

Seven of Wands

固守する

正位置

持ちこたえる。有利な立場

キーワード & フレーズ

Key Words and Phrases

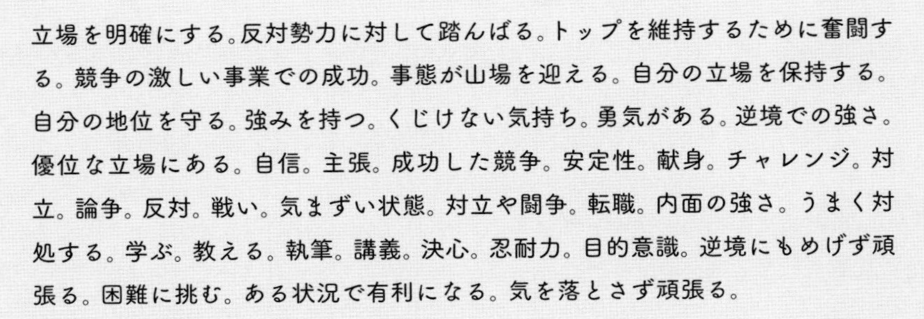

立場を明確にする。反対勢力に対して踏んばる。トップを維持するために奮闘する。競争の激しい事業での成功。事態が山場を迎える。自分の立場を保持する。自分の地位を守る。強みを持つ。くじけない気持ち。勇気がある。逆境での強さ。優位な立場にある。自信。主張。成功した競争。安定性。献身。チャレンジ。対立。論争。反対。戦い。気まずい状態。対立や闘争。転職。内面の強さ。うまく対処する。学ぶ。教える。執筆。講義。決心。忍耐力。目的意識。逆境にもめげず頑張る。困難に挑む。ある状況で有利になる。気を落とさず頑張る。

困難な状況に陥った時こそ強い者は立ち上がる。交替するよりも戦うほうがいい。どんな困難にも負けない。ずば抜けている。一日一日を大切に。我々は克服しなければならない。

私はここに立っている。それ以上のことはできない。神よ、助けたまえ。アーメン。
（マルティン・ルター）

状況とアドバイス Situation and Advice

対立していた状況が収束しつつあり、あなたはその問題を有利な立場から見ることができます。

あなたはこの対立、挑戦、反発の時期に入り、プレッシャーを感じるかもしれません。

勝つために蓄積してきた力と勇気を呼び覚ます必要があります。競争に勝つには、内なる強さと決意を奮い立たせなくてはなりません。自分では気づいていなくても、あなたが優位に立っています。

おそらく、これまでの業績があなたを競争の激しい状況に置いたのでしょう。成功するには、毅然とした態度で自分の立場を守る必要があります。必要とあれば、あなたは論議において自分の立場を貫くことができるでしょう。

大義に対する熱意が、勝利をもたらすでしょう。

あなたには人生やビジネスに起こる競争に立ち向かう力と粘り強さがあります。

闘いをあきらめてはいけません。努力をすれば、必ず勝利することができるでしょう。最善の戦略は、一度に1つの問題に取り組むことです。

あなたの頑張りと思いやりは報われます。この時期は特に観察眼を養ってください。

仕事に関する質問なら、キャリアアップは成功するでしょう。

新しい学びの時期に入るかもしれません。自分が知っていることを教えたり、書いたりするように依頼される可能性もあります。

人 People

優位に立つ人。争いの中で自分の立場を固める人。物事を実現させる人。

逆位置

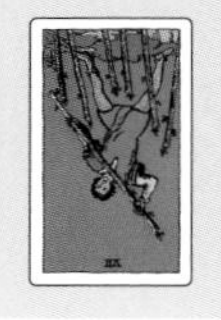

気後れする

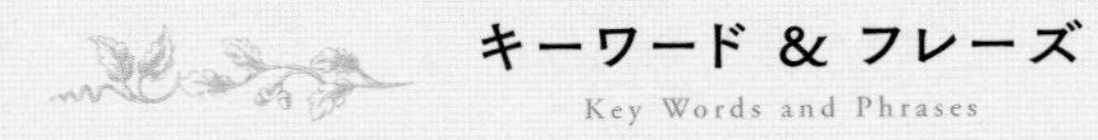

キーワード & フレーズ
Key Words and Phrases

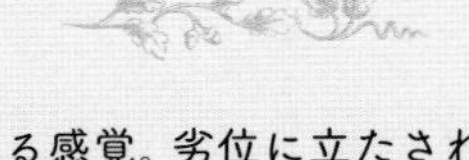

対立から身を引く。傷つきやすい、または圧倒されている感覚。劣位に立たされる。不利な状況にいる。負け戦(いくさ)をする。反対にあってあきらめる。怖気づいてやめる。相手が勝つ。問題から逃げる。自己主張が足りない。困惑。消極的。不確実性。臆病。恥。内気。自信のなさ。挑戦から逃げる。決断への不安。拒絶されることへの恐れ。ひるむ。将来への不安。チャンスを逃す。健康問題。困難に立ち向かわない。

困難な状況に陥った時、私は立ち上がる。戦うより交替したい。口は悪いが、それほど人は悪くない。

状況とアドバイス Situation and Advice

逆位置のワンドの7は、反対されても粘り強く目標を追求し続けるように、という戒めです。

対立から撤退さえしなければ、勝つことができるのです。今あきらめたら、とても貴重なチャンスを逃してしまうかもしれません。

あなたが恐れている対立は、起こりそうにありません。

問題から逃げるのではなく、立ち向かう必要があります。

あなたの内気さや自信のなさは、事態を悪化させるだけです。自己主張すると、人々が怒ってしまうのではないかと怖がっていませんか？　もしそうなら、どうだというのでしょう？　時に良い戦いは、空気を一新するものです。あえて難しいことに挑戦してみてはどうですか？　そうしないと、ネガティブなスプレッドでの逆位置のワンドの7は、弱さと負け戦に巻き込まれることを示唆します。

損切りをして、戦いから撤退するのが最善かもしれません。

人 People

意気地のない弱虫。臆病者。物事を成り行きにまかせてしまう人。戦いに敗れた人。

The Minor Arcana or Pip Cards

ペンタクルの7

Seven of Pentacles

忍耐力

正位置

ゆっくり着実に成長する。自分の投資の棚卸し

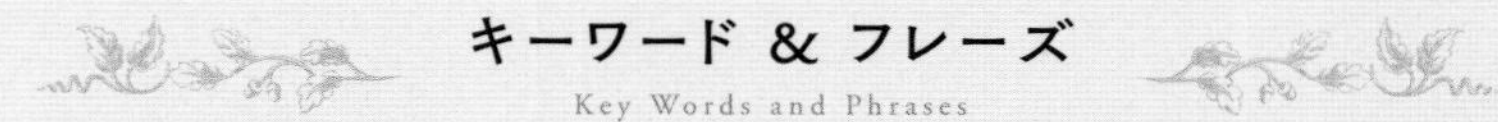

キーワード & フレーズ

Key Words and Phrases

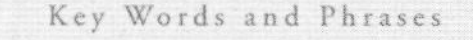

プラスの意味 以前から取り組んでいるプロジェクトの再評価。結果を待つ。努力はいずれ報われる。忍耐。粘り強い努力。実践的なスキル。懸命に働く。確立した仕事。得たものを振り返る。待機期間。プラトー現象。辛抱強い。ゆっくりだが着実な進歩。きめ細やかな養育。熟考した決断を下すための休止期間。変化の時。長期的なプロジェクト。事業を発展させるための小休止。これまでの成果を振り返る。評価と将来計画のための時間。リスクとセキュリティの選択。歓迎すべき経済的変化。結果を待つ。

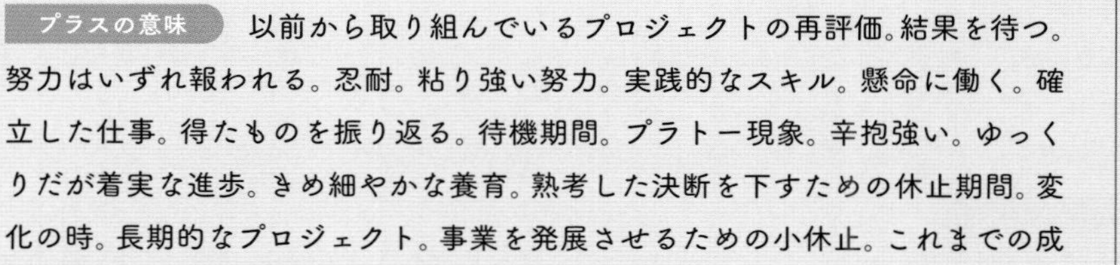

ゆっくりと、しかし確実に。思えば遠くまで来たものだ。

マイナスの意味 落ち込む。挫折感。無駄な努力をした感覚。プロジェクトの破綻。投機による損失。無報酬の仕事。時期尚早な努力の停止。何かが足りない。有益な機会追求の失敗。妊娠の難しさ。不満足。アンバランス。不具合。

状況とアドバイス Situation and Advice

ポジティブな面は、あなたはあるプロジェクトに無駄な時間を費やしているように感じているかもしれませんが、そうではないことを示しています。進行中のプロジェクトや事業の発展を一時停止して精査するべき場所に到達したのです。あなたの辛抱強い仕事は、ゆっくりとですが着実な成長を生み出しています。

あなたは停滞状態に達していますが、まだやるべきことはたくさんあり、たゆまぬ努力はいずれ報われるでしょう。最終的な結果はまだ見えていませんが、努力をやめる時ではありません。

ペンタクルの7は、自分の進歩を再評価して、目標を達成するために何が必要かを判断し、成功するまで努力を続けるようにアドバイスしています。

あなたの経済状態は、良い方向へ向かっています。最終的に、あなたの努力は報われるでしょう。トンネルの先には、光があります。創世記の言葉を思い出してください。

「神は7日目を祝福し、それを聖なるものとした。というのは、それをもって神は御自分の仕事を離れ、安息なさったからだ。」

それ以外の場合、ネガティブなスプレッドでのペンタクルの7のカードは、あまり好ましくない意味を持ちます。長い間、苦労して開発したプロジェクトを投げ出したくなるかもしれません。これまでやってきた仕事も、目標達成に至らないことを悟るかもしれません。

健康面では、故障や代謝のアンバランス、感染症などが原因で不調に陥る可能性があります。

人 People

農家の人。投資家。計画を立てている人。カメとウサギのカメ。辛抱強い労働者。

逆位置

すぐにあきらめる

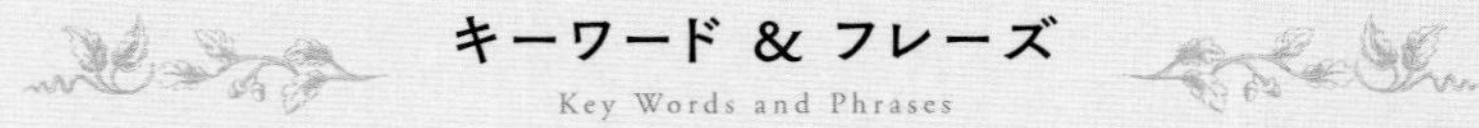

キーワード & フレーズ

Key Words and Phrases

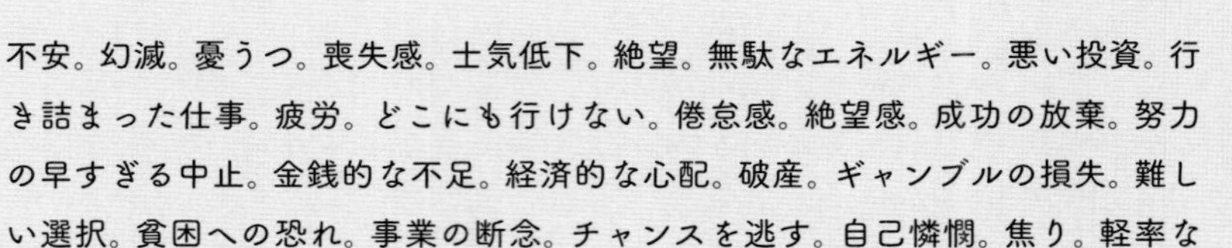

不安。幻滅。憂うつ。喪失感。士気低下。絶望。無駄なエネルギー。悪い投資。行き詰まった仕事。疲労。どこにも行けない。倦怠感。絶望感。成功の放棄。努力の早すぎる中止。金銭的な不足。経済的な心配。破産。ギャンブルの損失。難しい選択。貧困への恐れ。事業の断念。チャンスを逃す。自己憐憫。焦り。軽率な判断。物事を最後までやり遂げる気がない。停滞。不毛。不妊。病気。故障。感染症。アンバランス。

忍耐は美徳である。

状況とアドバイス Situation and Advice

あなたは今、どこにも行けないかもしれません。

希望のなさや絶望感から、すぐにあきらめてしまうような状況に陥っているかもしれません。お金の心配もあるでしょう。経済的な問題で事業を断念しているかもしれません。

クレジットで借りすぎていませんか？

請求書に追われてはいませんか？

行き詰まった仕事に立ち往生していませんか？

悪い投資をしようとしていませんか？

失敗から学び、次回はもっとうまくやることが大切です。

やる気をなくした状態では、感染症や体内の機能不全といった健康への注意が必要になります。

人 People

疲れ切った人。やめてしまう人。せっかちな人。

The Minor Arcana or Pip Cards

ソードの 7

Seven of Swords

内密

正位置

思いがけないことをする

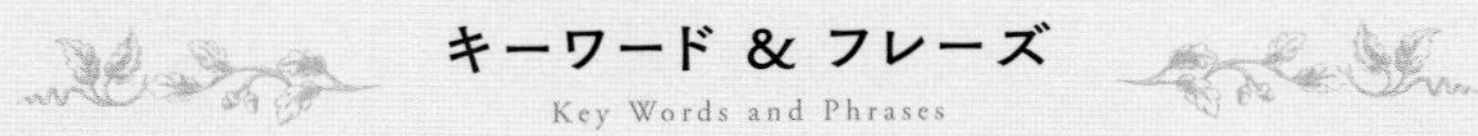

キーワード & フレーズ

Key Words and Phrases

狡猾さ。周到さ。悪知恵。ペテン。ずる賢さ。二枚舌。逃げる。他人になすりつける。不誠実。誰かを利用する。旅行についての考え。仕事やキャリアの変更。新しい場所への移動。慎重なマネジメントの必要性。妨害行為。回避的または不正な行為。戦術。外交。裁量。回避。間接的な行動。注意。遠回りの手段。腕力より頭脳。専門家のアドバイスの必要性。独特の世界観。不当行為。違法行為。盗み。強盗。ぼったくり。だまされている感覚。不運。罪悪感。動揺。裏切り。被害者意識。不名誉な行為。自滅的行動。小旅行。駆け落ち。逃げ出す。前に進む。あなた自身が最大の敵になること。自分をダメにする行動。不安感と現実逃避。敗北、または欺瞞の感情。

状況とアドバイス Situation and Advice

あなたは自分がしたことについて、だまされたと感じたり、不安になったりしているかもしれません。

逃げ出したいと思うかもしれませんが、自滅的な行動は避けてください。自分自身の最大の敵にならないようにしましょう。

敵に立ち向かい、目標を達成するには、外交的で狡猾、または回避的な行動が必要です。

誰かがあなたをだまそうとしているか、悪だくみをしてあなたの評判を落とそうとしている可能性があることに注意してください。その人たちは、おそらくあなたが他の事柄に気をとられていることを利用するかもしれませんし、あるいは、相手がよそ見をしている時にあなたから攻撃を仕掛けるかもしれません。

あなたのユニークな世界観と予想外の行動が、窮地を救ってくれるでしょう。

立てた計画が思い通りには進まないことがあります。おそらく法律や専門家のアドバイスが必要です。

このカードは、何かしらの不正で、人をだますような違法で卑劣な行為に関与することを示す可能性があります。

実際の強盗や盗難に遭うこともありますが（特にスプレッドに「月」のようなペテンを示すカードがある場合）、それ以上に被害を受ける可能性が高いのは、何らかの言葉やコミュニケーションに起因するものです。

特にこの時期は、自分の発する言葉や書く言葉に注意が必要です。

この先、知恵比べのようなことが起こるかもしれません。あなたの知的自由と独立に反対する人がいるかもしれません。

このカードはまた、あなたの人生の一部を捨て去りながら、前に進むことを示す場合があります。

人 People

独創的な人。泥棒。悪賢い人。卑怯者。ある場所から別の場所に移動する人。

逆位置

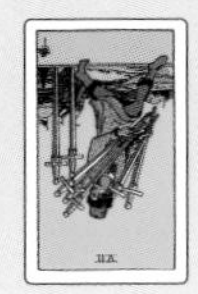

感謝

キーワード & フレーズ
Key Words and Phrases

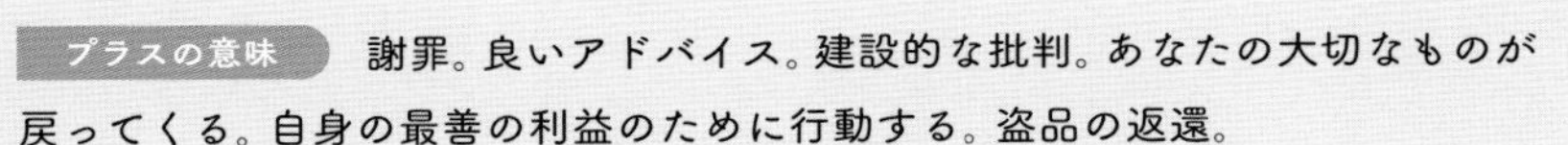

プラスの意味 謝罪。良いアドバイス。建設的な批判。あなたの大切なものが戻ってくる。自身の最善の利益のために行動する。盗品の返還。

認めるべき功績がある者は認めよう。

マイナスの意味 優柔不断。怠惰。悲観。怖気づいてやめる。未完成のプロジェクト。チャンスを逃す。過去の過ちにこだわる。スキルや狡猾さに欠ける。愚かしさ。

状況とアドバイス Situation and Advice

もしあなたが盗難に遭っていたとしても、泥棒はその盗品を持ち続けることはできないでしょう。

誰かに不当に扱われた場合は、謝罪を期待しましょう。

今あなたが受ける批判は建設的である可能性が高いので、感謝すべきです。

不当に奪われたものがあったら、今、それが戻ってくるかもしれません。

誰かが援助や役立つアドバイスを与えてくれる可能性があります。

成功したいのなら、自分自身に対する分別を保ち続ける必要がある時期です。型にはまったやり方や、想像力に欠けたやり方では、結果は得られません。

人 People

ばか。変人。不器用な泥棒。

The Minor Arcana or Pip Cards

カップの 7

Seven of Cups

白昼夢

正位置

集中力の欠如。混乱した感覚

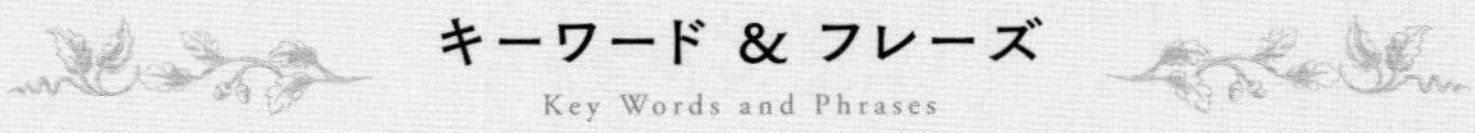

キーワード & フレーズ

Key Words and Phrases

希望的観測。ファンタジー。頭でっかち。集中力の低下。不確実性。難しい選択。不確実。困難な選択。明確に考えていない。選択肢が多すぎる。決められない。混乱した思考。分散したエネルギー。非現実的な期待。多くの選択肢の中から選ぶ。錯覚。無秩序。ロマン主義。感情が合理的な思考を支配する。逃避主義。対処不能。変化した状態。ビジョン。重要な夢。霊的な印象。非現実的なこと。想像の産物。憧れ。混乱した選択。切望。やっかいな想像力。厳しい決断。薬物やアルコールの過剰摂取(特に「月」のような現実逃避を表すカードがスプレッドにある場合)。乱用。

私はどうすればいいの？　空中楼閣。本当に私は何が欲しいの？　何でもかんでも手に入るわけがない！　すべてぼやけている。木を見て森を見ず。

状況とアドバイス Situation and Advice

あなたは、決断に行き詰まったり、混乱しているのではないでしょうか。選択肢が多すぎたり、あまりにもバランスが悪く見えたり、それぞれの選択肢に何らかの交換条件があるように見えるからです。

すべてを手に入れることはできないし、どの方向に進めばいいかわからないのでしょう。心と頭が別々の方向に行きたいと言うのです。あなたは目の前にあるそれぞれの選択の影響を理解していないかもしれません。成功するためには、1つの目標に集中して努力する必要があります。この時期、希望的観測は最大の敵です。

成功の鍵は、慎重に物事を判断して、集中して決断することです。カップの7は、考えがあまりに混乱していて、最良の選択ができないかもしれないことを警告しています。あなたの期待は非現実的で、創造力が過剰に働きすぎています。じっくり時間をかけて、より多くの情報を得るのが賢明でしょう。

一方で、今はあらゆる種類のクリエイティブなプロジェクトには最適な時です。

時にこのカードは、重要な夢や霊的な直観の予告であることもあります。その場合は、自分の内なる声に耳を傾けてください。

人 People

預言者。夢想家。空想にふけっている人。芸術家。クリエイティブな人々。あまりに多くの選択肢に直面している人。思考が混乱している人。

逆位置

霧が晴れる。粘り強さが報われる

キーワード & フレーズ Key Words and Phrases

プラスの意味 決断力。現実的な態度。決定。明確な決断をする必要性。良い選択。木を見て森を見ることができる。行動の時。頭脳が心を支配する。思考の明晰さ。急所をつく。意思決定のしやすさ。現実的に物事を見る。最後は忍耐力が勝つ。成功は2度目にやってくる。再挑戦の必要性。基本に立ち返る。

晴れた日にはどこまでも見える。私は心を決めた。くだらないことを言うな。最初はうまくいかなくても、何度も挑戦せよ。

マイナスの意味 通常、逆位置のカップの7は、決断力と現実主義を示しますが、それ以外のネガティブなスプレッドでは、次のような意味になります。

幻滅。完全な混乱。自己欺瞞。当惑。錯覚。現実からの逃避。ファンタジー。機会損失。最初の失敗と再挑戦の必要性。偽りの約束。成功への恐れ。

状況とアドバイス Situation and Advice

あなたはある決断を下すために熟考していることでしょう。さまざまな選択肢や行動の中から選ぶのが難しく、幻滅しているのかもしれません。

あなたの感情が、問題を曇らせているか、あるいは決められた行動をとらず、エネルギーを分散させているようです。目標を達成しようとする最初の挑戦が失敗に終わったのは、賢明さと集中力がなかったからかもしれません。

これで過去の間違いと以前の試みでの誤ったスタートが理解できるでしょう。このことで、自分の目標を達成するための道筋をより明確に設定できるようになります。あなたは自分の迷いを克服して、より現実的な姿勢をとるようになってきました。

物事を全体的に見つめ、状況を現実的にしっかり見つめる必要があります。

あなたは今、選択肢について明確に考え、合理的で賢明な決定を下すことができます。あなたは必要なことに集中し、良いアイディアを辛抱強く実行することが大切です。

カップの7は、明確で具体的な目標を設定できれば、あなたの努力や勉強が最終的に報われることを示しています。

人 People

物事を明確に見ようとしない人。勤勉な学生。現実主義者。

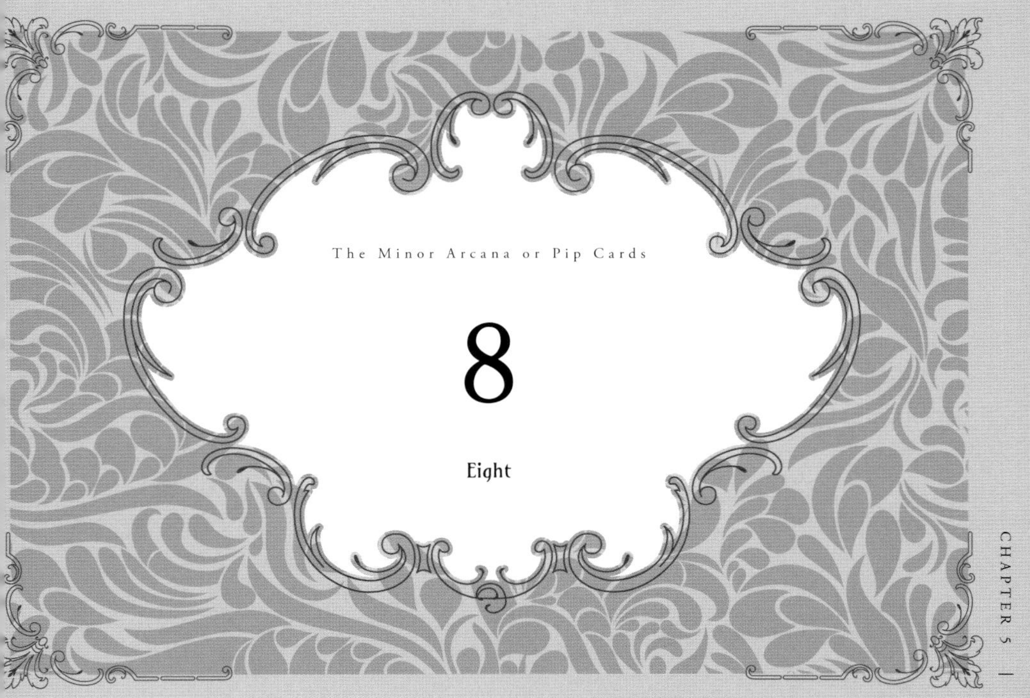

The Minor Arcana or Pip Cards

8

Eight

キーワード & フレーズ

Key Words and Phrases

強さ。成功。再生。新しい方向性。次の段階へと進む前にプロジェクトのひとつの段階を完了する。新しい優先順位を定める。サイクルの新しい局面への進行。新しい道を進む。バランス。安定。コントロール。再編。企業。実行力。対立する力の調和。新しい道を切り開くための古いものの死。

状況とアドバイス Situation and Advice

数字の8は、大アルカナの「力」と、火星と山羊座に関連があります。

ギリシャ神話の戦争の神である火星は、強さとリーダーシップ、自立力、衝動性、スタミナ、エネルギー、実行能力、管理能力を象徴しています。山羊座は、野心、勤勉、組織、権威、構造、手法、真剣さ、忍耐力、公的地位、実用性で知られる星座です。

スプレッドに8が目立つ場合は、カルマ、人生構造、お金、財政、キャリアに焦点が当たっていることを示しています。権力、評価、業績、過去の債務の返済といったテーマが前面に出てきます。あなたは今、大きな飛躍を遂げたり、大きな動きをしたりするかもしれません。

ポジティブなスプレッドでは、数字の8が懸賞や宝くじの当選を示すこともあります。人間関係に大きな変化が起こるかもしれません。引っ越しなど、生活環境の変化もありそうです。キャリアによる収入アップや、世間からの評価も期待できるでしょう。旅行はなさそうです。

2つの4で構成される数字の8は、個人の力、進歩、収穫、物質的利益、決断力と機転をきかせた個人的な計画の実行に関連する陰のエネルギーを表しています。4と同じく、8はカルマの数字で、自分が蒔いた種をこれから刈り取ることを示唆しています。

また、4と同様にスプレッドにおける8は不動産取引や法的問題を象徴することがあります。

パーソナルイヤー Personal Year

パーソナルイヤー8は、外的な世界での権力と進歩の時です。ビジネス活動やパートナーシップ、財産や不動産の問題、契約、法律問題、物質的な利益などはすべて好ましい状況にあります。今こそ、あなたが9年サイクルの始まりに蒔いたものを刈り取る時です。

しばしば、住居地の変更や長年の関係の変化がパーソナルイヤー8を特徴づけることがあります。

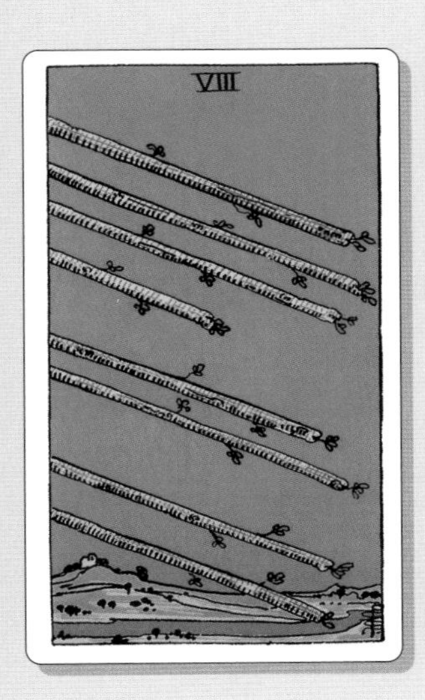

The Minor Arcana or Pip Cards

ワンドの 8

Eight of Wands

スピード

正位置

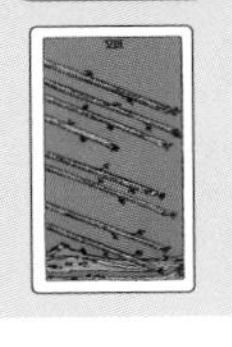

全力疾走

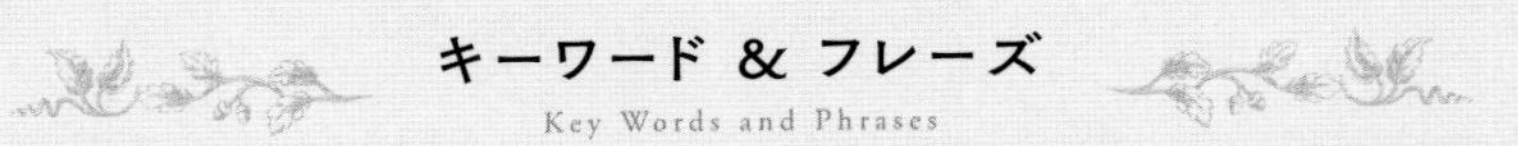

キーワード & フレーズ

Key Words and Phrases

迅速な行動。前進する。スムーズでスピーディーな進歩。素早く結果が出る。速いペース。支障のない旅。活動。動き。遅れの解消。緊急。興奮。熱狂。加速。新しいアイディア。心を広げる経験。仕事の依頼。遅れて前進する。目的に向かう素早さ。コミュニケーション。ニュース。良いメッセージ。旅行。休暇。出張。急な旅行。空路の旅。飛行機での移動。移動。創造的なインスピレーションの噴出。生産性の向上。新しい友達。突然の浮気。アーチェリー。運動能力。運動不足解消。

万事順調！　すべてが思い通りになる。

状況とアドバイス Situation and Advice

すべてのシステムが万全に稼働しています。

あなたは目標達成に向けて、急速に前進しています。

低迷や遅延の時期が終わりつつあります。好意的なメッセージや新しいチャンスが舞い込んできています。前に進んで新しい試みが始まるので、ワクワクした雰囲気が漂います。

向上のための努力は、うまく実っています。

あなたはエネルギーにあふれているため、体力づくりのために運動を始めるのもいいかもしれません。また、経験したことが心の幅を広げるのに役立っているでしょう。

緊急のメッセージが届くかもしれません。

急な旅行（おそらく飛行機で）や引っ越しの可能性もあります。

質問が恋愛関係なら、突然の情熱的な恋愛を示唆します。

新しい友人があなたの人生に登場することもあるでしょう。

人 People

行動的な人。

逆位置

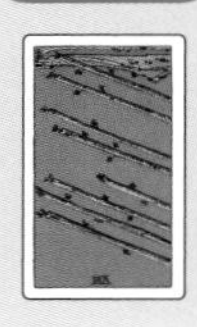

エネルギーの浪費

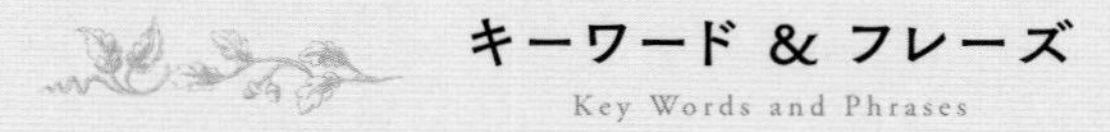

キーワード & フレーズ

Key Words and Phrases

過剰なスピード。面倒くさい。制御不能。強引すぎる。衝動的。不安。圧力。急ぐ。熟考されていない決定。早まった行動。速すぎるペース。盗難。反対。ケンカ。失業。ストライキ中。動揺するようなニュース。誤解。横領。解雇。退学。問題の押しつけ。ニュースやメッセージの遅れ。旅行がキャンセルされたり遅れたりする。婚約破棄。交通機関の問題。予定がうまくいかない。〝外出禁止〟になった若者。潜在的な暴力。

あなたは頭を切り落とされた鶏のように行動している。急いては事を仕損じる。

私は対処できない。地球を止めてくれ、私は降りたいんだ。何を急いでいるんだ?

状況とアドバイス Situation and Advice

物事が起こるスピードの速さに圧倒されています。

おそらくあなたは迷いの中にいて、実りのない方向にエネルギーを浪費しています。

焦って行動しても、望む場所にはたどりつけません。無理に行動すると、激しい反発を招きかねません。遅れが予想されます。

特に旅行がからんでいる場合、あなたの計画が中止になるかもしれません。飛行機やその他の交通機関に問題が起こる可能性があります。

人 People

どこにも行きつかないのに急いでいる人たち。強引な人。

The Minor Arcana or Pip Cards

ペンタクルの8

Eight of Pentacles

仕事のカード

正位置

見習い

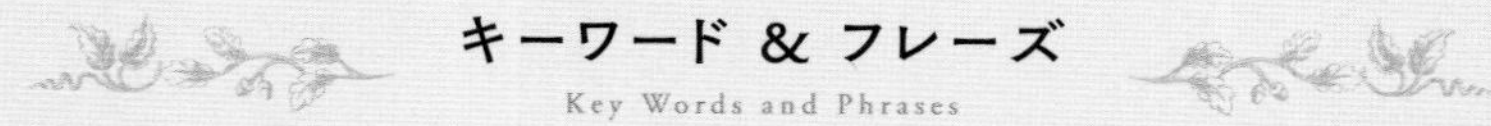

キーワード & フレーズ

Key Words and Phrases

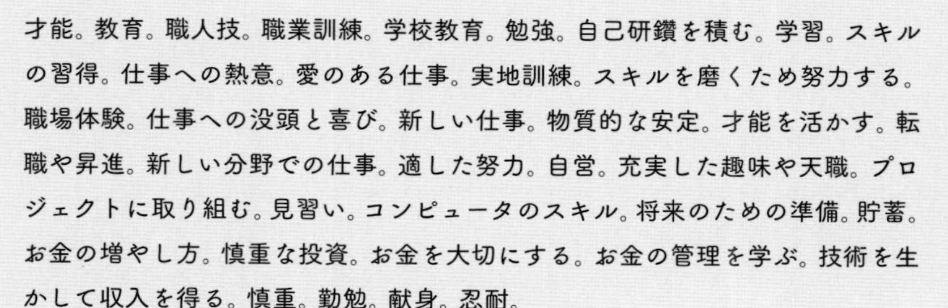

才能。教育。職人技。職業訓練。学校教育。勉強。自己研鑽を積む。学習。スキルの習得。仕事への熱意。愛のある仕事。実地訓練。スキルを磨くため努力する。職場体験。仕事への没頭と喜び。新しい仕事。物質的な安定。才能を活かす。転職や昇進。新しい分野での仕事。適した努力。自営。充実した趣味や天職。プロジェクトに取り組む。見習い。コンピュータのスキル。将来のための準備。貯蓄。お金の増やし方。慎重な投資。お金を大切にする。お金の管理を学ぶ。技術を生かして収入を得る。慎重。勤勉。献身。忍耐。

人に自分の技術や知識を教え、指導し、受け継いでいく。もしあなたが、仕事をしようとしているなら、きちんとやりなさい。

状況とアドバイス Situation and Advice

仕事が充実し、楽しいものになることを示しています。あなたは自分の技能を賢く使うことができるでしょう。

もし新しい仕事を始めようとしているなら、すんなり落ち着いて、その仕事に没頭できるはずです。仕事に情熱を注いでいるあなたは、昇進の可能性もあります。

自分の才能を伸ばすために見習い期間に入るチャンスもあります。あなたの時間と努力は報われるでしょう。

一部の人にとってペンタクルの8は、新しいキャリアへの再出発を意味する場合もあります。今は、自分の職業について、できる限り学ぶ時です。

予習をしましょう。講座やセミナーに参加したり、その分野の本を読んだりしてください。

新しいメソッドを教えてくれる人と一緒に仕事をしたり、人に教える機会があるかもしれません。

今はまだ、金銭的な報酬は少ないかもしれませんが、あなたが築いた基礎は後々、キャリアアップの成功につながるでしょう。賢明な金銭管理は、あなたが習得しなくてはならないことの1つです。

ペンタクルの8はまた、最新のテクノロジーやコンピュータについての最新情報を得ることを象徴しています。

人 People

見習い。優秀な労働者。職人。コンピュータの達人。労働組合。教師、生徒、指導者、家庭教師。人を訓練する人。

逆位置

手を抜く

キーワード & フレーズ

Key Words and Phrases

不正行為。知っているふりをする。詐欺行為。焦り。安易な逃げ道。スキルの誤用。近道。質の悪さ。権利意識。退屈な仕事。集中力の欠如。実のない労働。関与の欠如。自己批判。不誠実。不正ビジネス。二流の努力。偽りの安全性。不本意な学習。キックバック。粗悪な仕事ぶり。商業主義。偽造。信用詐欺。不正な労働慣行。少ない報酬。つくろった技量。コンピュータの問題。仕事がない。失業。権利を奪われた感じ。機会がないことへの怒り。

自分の知らないことでは心は痛まない。やり逃げ。私にはどうでもいいことだ。

状況とアドバイス Situation and Advice

あなたの焦りやラクな道を選びたいという気持ちにより、倫理に反した、あるいは報われない仕事の状況に巻き込まれているかもしれません。

あなたは仕事に不満を持っていたり、実際に失業中かもしれません。もしかしたら、自分の能力を十分に発揮できずに職を失うかもしれません。おそらく実際よりも多くのことを知っているふりをしていたのでしょう。

学生なら、試験で不正行為をしているかもしれません。

いずれにしても、仕事に関する問題、あるいは仕事の不足が心を悩ませ、行動に影響しているのです。

あなたは自分の権利を奪われたと感じ、自分の人生にチャンスがないことに不満や怒りを感じているのではないですか？　あなたはあまりにも手を抜き、二流の仕事をしてきたのではないですか？

自分で稼ぐのではなく、自分は養ってもらって当然という意識でいるかもしれません。自分の仕事について考えてみてください。

不正や卑劣な仕事に手を染めていませんか？　自分のスキルや才能をうまく活かせていますか？　自分の仕事上の努力についてどう感じていますか？　自分のスキルや才能を使って生み出したものに誇りを持っていますか？

人 People

知っているふりをする人。自活するより他人の労働に頼って生きていく権利があると思っている人。無能で怠惰で不誠実な労働者。試験で不正行為をする学生。横領者。ペテン師。偽造者。詐欺師。保険金詐欺師。所得税の脱税者。失業者。社会的に恵まれない人。権利を奪われた人。

The Minor Arcana or Pip Cards

ソードの 8

Eight of Swords

制限

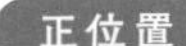

閉塞感

キーワード & フレーズ

Key Words and Phrases

抑圧的な環境。地位向上の欠如。閉塞感。囚われの身。強制的な拘束。悪循環。自己主張の欠如。孤立。未知への恐れ。抑圧されたエネルギー。動けない。知的監禁。悪癖にとらわれる。自分で自分を抑える。目隠しされる。進む勇気がない。障壁。コミュニケーションの問題。干渉。失望。恐怖にとらわれる。困難な状況に陥る。心配。不安。非難される。感情的苦痛。困難な時期。事故。死。自ら招いた不幸。混乱。誤解。優柔不断。麻痺。自分の力を発揮することへの恐れ。自己主張への躊躇。自分に対する信頼感の欠如。生産性を妨げるネガティブな感情。病気。

袋小路に入り込む。やるならやる、やらないならやらない。通り過ぎないで。私を囲い込まないで。その箱はすべて安っぽいものでできていて、どれもこれも同じに見える。これもまた過ぎ去ることだろう。ノーと言う時、罪悪感がある。

状況とアドバイス Situation and Advice

実存主義の演劇『出口なし』を観た人なら誰でも、このカードの意味することがわかるでしょう。ソードの8は、しばしば自分で課した恐れ、障害、制限、制約を意味します。

あなたは、罠にはまって閉じ込められ、身動きのとれない状態にあります。

未知なるものへの恐れから、新しいことに挑戦したり、自己主張することに消極的になり、自分自身の最大の敵として行動しています。あなたは自分で作った轍(わだち)で立ち往生しています。

コミュニケーション能力が一時的に損なわれている可能性があります。

逃げ場のない、困難な状況に巻き込まれるかもしれません。

閉じ込められ、状況に制限を受けていると感じるでしょう。

しかし、もっと重要な制限は、真実に心を開くことをあなた自身が拒むことで生じます。

重要な決断をする前に、自分の恐怖心に立ち向かわなくてはなりません。勇気を出せば、不安を乗り越えて、あなたを取り巻く問題を解決することができるのです。

物事がはっきり見えない場合は、賢明な助言を求め、適切なアドバイスを受けてください。

時に、ソードの8に象徴される制限は、事故や死によってもたらされることがあります。

人 People

囚われた、制限された、悪事に巻き込まれたと感じている人。目の不自由な人。刑務所にいる人。人間関係で窮屈な思いをしている人。堂々巡りをしている人。

逆位置

解放

キーワード & フレーズ
Key Words and Phrases

邪魔物の除去。何らかの障害物を取り除く。新しい始まり。目隠しをはずす。ベールを突き破る。恐怖を克服する。不安を克服する。制限からの解放。逃げ出す。救済。干渉の停止。自由な通行。力を発揮する。再び動けるようになる。自分への信頼を新たにする。生産性の回復。適切な自己主張。

あなたは自由だ。この状況を抜け出す筋道が見えてきた。

状況とアドバイス Situation and Advice

あなたは今、制限から解放され、恐れや不安に立ち向かうことができます。直面しているプレッシャーも収まりつつあります。

あなたは、自分を取り巻く状況がより明確に見えるようになり、自分の成長を妨げてきた要因に対処できるようになっています。

恐怖心を克服したあなたは、自由に再出発することができるでしょう。

障害は取り除かれ、自由に行き来できます。

今こそ適切に自己主張して、他人から課された制約を拒否する時です。

人 People

制限から解放された人。窮屈な関係から抜け出した人。釈放された囚人。

The Minor Arcana or Pip Cards

カップの 8

Eight of Cups

心変わり

正位置

別れを告げる。前に進む

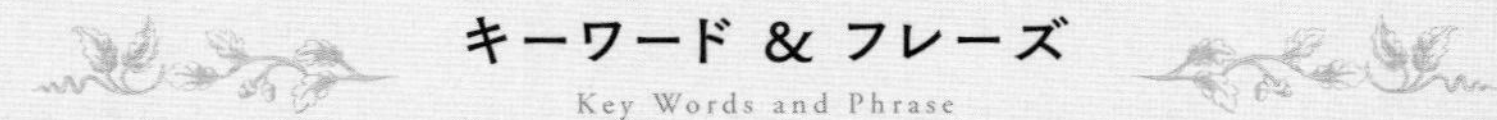

キーワード & フレーズ

Key Words and Phrase

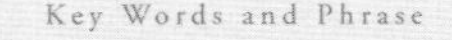

去る。立ち去る。自由の身になる。不確実なまま出発する。また会う日まで。転機。退く。別れ。過去の状況に幻滅する。失望。過去を置き去りにする。依存的な感情の結びつきを断ち切る。困難な状況に背を向ける。内側を見る。生きる意味を探す。時代遅れのライフスタイルの否定。新しい興味にエネルギーを注ぐ。これまでの心配事を捨てる。家を出る。親離れする。困難な家庭環境から抜け出す。新しい人間関係を探す。精神的な満足を求める。感情的な事柄を置き去りにする。転職。移転。さよなら。聖杯を探す。1か月の時間。

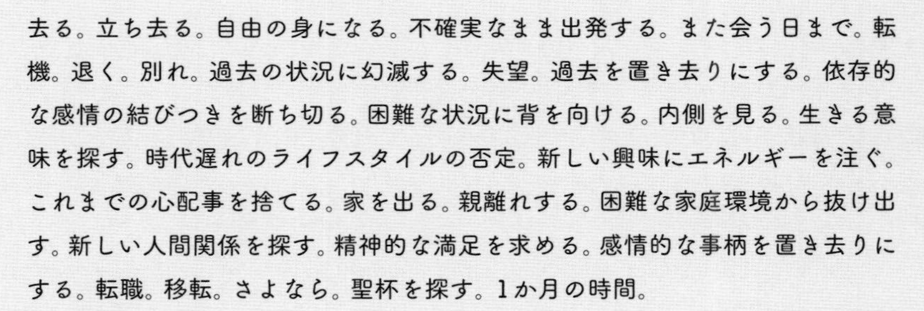

状況とアドバイス Situation and Advice

不満足な状況を離れ、新しい何かに移行しようとしています。しばらくは以前の関係や状況に失望していたこともあったでしょう。あなたは徐々に不満があることを自覚し、心変わりをしたのです。

今、あなたは解き放たれて、何か違うことに挑戦してみたいと思っています。もしかしたら、人生の空白を埋めようとしているかもしれません。古い感情的なしがらみを断ち、自分らしく生きる時が来たのかもしれません。

カップの8はしばしば、物事が自然に解決するまで月の1周期（1か月の時間）かかることを示唆しています。

旅行や転居の可能性があります。

この時期はこれまでの関係がうまくいかなくなるので、手放す時です。

これまで学んだことを振り返ってみましょう。感情的にも成熟したあなたは、より満足できる何かを追求する時期だからです。

あなたは自分の人生の意味をもっと見出したいと思っています。過去から離れるにつれ、新しい人間関係が待っているでしょう。

古い本には、カップの8は、「金髪の女性からの援助を意味する」と書かれています。

人 People

探求者。出発する人。不満足な状況から立ち去る人。助けてくれる金髪の人。

逆位置

前に進むことを拒否する

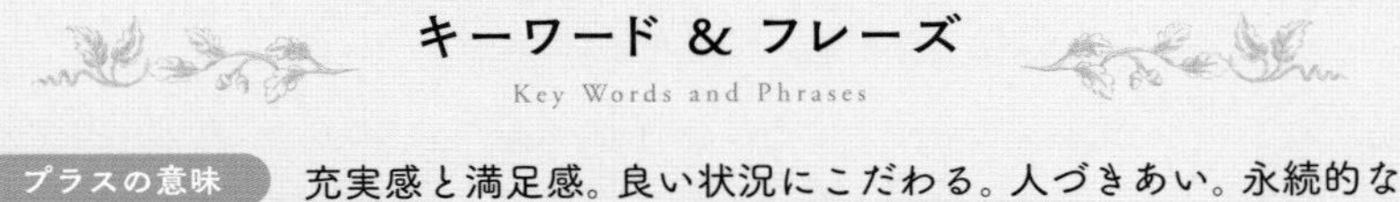

キーワード & フレーズ
Key Words and Phrases

プラスの意味 充実感と満足感。良い状況にこだわる。人づきあい。永続的な関係。困難な時期が終わりつつある。自分自身を楽しむ。幸福を追い求める。パーティーに行く。新しい恋愛。浮気。友情。祝典。以前の関係に戻る。1か月の時間。

マイナスの意味 前進するのを拒否する。過去に執着する。未知への恐れ。間違った決断。個人の成長を避ける。約束する際のトラブル。時代遅れの関係や執着を乗り越えて成長することができない。平凡さを受け入れる。誤った理想を追求する。大事な関係を捨てる。親密さへの恐れ。重要な感情的なつながりを断つ。後で後悔するような変化をする。

隣の芝生は青い。大事なものを無用なものと一緒に捨てるな。

状況とアドバイス Situation and Advice

正位置のカップの8は、不満足な感情的状況を抜け出し、あなたの人生でより多くの充足を求めるようにアドバイスしています。

逆位置では、現在の人間関係があなたの思うほど悪くはなく、または正位置のカードのアドバイスに耳を傾けようとしていないことを告げています。

自分が手にしているものを捨て去る前に、まずはその真価を見極めるべきです。

あなたは、不満のある人間関係を断ち切ることができないかもしれません。平凡な人間関係に甘んじようとしていませんか？　その一方で、神経症的な理由で良好な関係を捨ててしまうかもしれません。

やっかいな状況から抜け出すために、必要な措置を講じていない可能性があります。

あなたが考えている変化は、この時期には間違った判断になる可能性があります。今の状況や関係から離れたことを後悔するかもしれません。

逆位置のカップの8のポジティブな面は、困難な状況を乗り越え、人生の新たな局面を迎える準備ができたことを意味するものです。

また、新しい恋愛の始まりや、前触れであることもあります。

パーティーに参加したり、社会的な招待を受けるなどといった具体的なことを表す場合もあります。

人 People

大事なものを無用なものと一緒に捨てる人。悪意のある金髪女性。

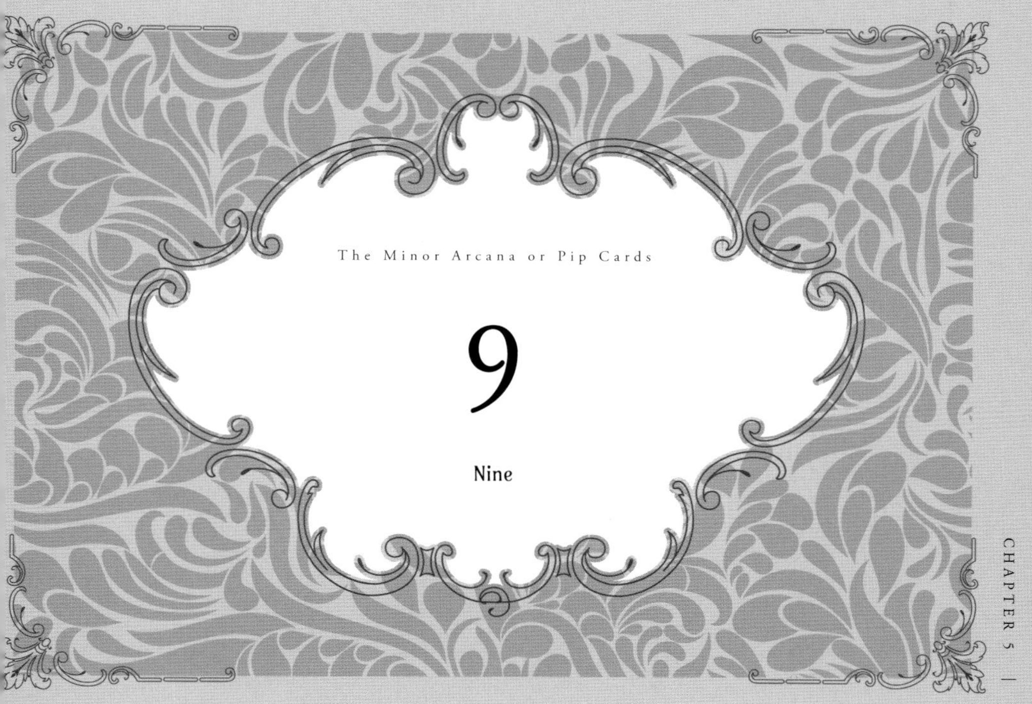

The Minor Arcana or Pip Cards

9

Nine

キーワード ＆ フレーズ

Key Words and Phrases

終了間近。最終段階。達成感。サイクルが完了する前の総括。移行準備。夢。物事を終わらせる。クリエイティブなエネルギー。慈愛。知恵。理解。奉仕。神秘主義。勇気。熟練。

状況とアドバイス Situation and Advice

数字の9は、大アルカナの「隠者」と、海王星、火星が支配する牡羊座、蠍座と関係があります。

海王星は、慈愛、慈善、無私、神秘主義、理解、兄弟愛の惑星ですが、混乱とファンタジー、自己欺瞞の星でもあります。

スプレッドに9が目立つ場合は、物事の完了や終わりを暗示します。

未来への道を切り開くために、過去を手放すことになるかもしれません。

車や電化製品が故障する可能性もあります。売上高が伸びます。長距離旅行が可能です。慈善事業や人道的な活動に関心が向くかもしれません。

数字の9は、完成や終了に関連する陽のエネルギーを表しています。今は、手放すこと、そしてきちんと終わらせることに焦点が当てられています。

今は、拘束力のある約束をしたり、新しい事業を始める時ではありません。

パーソナルイヤー Personal Year

パーソナルイヤー9は、9年サイクルの終わりを意味しています。それは、終局、終了、そして完了の時です。新しいサイクルを始めるために何かが終わりつつあるのです。

時に、パーソナルイヤー9の年は、公的な評価を受けることもあります。今は、次に来るパーソナルイヤー1で新しい大きな変化を迎えるために、いったんすべてクリアにして準備する時期です。

一般的にこの時期は、重要な約束や新しい事業を始める時ではありません。

対応する大アルカナカード

隠者

The Minor Arcana or Pip Cards

ワンドの 9

Nine of Wands

予備力

正位置

自分の立場を貫く。守る

キーワード & フレーズ

Key Words and Phrase

自分のために立ち上がる。自己防衛力を高める。要塞化する。身を守る。古傷を保護する。攻撃に抵抗する能力。見張りが立つ。縄張り意識。克服すべき最後の試練。警戒心。保護。防衛的な態度。強い体質。病気から回復する力。健康な免疫システム。病気や感染症に対する抵抗力。事前の衝突。自分の権利を守る。揺るぎない地位。最終の抵抗。勝利の前に克服すべき別の問題。内なる強さ。決意。忍耐。必要な遅れ。最終の輪。警戒せよ。

最後までわからない。最初はうまくいかなくても、何度でも挑戦せよ。余計なことをするな。壊れていないものを直すな。初志貫徹せよ。

状況とアドバイス Situation and Advice

自分のために立ち上がる必要があることを示唆しています。

あなたは過去に傷ついたことがあり、そのために守りに入っています。自分の権利のために戦ったり、自分の評判や自分の下した決断を守るために呼び出されるかもしれません。

状況は厳しく見えるかもしれませんが、あなたには確固たる基盤があります。この最後の試練を乗り越えることができれば、成功への道が開けるので、あきらめないでください。

今は注意深く、自分の信念を貫くべき時です。あなたにはどんな問題にも対処できる力が備わっています。自分の立場を大きく変えるべき時ではありません。

放っておくのが賢明かもしれません。

成功するためには、最後の問題を解決する必要があります。

あなたの立場は強固であり、時が来れば目標を達成する勇気と決意を持っています。

ボーイスカウトのモットーである「備えあれば憂いなし」を思い出してください。

健康に関するリーディングでは、病気から回復し、病原菌の攻撃を防ぐことができる強い体質を示します。

人 People

保護者。守りの堅い人。軍人。自分の権利や名声のために戦う人。

逆位置

防御力の低下。不意打ちを食らう

キーワード & フレーズ
Key Words and Phrases

不十分な防御力。自分の意見を言わない。権利の喪失。不注意。愚かな防御態勢。弱腰。臆病。病気。怪我。防御力の低さ。免疫力の低下。弱体化。劣等感。非現実的。妥協を許さない。疑心暗鬼。危険。過剰防衛。弱さや無力さを見せることへの恐れ。圧倒されている感覚。逆境。非現実的な計画。損失。障害。引っかかり。障害要因。準備不足。手に負えない立場。イニシアチブの欠如。防御の失敗。態度を明確にすることを拒否する。頑固。柔軟性がない。優柔不断な態度。在職権の喪失。病弱。擁護できない立場。ステイタスの喪失。卑劣な行動に出る。

私は見ていない。晴れ舞台にはまだ早い。

状況とアドバイス Situation and Advice

自分の能力を超えた状況に不意を突かれたと感じているかもしれません。相手の力を見くびっていたかもしれませんし、直面する課題が予想以上に困難なものであったのかもしれません。

誰かがあなたの地位を貶(おとし)めようとしていて、その結果、あなたは自分の地位の失墜を恐れているかもしれません。

愚かな防衛態勢をとって、自分を閉じ込めていませんか？

あなたは今、防御不可能な立場にいるのでしょうか？　戦う価値のない問題に立ち向かったのでしょうか？

自分が信じていることを主張するのを恐れていませんか？

あなたの防衛力は、低下しているようです。

損失や病気の可能性があります。

健康に関するリーディングでは、免疫力の低下や病気に対する抵抗力の低下が示唆されます。

人 People

マイナーリーガー。敗者。二軍選手。劣等感を持っている人。免疫力の低い患者。

The Minor Arcana or Pip Cards

ペンタクルの 9

Nine of Pentacles

自助努力

正位置

自分を頼りにする。
自足状態

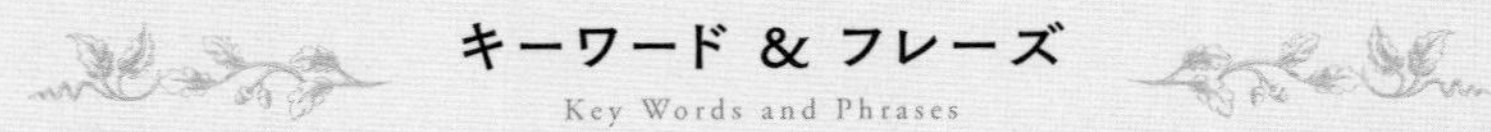

キーワード & フレーズ

Key Words and Phrases

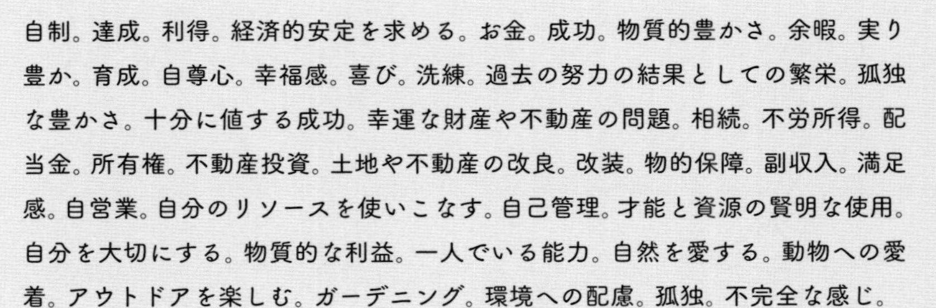

自制。達成。利得。経済的安定を求める。お金。成功。物質的豊かさ。余暇。実り豊か。育成。自尊心。幸福感。喜び。洗練。過去の努力の結果としての繁栄。孤独な豊かさ。十分に値する成功。幸運な財産や不動産の問題。相続。不労所得。配当金。所有権。不動産投資。土地や不動産の改良。改装。物的保障。副収入。満足感。自営業。自分のリソースを使いこなす。自己管理。才能と資源の賢明な使用。自分を大切にする。物質的な利益。一人でいる能力。自然を愛する。動物への愛着。アウトドアを楽しむ。ガーデニング。環境への配慮。孤独。不完全な感じ。

お金はあなたに愛を買い与えてはくれない。快楽の園。クジラを救え。自分のことは自分でできる。

状況とアドバイス Situation and Advice

このカードには、甘美な庭を眺めながら、人生のより良いものを孤独に楽しんでいる女性が描かれています。彼女は自分の才能や資源を賢く使い、その恩恵を享受しているのです。

彼女は一人で、自分と周囲の環境に安らぎを感じています。彼女は、自分の思考や運命をコントロールしているのです。

彼女には自尊心があり、自分のことは自分で管理できますが、同時に不完全さも味わっているかもしれません。

ペンタクルの9は、経済的な安定を求める気持ちを表し、身体的な快適さと物質的な利益が約束されていることを示します。

不動産や財産の管理はうまくいくでしょう。

屋外での活動が多くの楽しみをもたらしてくれます。

家屋のリフォームや模様替えの計画は順調に進むでしょう。

財産や不動産に関する事柄は力強く成長するでしょう。

このカードは、心理学的には心理分析医ドナルド・ウッズ・ウィニコットが「独りでいられる能力……感情の発達における最も重要な成熟の兆候のひとつ」と呼んだものを描写しています。

リーディングでこのカードが出たら、一人の時間の過ごし方を見直す必要があります。

人 People

妻。自給自足、あるいは自営業の人。環境や他の生命体の保護に関心がある人。優雅で美しく、技能や才能、健全なビジネスセンスのある人。賢明な不動産管理者。一人で過ごす時間が多い人。動物好きな人。

逆位置

根拠のない成功

キーワード & フレーズ

Key Words and Phrases

乏しい経済的利回り。誤った決断。依存。損失。剥奪。浪費。窃盗。軽率な判断。愚かな行動。巻き込まれる。誤った選択の結果に苦しむ。良心の呵責。不正なお

金。公害。財産や不動産の問題。予期せぬ修理。財政的な挫折。動物やペットのトラブル。富の重荷。

状況とアドバイス Situation and Advice

成功への道は、不安定な基盤の上に築かれていて、今にも崩れ落ちそうです。
カラスがねぐらに帰ろうとしています。
あなたの誠実さが損なわれるような怪しげな取引に気をつけてください。
財産上のトラブルがあるかもしれません。
ペットの世話に追われるかもしれません。

人 People

不誠実な人。良心の呵責に耐えられない人。お粗末な経営者。

The Minor Arcana or Pip Cards

ソードの9

Nine of Swords

悪夢のカード

正位置

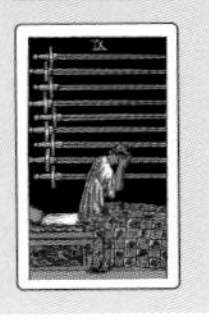

絶望

キーワード & フレーズ

Key Words and Phrases

悲しく、眠れない夜。心配事。極度のストレス。動揺する予感。脅し。罪悪感。苦痛。不安。痛み。苦悩。憂うつ。役に立たない、または圧倒された感じ。意気消沈。陰うつ。自信のなさ。暗澹たる気分。精神的苦痛。惨めさ。残酷さ。悪意。誹謗中傷。悲しみ。絶望。不幸。泣き寝入り。責められる。自己嫌悪。良心の呵責。病気。手術。根拠のない不安。苦しんでいる女性。女性の健康問題。死の可能性。

誰も私を愛してくれない。すべて、私が悪い。私はだめなんだ。

状況とアドバイス Situation and Advice

ソードの9は悪夢のカードです。

このカードには、眠れずにベッドに座り、頭を抱えて絶望している人物が描かれています。
実際、あなたは何かやっかいな問題に悩んでいて、眠れなくなっているかもしれません。
誰かの悪意ある行動に苦しめられているかもしれません。恐怖、罪悪感、疑心暗鬼、根拠のない不安などにとらわれているのかもしれません。
あなたは、他人からの批判や軽蔑に過剰反応しています。
あなたが思う苦難は、光の下で見るとそれほど暗くはないかもしれません。問題と難しい決断に直面しているかもしれませんが、実際のところ、あなたが最も恐れていることが実現する可能性は少ないでしょう。
あなたが感じている苦しみは、これまでの大変な状況の余波でしかありません。
このカードは文字通り、自分の周りの女性が精神的、肉体的に苦しんでいて、あなたの助けを必要としていることを意味する場合もあります。

人 People

心配症や不安症の人。不眠症の人。病気や手術に直面している人。

逆位置

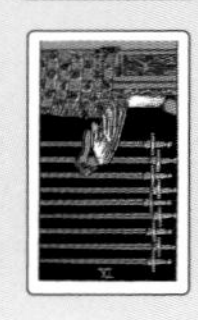

悪夢は終わった

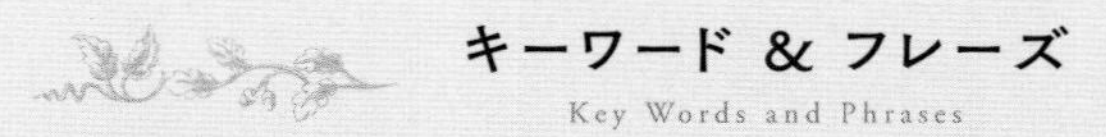

キーワード & フレーズ
Key Words and Phrases

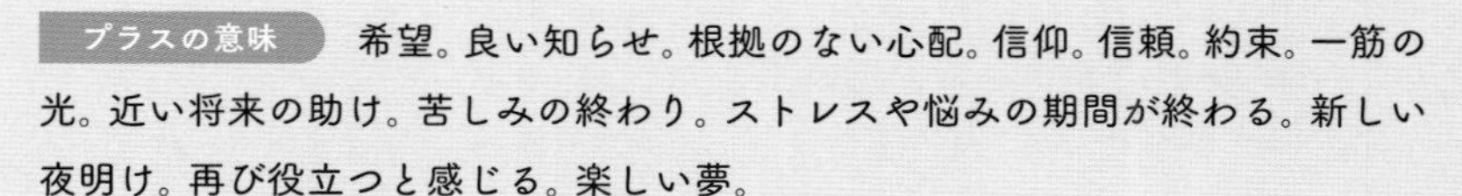

プラスの意味 希望。良い知らせ。根拠のない心配。信仰。信頼。約束。一筋の光。近い将来の助け。苦しみの終わり。ストレスや悩みの期間が終わる。新しい夜明け。再び役立つと感じる。楽しい夢。

心配することは何もない。トンネルの先には光がある。時がすべての傷を癒やす。悪夢は終わった。

明日は明日の風が吹く。
（スカーレット・オハラ）

マイナスの意味 苦難。苦悩。孤立。永続的な悲しみ。引きこもる。憂うつ。意気消沈。監禁。中傷。誹謗中傷。悪口。死別。自殺。死。施設への収容。

状況とアドバイス Situation and Advice

ポジティブな面は、逆位置でソードの9がスプレッドに現れる時には、悪夢が終わりつつあることを示します。

あなたはまだ試練の後遺症に苦しんでいるかもしれませんが、痛みはほとんど終わっています。しかし、あなたは自分の状況に、現実よりはるかに悪い想像をめぐらせています。

あなたは理由もなく心配することで、不必要に自分を動揺させています。ネガティブな思考と陰うつな雰囲気に流されてしまっているのです。

逆位置のソードの9は希望に満ちたカードで、未来への信頼と、より良い日々が待っていることを告げています。

しかし、非常にネガティブなリーディングの場合、逆位置のソードの9は、単にスプレッドの他のカードの意味を繰り返しているだけのこともあります。

あなたの落胆は長引き、深刻になっていくでしょう。病的な悩みに心を奪われ、ひどく落ち込んでしまうかもしれません。あなたは長引く悲しみと絶望の時を過ごしているのです。

とはいえ、逆位置のソードの9は通常、希望に満ちた意味を持ちます。

人 People

プラスの意味 未来への希望を新たにした人。悪夢のような状態から解放された人。

マイナスの意味 深く悲しんでいる人。死別した人。慢性的な不眠症の人。

The Minor Arcana or Pip Cards

カップの 9

Nine of Cups

願いが叶うカード

正位置

願望が成就する

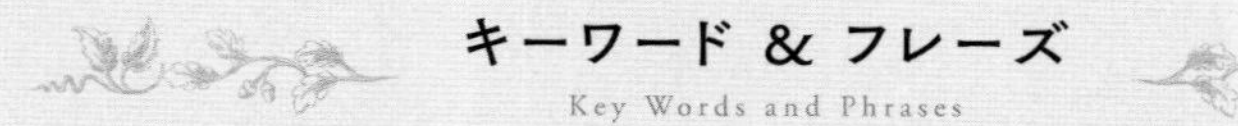
キーワード & フレーズ

Key Words and Phrases

楽しむ。充実感。喜び。満足感。快適さ。健康。幸福。豊かさ。うぬぼれ。満腹感。満足。肉体的喜び。物質的な幸福。仕事がうまくいく。経済的な幸福。ぜいたくな時間。夢の実現。希望の結婚。望んだものを手に入れる。

星に願いをかける時、あなたの夢は実現する。食べて、飲んで、騒ごう。

状況とアドバイス Situation and Advice

カップの9は、「ウィッシュカード」と呼ばれます。特に結果を表すカードとして現れる時、あなたは望むものを手に入れることができるでしょう。

このカードは、物質的な利益と物理的なぜいたくを約束するものです。満足と充足のカードですが、時にひとりよがりでぜいたくをしすぎることもあります。
このカードが現れたら、あるプロジェクトが大きな局面を終え、さらに先に進む前に十分な休暇をとる必要があることを示します。
結婚に関してのリーディングであれば、望む相手と結婚できることを意味します。

人 People

願いを叶える人。ぜいたくな暮らしをしている人。過度に甘やかされている人。楽しそうにしている人。フェアリーゴッドマザー。

逆位置

ひとりよがり

キーワード & フレーズ
Key Words and Phrases

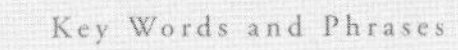

思い通りにならない。現実離れした欲望。良いことが多すぎる。快楽主義。官能的な快楽への過度の関心。不満足。虚栄心。自己満足。過食。浪費。表面的な価値感。貪欲。浅はかさ。空虚さ。経済的損失。窮乏。お金の不足。薬物やアルコールに充足感を求める。薬物乱用。飽食。自分の体を酷使する。ナルシシズムの文化。マスタベーション。欲にまみれた自己中心性。人間関係の浅はかさ。相手の立場に立つことができない。慈愛の欠如。乱用。

手に入れたら堂々と見せなさい。『マザーズ・リトル・ヘルパー』（ザ・ローリング・ストーンズの楽曲のタイトル）。私は満足できない。私たちは空虚な存在だ。食べて、飲んで楽しもう、明日は死ぬかもしれないのだから。

状況とアドバイス Situation and Advice

望むものを手に入れることが、必ずしも自分にとって良いこととは限らないということに気づくかもしれません。
時にこのカードの逆位置は、食べすぎや身体を酷使したことによる健康問題を示す場合があります。

あなたは、あまりにもひとりよがりな自己満足に浸っているかもしれません。

欲しいものは手に入らないかもしれません。

貪欲さが問題になり、経済的損失が発生する可能性もあります。

自分の欲求を満たすことに夢中になりすぎて、それが人間関係を壊す原因になるかもしれません。

私生活の隙間を埋めるために、薬物やアルコールに頼っていませんか？

あなたの快楽主義的な自分勝手さが、あなたを愛する人たちを遠ざけてしまってはいませんか？

自分よりも恵まれない人たちの窮状に目をつぶってはいませんか？

あなたの価値観は、自己満足を中心にまわりすぎてはいませんか？

あなたは、自分以外の人を気にかけることができますか？

他人の立場、特に自分よりも恵まれない人の立場に立つことができるでしょうか？

他の人はあなたの人生にどのように関わってくるでしょうか？

人 People

ひとりよがりな人。ナルシシスト。プレイボーイ。プレイガール。快楽主義者。官能主義者。

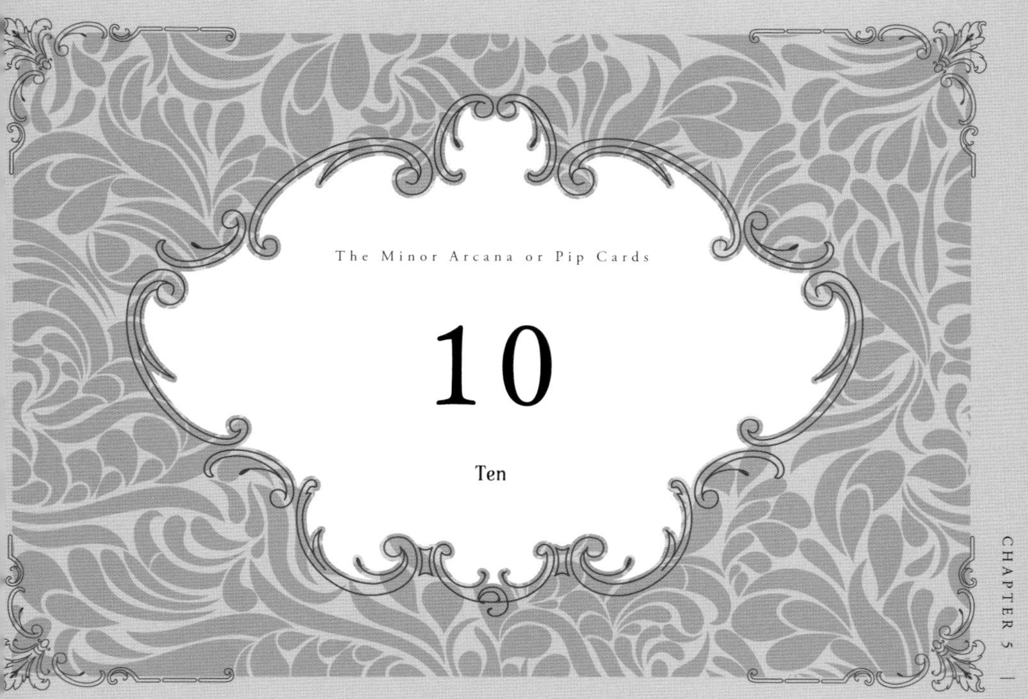

The Minor Arcana or Pip Cards

10

Ten

キーワード & フレーズ

Key Words and Phrases

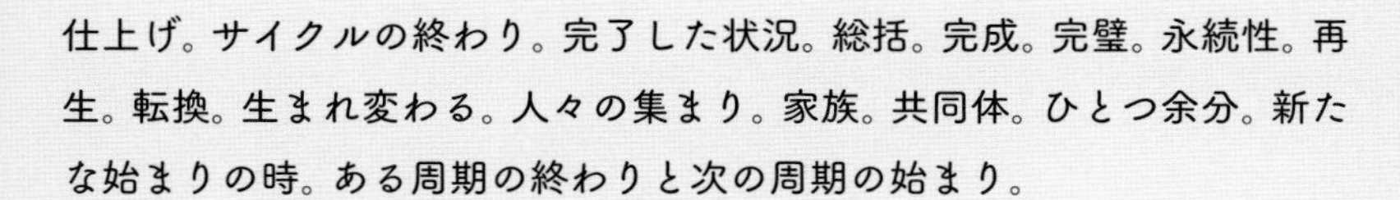

仕上げ。サイクルの終わり。完了した状況。総括。完成。完璧。永続性。再生。転換。生まれ変わる。人々の集まり。家族。共同体。ひとつ余分。新たな始まりの時。ある周期の終わりと次の周期の始まり。

最初の者は最後になり、最後の者は最初となる。あなたはとても遠くまで来てしまった。

状況とアドバイス Situation and Advice

数字の10は、大アルカナの「運命の輪」と、蠍座と第8ハウスを支配する冥王星に関連しています。

冥王星は、死と誕生、そして変容の惑星であり、成功と衰退の後に新たな成長が続くという循環的なプロセスを示します。

大アルカナの「運命の輪」と同様、冥王星は運命の転換によってもたらされる人生の大きな変化を示唆しています。

ワンドの 10

Ten of Wands

野心の重さ

正位置

成功の重荷

キーワード & フレーズ

Key Words and Phrases

重い荷物を運ぶ。仕事上のストレス。重い責任。決断力。過剰な負担。まかせることができない。こらえきれないほどの精神的負荷。全責任を負う。仕事に埋め尽くされる。プレッシャー。過度な緊張。トップの孤独。ハードワーク。過酷なプロジェクト。努力の結果、地位が向上する。過度の残業。負担が大きい。成功のための努力。過労。心配事。無理をする。抑圧。野望を達成できない。強迫観念的な行動。権力の誘惑。よく学び、よく遊べ。手に負えないことをやろうとする。ロマンチックな成熟。腰痛。筋肉と骨格の問題。椎間板ヘルニア。心臓疾患。

ちゃんとやりたいなら、自分でやる。彼は重くなんかない、私の兄弟だから（ホリーズ『兄弟の誓い』の楽曲の原題）。一人で抱えきれないほどのことを一人でやる。自分が蒔いた種。あなたの目は胃より大きい(レストランで「頼みすぎじゃない?」という意味の欲張りをたしなめる言葉)。私が仕事の全責任を取る(トルーマン元米大統領のモットー)。

状況とアドバイス Situation and Advice

あなたは今、自分の負担を背負い、多くの約束や責任を果たすために奮闘しています。あまりに多くの責任を負いすぎて、重い荷物を抱えているのかもしれません。

あなたは今、最終段階にあって、ゴールを超えるに足るエネルギーがあるだろうかと疑わしく思っています。

不当な荷物を背負ってはいますが、あなたには仕事を完成するのに十分なエネルギーがあります。成功したい、人から評価されたいという野心が、あなたを突き動かしているのです。

ただし、自分だけではすべてを行うことはできないと理解する必要があります。誰かにまかせることを学び、自分が扱える以上のことを引き受けないように。そうしないと、計画は最後まで進まないでしょう。自分の限界をよく理解する必要があります。

あなたは仕事に追われ、その負荷にプレッシャーを感じているかもしれません。

キャリア志向が強すぎることは、他の部分に支障をきたす可能性があります。あなたなしでも世界は続きます。

過労は特に、背中、背骨、心臓、筋骨格系の健康問題を引き起こす可能性があります。

人 People

極めて野心的な人。労働者。負担の大きい人。過労の人。労働組合。

逆位置

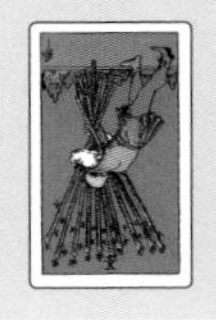

負担が軽減される

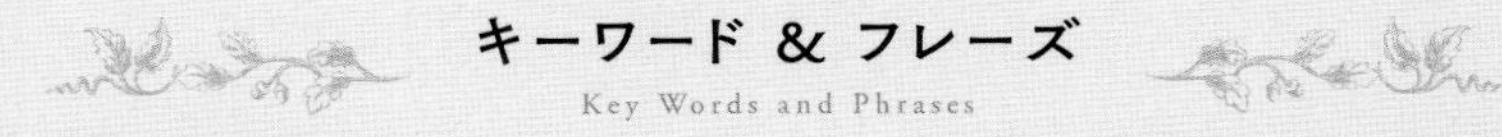

キーワード & フレーズ
Key Words and Phrases

プラスの意味 ストレスやプレッシャーからの解放。重荷を移す。賢くまかせる。

マイナスの意味 才能の誤用。過剰な野心。負担が大きすぎる。遅れ。失敗。他人の責任を引き受ける。仕事が報われない。戦利品を抱えて立ち往生する。不信感。不当な重荷を背負わされる。ねたみ。欺瞞。不正行為。力尽きる。自分に課せられた義務。道を踏みはずす。責任転嫁。他人の人生を過度にコントロールしたがる。他人の感情を害する。被害者意識を持つ。背中、心臓、筋骨格系の問題。から騒ぎ。

状況とアドバイス Situation and Advice

ポジティブな面は、重い荷が持ち上がることを意味します。

あなたはストレスやプレッシャーを感じにくくなっています。仕事を成し遂げるために、賢明にも責任を誰かにまかせることができました。

あなたの健康は、責任をより効率的に管理できるようになったことで改善しています。あなたはようやく人生に楽しみを取り戻せそうです。

ネガティブな面は、一生懸命働いたにもかかわらず、見返りとしての報酬をほとんど受け取れないことを警告しています。

誰かがあなたを操って、不当な負担を負わせた可能性があります。

あなたが負う責任は、かなり長い間、重荷に感じられてきたことでしょう。おそらくあなたは、他の人がきちんと仕事をするのを信じられず、誰かにまかせることを恐れているのでしょう。

過剰な野心に苦しんでいるのかもしれません。

健康問題は、肉体的にも精神的にも過度の緊張の結果として起こる可能性があります。

人 People

問題を起こしたり、他人に負担をかける人。

The Minor Arcana or Pip Cards

ペンタクルの10

Ten of Pentacles

物質の豊富さ

正位置

家族のサポート

キーワード & フレーズ

Key Words and Phrases

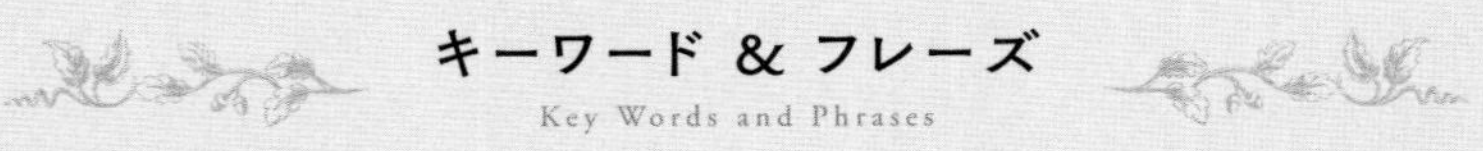

家族の強い絆。伝統。快適さ。お金。豊かさ。経済的安定。成功。安全。安定。セーフティネット。次世代育成能力。責任。経済的支援。適切なアドバイス。富の蓄積。家族の問題。先祖の絆。家系。繁栄。昇給。快適な家庭。幸福感。財産。大きな買い物や商取引。良い投資。親への心配。家族の財産。遺産。相続。年金。バトンを渡す。能力の継承。信託。認識。評判。家庭を持つ。人生の大きな転機。伝統的な生き方へのこだわり。結婚式や出産といった家族の記念日。ビジネスやお金のための結婚。お見合い結婚。会社。大企業。政府の仕事。

状況とアドバイス Situation and Advice

ペンタクルの10には、数世代にわたる家族、家庭の安泰を享受している様子が描かれています。これは、経済的安定、相続、有益な投資、家族の伝統の継承、人生の大きな転機、財産の売却や譲渡の成功、家族の健康、家族の生活基盤の確立などを示唆するポジティブなカードです。仕事もうまくいき、昇給の可能性もあります。

親の役割をする人、親友、あるいは家族があなたを助けてくれるかもしれません。

遺産や年金からお金が入ってくることがあります。

結婚や家庭を持つ可能性もあります。結婚は、家族の要求やお金、仕事と何らかの関係があるかもしれません。

あなたは、自分が大切にし、学び、稼いできたものを後世に遺したいと思っています。

大企業や政府に関わる仕事をする可能性もあります。

人 People

家族の一員。世襲による権力継承。裕福な人。

逆位置

家族の問題

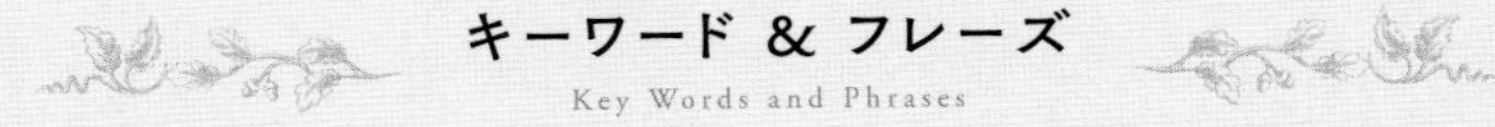

キーワード & フレーズ

Key Words and Phrases

経済的損失。ケンカ。家族の不信感。金銭問題。不安定な家計。やる気のなさ。お年寄りを心配する。親の病気。豊かさという重荷。遺産相続の問題。お金のことで家族が争う。家庭内の問題。訴訟の可能性。家族の死。大企業や政府とのトラブル。不健全な金融投機。財政の立て直し。

状況とアドバイス Situation and Advice

あなたは、自分の安全が脅かされていると感じているかもしれません。

今は、経済的リスクを冒す時ではありません。

仕事の満足度や燃え尽き症候群になる犠牲と引き換えに、収入を増やすチャンスがあるかもしれません。

しばらくの間、資金が逼迫する可能性があり、あなたは自分の財政を再構築する必要があります。生活費を稼ぐために、株、家、資産を売らなければならないかもしれません。

あなたは、親や年配の家族の健康状態が気がかりかもしれません。親が病気になったり、医療的ケアが必要となる可能性があります。

身近な人に対する責任や約束を重荷に感じているかもしれません。

年金や遺産をめぐる問題が発生する可能性があります。遺産問題で家族に争いが起こるかもしれません。

あなたは、自分の結婚やパートナー選びについて、家族から要求されることに憤りを感じるかもしれません。間違った理由で結婚を迫られていると感じるかもしれません。

不健全な金融投機は、損失につながります。大企業や政府機関との取引で問題が発生する可能性があります。

人 People

家族の問題に悩まされている人。経済的負担が大きい人。

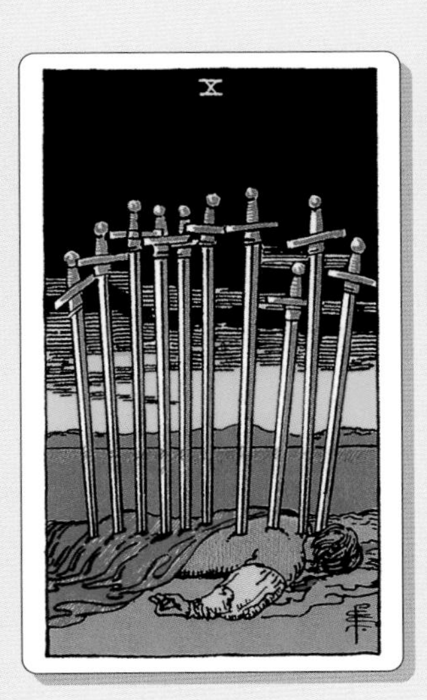

The Minor Arcana or Pip Cards

ソードの 10

Ten of Swords

取り返しのつかない結末

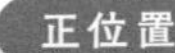

正位置

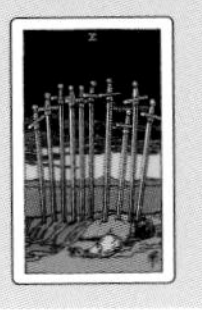

裏切られる。周期の終わり

キーワード & フレーズ
Key Words and Phrases

破滅。失敗。敗北。決定的な決裂。強制的な変化。感情的な断絶。人生を変えるような決断。ある事柄の死。悲しみの克服。死の錯覚。永続的な膠着状態。別離。苦痛。手放す時。盗難。ネガティブな思考。苦悩。不幸。憂うつ。損失。壊滅。破産。強盗。混乱。どん底に落ちる。落とし穴。災難。深刻な病気。死に直面する。危険な状況。崩壊。離婚。荒廃。苦難。危険。打撃。旅行の可能性(水上かもしれない)。医学的な理由による切断か貫通。注射。医学的な調査。

上には上がいる。一粒の麦が地に落ちて死ななければ、成長できない。

状況とアドバイス Situation and Advice

あなたはどん底にいます。計画はうまくいきません。

あなたは限界に達しています。状況や人間関係は、取り返しのつかない終わりを迎え、その喪失感からあなたはうつ状態の入り口にいるのかもしれません。できる限りのことはしたので、きちんと休むか、その結果に苦しむかの時です。

この結末は、深い喪失感と悲しみを伴うものです。感情的に断ち切られたような気分になるかもしれません。あなたは、変わらなくてはならない状況にあり、そのことに関してあなたが言葉を挟む余地はほとんどありません。

法的なこと、キャリアでの問題、重病、大事な人との別れといった喪失が起こる可能性があります。あなたは専門家の助けが必要なほど落ち込んでいますか？

終わった何かがまだあなたを悩ませているかもしれません。あなたは戦いに負けたのです。もはや存在していないことのためにできることは何もありません。ただ、夜の暗闇の後には必ず夜明けが来るということを忘れないでください。未来につながる道を開くために、死にゆく状況や間違った信念を手放さなくてはなりません。

「塔」のカードと同じように、ソードの10は、突然の明快な理解の訪れや、間違った信念の払拭を意味することがあります。

このカードで示唆される分離には、旅行（特に水上）が含まれる場合があります。

人 People

どん底に落ちた人。重大な損失を被った人。重病にかかった人。危機に瀕した人。

逆位置

最悪の事態は脱した

キーワード & フレーズ

Key Words and Phrases

プラスの意味 好転。改善。問題が軽減する。ひとつの周期が終わり、新しい周期が始まる。暗闇の谷から抜け出す。悲惨な状況を乗り切る。祈りの力。他人の助けを受け入れる。大いなる力に頼る。臨死体験。深刻な生命の危機を克服す

る。トンネルの先にある光。死や死期に関する知らせ。訃報。死からの帰還。最悪の事態は脱した。

どんな不幸にも幸いがある。

マイナスの意味 劇的変化。慢性的な長引く問題。生命に関わる病気。過去の困難の再発。崩壊。死。最悪の事態が待ち受けている。

状況とアドバイス Situation and Advice

死や深刻な病気の知らせを受け取るかもしれません。祈りや大いなる力に頼ることで、感じる痛みをいくぶんやわらげることができるかもしれません。

あなたは感情的な混乱、痛み、悲しみの時期から抜け出そうとしています。

最悪の状況は終わり、問題は解決に向かい始めています。

最近受けた痛みから、何か価値あるものが生まれてくるでしょう。この先には、改善が待っています。

あなたや身近な誰かが危機的状況を克服することができます。

人 People

生存者。長い間苦しんでいる人。死の危険にさらされている人。臨死体験をしたことがある人。

The Minor Arcana or Pip Cards

カップの10

Ten of Cups

喜び

正位置

人間関係の調和

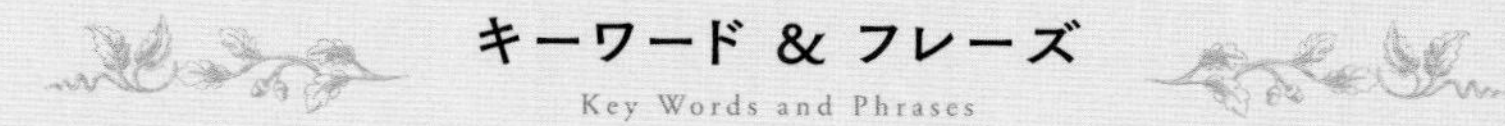

キーワード & フレーズ

Key Words and Phrases

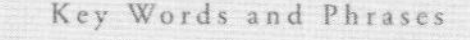

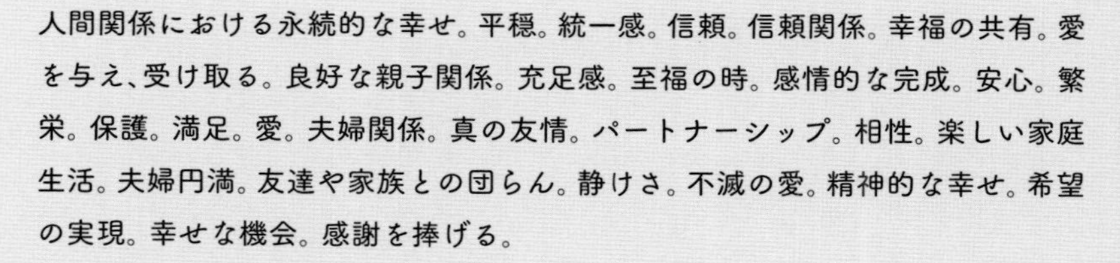

人間関係における永続的な幸せ。平穏。統一感。信頼。信頼関係。幸福の共有。愛を与え、受け取る。良好な親子関係。充足感。至福の時。感情的な完成。安心。繁栄。保護。満足。愛。夫婦関係。真の友情。パートナーシップ。相性。楽しい家庭生活。夫婦円満。友達や家族との団らん。静けさ。不滅の愛。精神的な幸せ。希望の実現。幸せな機会。感謝を捧げる。

状況とアドバイス Situation and Advice

カップの10は、愛、感情、価値感、幸福の共有、精神的成長、調和のとれた関係などの事柄について、極めて前向きな意味を持つカードで、愛情、満足、健康や幸せな家族関係を約束するものです。

まもなく、友人や家族との幸せな集まりに参加するかもしれません。
結婚について尋ねた場合、見通しは良好です。楽しい旅行の機会もありそうです。

人 People

幸せな家族。友達のグループ。愛する人。

逆位置

乱された喜び

キーワード & フレーズ

Key Words and Phrases

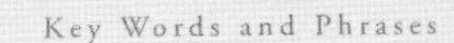

不調和。夫婦間の対立。相性の悪さ。喪失。悲しみ。不満。家族の不和。憂うつ。悲観。言い争い。不快感。傷ついた気持ち。利害の衝突。性格の不一致。がっかりする。友情の喪失。家庭生活の乱れ。思春期の危機が家庭を揺るがす。無情。思春期の反抗。不安定な家族の日常。子供からの要求。非行に走る。祝い事の中止。空(から)の巣症候群。

状況とアドバイス Situation and Advice

家族や親しい友人同士の性格の不一致によるケンカや利害衝突など、幸せな状況が乱されるようなことが起こります。
10代の子供が反抗期を迎えるかもしれません。誰かが、親しい友人や家族の生活を混乱させるようなトラブルを引き起こすかもしれません。
逆位置のカップの10は、子供が家を出ていくことを意味し、親は空の巣症候群に直面するかもしれません。

人 People

トラブルメーカー。人間関係を共有しない人。座をしらけさせる人。家を出て行く子供。家出した子供。反抗的なティーンエイジャー。孤独な親。

小アルカナ（数札）

The Minor Arcana or Pip Cards

ライダー・ウェイト＝スミス版

ワンドのA

ワンドの2

ワンドの3

ワンドの4

ワンドの5

ワンドの6

ワンドの7

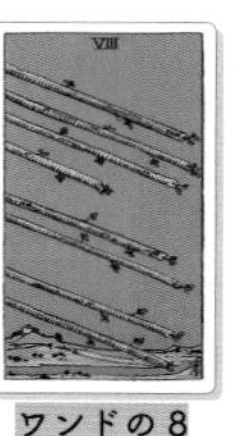
ワンドの8

ワンドの9

ワンドの10

ペンタクルのA

ペンタクルの2

ペンタクルの3

ペンタクルの4

ペンタクルの5

ペンタクルの6

ペンタクルの7

ペンタクルの8

ペンタクルの9

ペンタクルの10

ソードのA

ソードの2

ソードの3

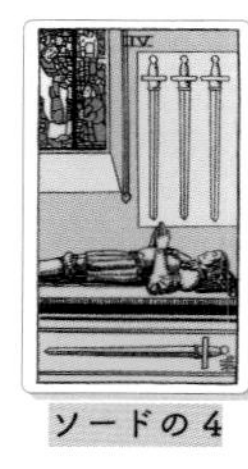
ソードの4

ソードの5

ソードの6

ソードの7

ソードの8

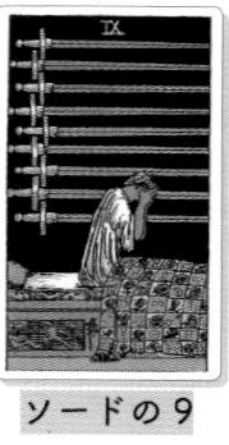
ソードの9

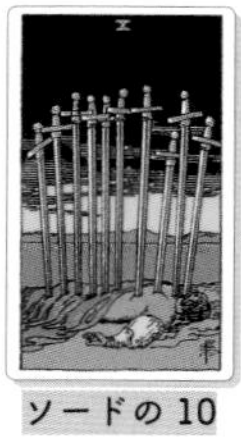
ソードの10

カップのA

カップの2

カップの3

カップの4

カップの5

カップの6

カップの7

カップの8

カップの9

カップの10

CHAPTER

6

コートカード

The Court, Royal, or Person Cards

あなた自身、
あるいは自分以外の誰か

カードに描かれた人物の性別、年齢、性格は？

コートカード（宮廷札、あるいは人物札）といわれるカードには、次のような意味があります。

◆ あなたの人生に関わる人物
◆ あなたの性格や人格のある側面
◆ あなたのアイデンティティや自己理解
◆ あなたが演じている役割
◆ 発生するイベントや状況
◆ その年の時期や季節
◆ 自分の状況に対処するためにつちかうべき資質
◆ 逆位置に出た時は、人格の影の部分や、あなたに反して動いている人

コートカードには、主に2つの基本的な解釈があります。

1つは、あなたの現状で重要なあなた自身のさまざまな側面。もう1つは、自分以外の誰かを示します。

このカードは、あなたの人生における他者との関わりについて尋ねていることを示唆しています。

リーディングでコートカードが何枚も出たら、あなたの質問には多くの人が関わっていることを意味します。

さまざまなコートカードを質問者(クライアント)の人生の特定の人物に割り当てるには、いくつかの方法があります。

1つは、4つのスートにそれぞれ占星術の星座を割り当てる方法、そしてもう1つは、年齢と身体的特徴に応じて割り当てていくことです。42ページの表中の身体的な特徴を、あくまでおおよその目安として使ってください。

この方法では、ペイジは子供、思春期の若者、かなり若い大人を表します。ナイトは、20代前半から40代くらいまでの大人、またはその年齢にしては非常に若く見える大人を表します。クイーンとキングは、40代以降の成熟した大人、または年のわりに非常に成熟した若者を指します。

コートカードの性別が、女性のクイーンや男性のキングのように特定されている場合、いくつかの解釈が可能です。

1つは、カードに描かれた人物と同性の人を表している可能性です。

たとえば、クイーンは強い女性を表し、その女性が質問者に影響を与える、というものです。

もう1つの解釈は、質問者の性格の側面を示す、というものです。

たとえば、ナイトは通常、男性を指しますが、ナイトの性質に似た女性の役割(ユング心理学では、女性の無意識人格の男性的特性)を指すこともあります。クイーンも同様で、男性にもクイーンのような特性(ユング心理学では、男性の無意識人格の女性的特性)があるので、同じことが当てはまります。

変化。メッセージ。使者。コミュニケーション。重要な知らせ。電話。手紙。情報。友達。子供たち。思春期の若者。未熟。とても若い男性と女性(20代前半まで)。若い見習い。若さゆえの無邪気さ。柔軟性。動き。人格の個性の新しい側面。形成途中の何か。成熟し、発展するために注意深く育てる必要のある状況や事業の新しい始まり。

ペイジはしばしば、何らかのコミュニケーションの受信を示します。成熟した決断をするには、より多くの情報が必要であることを示唆し、準備不足のまま行動しないように警告しています。

ペイジのカードは、子供について質問した時によく現れ、リーディングにおける、あなたが子供について考えている可能性を示唆しています。

The Court,Royal, or Person Cards

ワンドのペイジ

Page of Wands

団結心

正位置

大胆な行動。活気。良いニュース

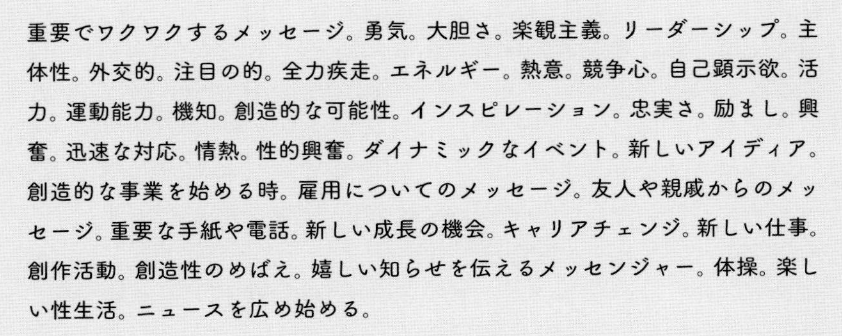

キーワード & フレーズ

Key Words and Phrases

重要でワクワクするメッセージ。勇気。大胆さ。楽観主義。リーダーシップ。主体性。外交的。注目の的。全力疾走。エネルギー。熱意。競争心。自己顕示欲。活力。運動能力。機知。創造的な可能性。インスピレーション。忠実さ。励まし。興奮。迅速な対応。情熱。性的興奮。ダイナミックなイベント。新しいアイディア。創造的な事業を始める時。雇用についてのメッセージ。友人や親戚からのメッセージ。重要な手紙や電話。新しい成長の機会。キャリアチェンジ。新しい仕事。創作活動。創造性のめばえ。嬉しい知らせを伝えるメッセンジャー。体操。楽しい性生活。ニュースを広め始める。

これは何か大きなことが起こりそう。ハートに火をつけて。

状況とアドバイス Situation and Advice

元気が出るような良いニュースや新しいチャンスが近づいています。

競争が激しくなっています。

就職面接の電話を待っているのなら、まもなくかかってくるでしょう。

あなたには多くの自由に使えるエネルギー、楽観性、意欲があります。習い事を始めるといいでしょう。

転職やキャリアチェンジが可能です。

質問が恋愛に関してなら、燃えるような情熱的な関係が期待できます。ラブレターがまもなく届くかもしれません。気分が浮き立つような官能的な経験をするかもしれません。

今こそワクワクする新たな事業を始める時です。

新しい友情や恋愛が生まれる可能性があります。

この時期に運動をすると有益です。

人 People

ワクワクするニュースを伝えるメッセンジャー。良い知らせを伝える人。楽観主義や励ましを促す人。チアリーダー。勇敢でエネルギッシュな若者。冒険好きな若者。利発でじっとしていられない子供。思春期の若者。吉報をもたらす者。情熱的な若い恋人。創造的な作家。心を動かす、または創造的な人。素早く、情熱的に反応する人。刺激的なセックスパートナー。フレンドリーでエネルギッシュな人。教師。販売員。俳優。政治家。説教者。インスピレーションを与えるスピーカー。コーチ。アスリート。パフォーマー。

逆位置

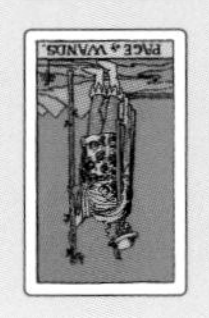

くじけそう。悪いニュース

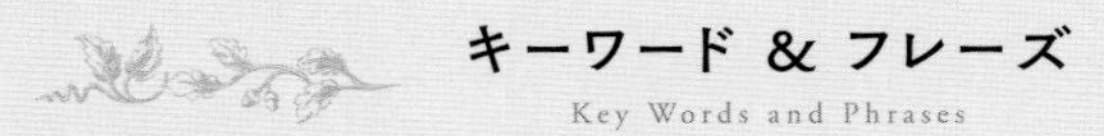

キーワード & フレーズ

Key Words and Phrases

動揺するニュース。軽率なコミュニケーション。拒絶の手紙。そっけない返答。素早い解雇。ネガティブな発言。衝動的な決定。女性から男性への縁切りを通告する手紙。失恋。歓迎されない情報。失業。誰かのあなたへの扱いにいらだちを

覚える。ネガティブな注目を集める。誇張されたうぬぼれ。行動を起こす。エネルギー不足。落胆。障害。優柔不断。散漫な考え。性的欲求不満。片思い。頼りなさ。自慢話。うわさ話。過度の脚色。傲慢。問題のある性生活。体調不良。否決多数。

あなたは私の癇(かん)に障る。別れるのがつらい。

状況とアドバイス Situation and Advice

逆位置のワンドのペイジは、動揺するニュースやネガティブなコミュニケーションを象徴しています。

誰かがあなたについて思いやりのないコメントをしています。

軽率な判断や早とちりが、あなたを困惑させるかもしれません。

あなたや周りの誰かが、散漫な、あるいは気まぐれな子供のような振る舞いをしているかもしれません。

あなたは徹底的に話し合いたいと思っているのに、素っ気なく却下され、いらだちを感じたり、憤慨したりしているかもしれません。おそらくあなたは自分が相手にされていないと感じているでしょう。

仕事やキャリアの問題が悪化する可能性がありますが、それはあなたの優柔不断さやエネルギー不足が原因かもしれません。ある種の障害があなたのエネルギーを奪っているかもしれません。

信頼やプライバシーが侵害される可能性があるので、秘密を共有している相手には注意が必要です。信頼できない、浅はかな、未熟な自慢屋に悩まされるかもしれません。

質問が恋愛であれば、うれしくない知らせを受ける可能性があります。

性的な悩みが、人間関係の邪魔になっています。

あなたが物書きの場合、原稿が出版を断られるかもしれません。

人 People

プリマドンナ。あなたの心を傷つける人。注目されることを切望する人。あなたの悪口を言う人。短気な人。無神経な人。早とちりをする人。あなたを支配しようとする人。目立ちたがり屋。手抜きをする人。信用できない人。悪い知らせを持ってくる人。浅はかで頼りにならず、押しつけがましい人。おせっかいな人。信頼できない、未熟な自慢屋。秘密を守れない人。セクシュアリティについて葛藤している人。散漫な人。

The Court,Royal, or Person Cards

ペンタクルのペイジ

Page of Pentacles

勉強熱心

正位置

わずかな経済的利益。教育

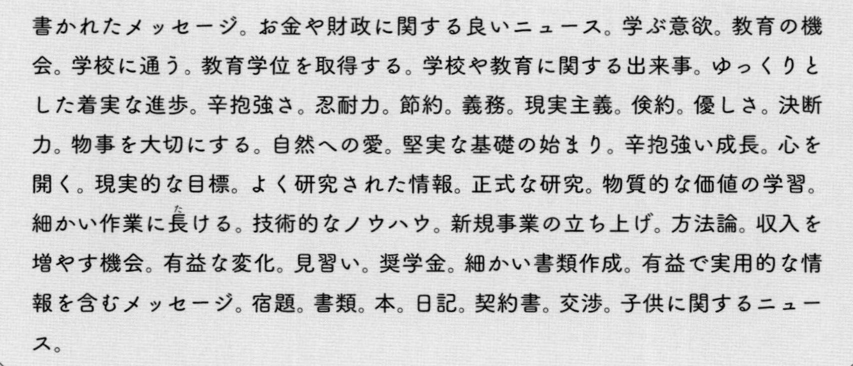

キーワード & フレーズ

Key Words and Phrases

書かれたメッセージ。お金や財政に関する良いニュース。学ぶ意欲。教育の機会。学校に通う。教育学位を取得する。学校や教育に関する出来事。ゆっくりとした着実な進歩。辛抱強さ。忍耐力。節約。義務。現実主義。倹約。優しさ。決断力。物事を大切にする。自然への愛。堅実な基礎の始まり。辛抱強い成長。心を開く。現実的な目標。よく研究された情報。正式な研究。物質的な価値の学習。細かい作業に長ける。技術的なノウハウ。新規事業の立ち上げ。方法論。収入を増やす機会。有益な変化。見習い。奨学金。細かい書類作成。有益で実用的な情報を含むメッセージ。宿題。書類。本。日記。契約書。交渉。子供に関するニュース。

状況とアドバイス Situation and Advice

まもなくお金を稼いだり、新しい事業を始める機会が訪れるかもしれません。

有利な立場に立つために下調べを怠らないようにしましょう。

あなたの学識は高く評価されるでしょう。あなたの徹底した実用性と努力は必ず報われます。小さなスタートから、ゆっくりと、しかし確実に進んでいくでしょう。

事態の進展を左右するような手紙やメモを受け取るかもしれません。

契約をかわそうとしているなら、細かいところまですべて読むようにしてください。書面でのやりとりは、慎重かつ入念に行いましょう。書類作成を伴い、細心の注意を必要とする何らかの研究に携わる可能性もあります。

この時期、教育があなたの利益になります。

ペンタクルは、物理的、物質的なニーズに対応する必要性を示しています。

人 People

静かで、思慮深い、良心的な若者。心を開いた人。学生。学者。人生において良いものを大切にする人。学ぶことをいとわない人。本好きな人。内向的な人。信頼できる友達。頼りになる人。働き者。現実的で従順で分別のある人。勤勉で親切な人。自然を愛する人。まじめな学生。研究熱心な人。コツコツ働く人。学問や物事に真剣に取り組む若者。秘書。書記。勤勉で従順な若者。商取引に携わっている人。辣腕ディーラー。

逆位置

大義なき反逆者

キーワード & フレーズ

Key Words and Phrases

予想外の出費。悪いニュース。お役所仕事。不穏な手紙。交渉の遅れ。凡庸さ。不注意。恩知らず。不利な財務報告。金銭問題。契約の難しさ。かたくなな心。非論理的。単調さ。退屈。無知。反抗的。常識の欠如。過去の失敗の繰り返し。見かけ倒しの研究。表面的な知識。物質主義。浪費。気まぐれ。怠惰。自己憐憫。憤慨。感謝の欠如。無駄。放蕩。些細なこと。妨害。自分本位。嫉妬。有益な情報を無視

する。自己批判。詳細な専門分野へのこだわり。思い上がった官僚主義。過度の順応。子供についての悪いニュース。学習障害。学校問題。教育の欠如。教育問題についての選択。流産。病気。

木を見て森を見ず。本から顔を上げよう。

状況とアドバイス Situation and Advice

細かい文字を十分注意して読まないと、困難な状況に陥ることがあります。

契約交渉でお役所仕事のような問題が発生したり、遅延する可能性があります。

経済的に不利なニュースが飛び込んでくる可能性もあります。過去の過ち(あやま)を繰り返さないように、知性と常識を使う時です。

表面的な知識に頼るのではなく、物事を徹底的に調べましょう。

衝撃的な手紙や電話を受け取るかもしれません。

自分のことばかりやっていると問題が起こるかもしれません。

目先の細かいことに気をとられている間に、全体像を見失ってしまう場合があります。

小さな健康問題が発生する可能性があります。

人 People

問題児。学習障害のある若者。非現実的な人。恩知らず。恨み深く、嫉妬深い、妨げとなる人。偏狭で利己的な技術者。下級官僚。不機嫌な若者。表面的な知識しかない人。ぜいたくすぎる人。自分を認めてくれない人。強迫観念的な性格の人。放蕩息子。病気の子供。良いアドバイスを拒否したり、反発したりする人。

The Court, Royal, or Person Cards

ソードのペイジ

Page of Swords

迅速な思考

正位置

決断力。
予期せぬ、または動揺するニュース

キーワード & フレーズ
Key Words and Phrases

強い意志。鋭い知性。鋭い洞察力。刺激的な変化。強引な、または無遠慮なコミュニケーション。好奇心。精神的な刺激。旅行。重要な情報。倫理的。公正性。毅然とした態度。思慮分別。慎重。建設的な批判。スパイ行為。外交。優れたビジネスセンス。器用。機敏。適応力。デリケートな問題に対処する能力。防御力。計画の遅れ。電話の着信。メッセージ。重要な書類。契約書や合意書。法律的な召喚状。専門家のアドバイス。抽象的な思考の始まり。紛争、病気、または争いに関するニュース。衝撃的ニュース。変化を告げるメッセージ。ありのままを伝える。素直に物を言う。

ためらう者は損をする。

状況とアドバイス Situation and Advice

ポジティブな面は、慎重さと迅速な分析、決断力が必要な状況に置かれるかもしれません。

冷静な理性に救われるかもしれません。

決断を下すのを助け、重要な情報を得るために、専門的なアドバイザーに相談する必要があるかもしれません。

契約書や同意書にサインをする前に、慎重に検討しましょう。

自分が何に身をゆだねていて、今の決断が将来どのような影響を及ぼすかをよく理解してください。危険なのは、あまりにたくさんのことを抱えすぎて、大事なことをやり残してしまうことです。

ネガティブな面は、ゴシップやうわさが重要な役割を果たすような状況に陥ってしまうことです。誰かがあなたについて悪意のある話を広めたり、誰かからあからさまな言葉の暴力を受けたりするかもしれません。

若い人の行動に動揺するかもしれません。

衝動的な知らせが届く可能性もあります。

計画が遅れることもあるでしょう。

サインしようとしている契約書の意味を、理解していない可能性があります。

若い人があなたを怒らせたり、争いを起こさせたりするかもしれません。

友人だと思っていた人がそうでなくなる可能性があります。

人 People

スパイ。早熟な若者。賢い子供。明るく元気な人。交渉者。調停人。合理的かつ冷静に争いを解決できる人。守りに入った人。精神的に俊敏で繊細な人。傲慢で計算高く、他人の気持ちを考えない人。外交的な若者。プロのアドバイザー。精神的にも肉体的にも機敏な人。伝達者。科学者。数学者。言語学者。飛行士。旅行者。

逆位置

悪意。偽善。動揺するニュース

キーワード & フレーズ

Key Words and Phrases

ゴシップ。言葉による攻撃。疑惑。狡猾。スパイ行為。詮索する。脅迫。問題。病弱。軽い病気。虚偽。誤解。中途半端。嫌味。皮肉。冷笑的な態度。鋭い言葉。苦情。法律的な召喚状。陰口。残酷。好戦的。意地悪。二枚舌。意外な行動。予測不可能。悪いニュース。計画の変更を余儀なくされる予期せぬ出来事。のぞき見。

状況とアドバイス Situation and Advice

誰かが卑怯な手段で情報を得たり、広めたりしている可能性があります。

悪意のある人が、あなたを見張っていたり、不利になるように動いたりしている可能性があります。

予期せぬ問題が表面化するかもしれません。

後で破られる約束をされるかもしれません。どんな同意書もサインする前に細かいところまで読みましょう。

誤解が生じる可能性があります。

ジョージ・ブッシュ大統領が驚異的な財政赤字に直面した時の声明を考えてみてください。「私の言葉をよく聞いてください。新税は導入しません」という彼の言葉は本当に新しい税は取らないという意味だったのでしょうか？

人 People

二枚舌のゴシップ。陰のある人。陰険な人。他人の気持ちに無関心な人。冷たく打算的な人。偽善者。ゆすり。うわさを流す悪意のある人。冷酷な人。信用できない人。非行少年。攻撃的な子供。賢い若者。気分の悪い人。思いがけない行動をする若者。スパイ。こそこそと行動する、または暗躍する人。うさんくさい、ずるい人。

The Court, Royal, or Person Cards

カップのペイジ

Page of Cups

新しい感情の誕生

正位置

友情の始まり。招待状

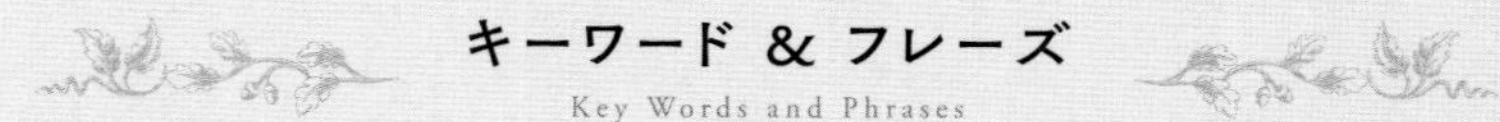

キーワード & フレーズ

Key Words and Phrases

感情的な感受性の高まり。社会的な招待。愛。暖かさ。魅力。心地よさ。優しさ。創造性の始まり。感情についての議論。優しい感情。関係の新しい局面。クリエイティブな想像力。静かな研究。直観力。想像力。インスピレーション。内向性。霊的な能力。友好。思いやり。友人からのインスピレーション。出産や結婚といった嬉しい感動的な出来事に関するニュース。ラブレター。新しい感情。情緒の新しい発達段階。隠れた才能の出現。芸術的な能力。斬新な計画。美的感覚。良いアイディア。重要なメッセージ。新しいプロジェクトの立ち上げ。友達との連絡。孤独な作業。教える。研修。教育。子供。同性愛者。

状況とアドバイス Situation and Advice

あなたはまもなく、子供の誕生、結婚式の予定、婚約など、嬉しい感情的なニュースを受け取るでしょう。

あなたは、新しい感情や態度の時期、感情的な再生の時期に突入しています。感情的なつながりを新たにしたり、新しい関係を始めるかもしれません。感情的な成長の新たな段階に入り、もう一度信用することを学ぶ必要があります。

思慮深く、繊細な若者が良い知らせをもたらし、あなたを驚かせるかもしれません。

あなたは新たな感情の発達、感受性、成熟の時期を迎えています。

新しい仕事を始めるなら、感情的な問題に注意することが必要かもしれません。

子供たちが、あなたの現在、またはこれからの人生に重要な役割を果たすかもしれません。

カップはまた、状況に影響を与える同性愛者を表すこともあります。

人 People

愛情深い子供。穏やかで芸術的な若者。同性愛者。あなたを助けたり慰めたりする人。芸術家。詩人。教師。教育者。友好的で親切な人。敏感で思慮深く、内向的で、協力的で、静かで、夢見がちで、想像力の豊かな、精神的で、感情的で、または依存心の強い若者。瞑想する人。幸運をもたらす人。優しく、愛情深く、攻撃的でない、受動的な若者。学生。トレーナー。独学で学ぶ人。心の問題を学ぶことに興味がある人。若い友人。

逆位置

軽薄さ。
甘やかされた子供

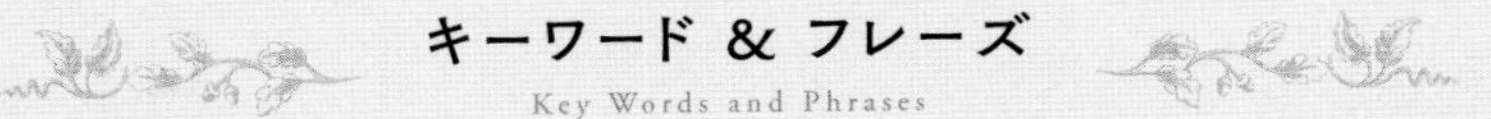

キーワード & フレーズ
Key Words and Phrases

感情的な未熟さ。不安。不幸。ファンタジーの世界に生きている。空想。現実逃避。孤立。浅はかさ。気まぐれ。怠惰。脱落。無責任。乱暴。常識の欠如。混乱した思考。欺瞞が明るみに出る。軽薄さ。将来設計の失敗。不快感。無気力。不幸な子供。大事なものを無用なものと一緒に捨てる 。衰退していく関係。社会的な交流の減少。薬物やアルコールの問題。

状況とアドバイス Situation and Advice

あなたは、子供の精神状態について心配しているかもしれません。おそらく、わが子を甘やかした結果、あるいは自分自身が甘やかされて育った子供であることを目の当たりにしているのでしょう。

あなたの気まぐれ、規律のなさ、怠慢、献身性のなさなどが困難を引き起こしている可能性があります。何らかの理由で、自分の能力を発揮できなかったり、才能を生かしきれていません。

あなたの軽率な態度が問題かもしれません。夢のような話に時間とエネルギーを浪費し、非現実的な世界に生きている可能性があります。

時にこのカードは、薬物やアルコールによる現実逃避を警告することもあります。

人間関係が悪化し、社会的な活動が明確に減っているかもしれません。

直観の重要なひらめきを無視している可能性があります。

人 People

甘やかされた子供。薬物やアルコール依存症の人。空想の世界に住んでいる人。夢想家。空想家。散漫な人。思想が混乱した人。軽薄で未熟な若者。順調な時だけの友人。不幸な子供。成績の悪い学生。落ちこぼれ。明日の計画を立てない人。情緒不安定な若者。親が離婚した子供。傷ついた気持ちを晴らすために悪意のあるゴシップを広める人。怠惰でわがままな人。

The Court,Royal or Person Cards

ナイト

Knight

王子様　息子たち

これから起こる重要なこと。新しい人や経験があなたの人生に入り込む。物事の来訪と消滅。落ち着きのなさ。エネルギー。強さ。建設的な力。勇気。変化しやすい。動き。推進力。行動力。疾走感。戦闘態勢。知識の探求。学校、大学、単科大学を含む状況。

エネルギッシュな若者。成熟した青年。10代後半から30代半ばまでの若い男性。活動的な男性。チャンピオン。探求者。輝く鎧をまとった騎士。

The Court,Royal, or Person Cards

ワンドのナイト

Knight of Wands

困難からの脱出

正位置

もうすぐ事態は変わる。創造的なエネルギー

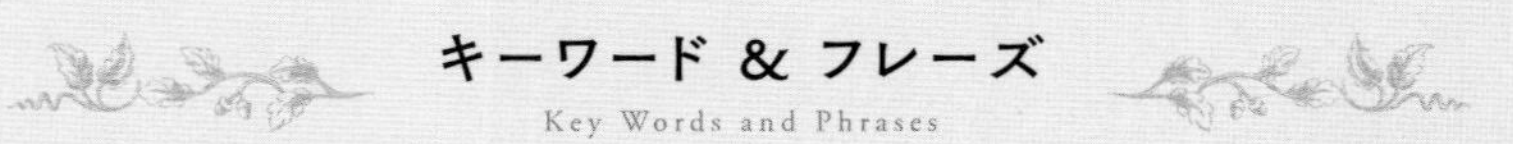

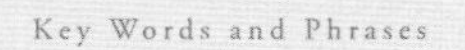

キーワード & フレーズ

Key Words and Phrases

企業に関する重要な出来事。新しい人々。新しいアイディアや経験。衝動的な行動。落ち着きたくない。重要な訪問者。出張。絶え間ない運動。環境の変化。慣習からの脱却。迅速な決定。速やかな行動。急ぎ。冒険。チャレンジ。野心。カリスマ。エネルギー。楽しいことが好き。ユーモアのセンス。熱意。楽観。興奮。寛容。スポーツ好き。競技活動。自信。理念。展望。突然の出発。移転。フライト。移動。遠ざかる。水上の旅行。旅。新しい仕事。休暇。性的な冒険。

状況とアドバイス Situation and Advice

変化が起きています。あなたの人生に大変重要なことが浮上してきています。

あなたは創造的なプロジェクトや仕事関係の長旅に乗り出そうとしているのかもしれません。
あなたの目的は、抑圧的な人や状況から抜け出すことかもしれません。
重要な状況に入ろうとしているか、抜け出そうとしています。
遠方にいる大切な人が、あなたの人生で重要な役割を果たすかもしれません。
おそらくあなたは仕事か住居を変えようとしています。
あなたの熱意と自信が重要な目標を達成するのに役立つでしょう。
誰かがあなたに役立つビジネスのアイディアを提案してくれるかもしれません。
休暇をとろうとしている人は、とても楽しい休日を過ごせるでしょう。
ロマンチックな関係が花開き、ワクワクするようなセックスライフが期待できます。
あなたはエネルギーと熱意に満ちあふれています。

人 People

旅人。交渉者。討論者。移動する人。競争者。個人主義者。アクティブで情熱的で精力的な人。生きることを楽しんでいる人。迅速かつ敢然と行動する気性の激しい若者。落ち着きを求めていない人。新しいプロジェクトに関わっている人。ユーモアのセンスがある人。急いでいる人。楽しいことが大好きな人。多趣味で気晴らしが好きなため、なかなか専念できない人。スポーツマン。挑戦が好きな人。気分を浮きたたせるような恋人。「ウサギとカメ」のウサギ。

逆位置

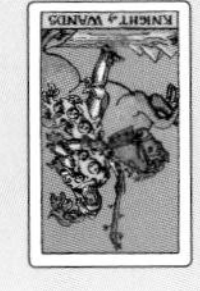

焦り

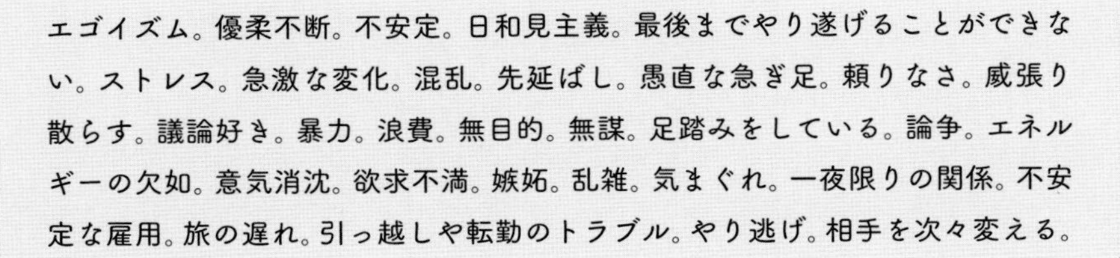

キーワード & フレーズ

Key Words and Phrases

エゴイズム。優柔不断。不安定。日和見主義。最後までやり遂げることができない。ストレス。急激な変化。混乱。先延ばし。愚直な急ぎ足。頼りなさ。威張り散らす。議論好き。暴力。浪費。無目的。無謀。足踏みをしている。論争。エネルギーの欠如。意気消沈。欲求不満。嫉妬。乱雑。気まぐれ。一夜限りの関係。不安定な雇用。旅の遅れ。引っ越しや転勤のトラブル。やり逃げ。相手を次々変える。

状況とアドバイス Situation and Advice

あなたの急ぎすぎと、最後までやり遂げないことが問題を引き起こしているかもしれません。

雇用や他のプロジェクトが不安定になる可能性があります。

また、人生の急激な変化にストレスを感じているかもしれません。

無責任で強引、横暴で議論好き、あるいは軽率な行動は、周囲の人を遠ざけ、事態をさらに悪化させるだけです。

あなたが交際を申し込んだ場合、相手はひたむきさに問題があり、性的な目新しさにしか興味がない可能性があります。

人 People

ウソつき。日和見主義者。風まかせの人。魅力的だが信用できない人。論議好きな若者。争いを好む人。偏屈な人。相手を選ばない人。約束は多いが実現しない人。あてにならない、無責任な人。放浪者。ジゴロ。

The Court, Royal, or Person Cards

ペンタクルのナイト

Knight of Pentacles

ゆっくりと着実な進歩

正位置

目に見える進歩

キーワード & フレーズ

Key Words and Phrases

重要な懸念に関する重大な出来事。新しい人々。新しい経験。常識。財務の改善。出張。賢明な行動。勤勉。信頼性。辛抱。忍耐力。保守的な手段。予想外の資金源や収入源。実用性。慣習。賢い。差別。徹底。信頼。安全。実践的なノウハウ。計画的な仕事。細部へのこだわり。注意力。冷静。親切。忠実。真面目。忠誠心。思慮深さ。思いやり。サービス。仕事熱心。単純な性格。動物や自然を愛する。努力家。綿密な計画が功を奏す。単純な喜びを楽しむ。普及。

私の言葉は黄金に値する。ゆっくりと、しかし確実に。時間がすべての傷を癒やす。用心に越したことはない。親しき中にも礼儀あり。

状況とアドバイス Situation and Advice

おそらくあなたは雇用、財産問題、経済的な安定に関する問題についてカードに相談したかもしれません。

あなたは新しい、または思いがけない豊かさの源泉を手に入れようとしているかもしれません。さまざまなところからお金が入る可能性があります。

長く続けてきた事業が良い結果を生むでしょう。

ゆっくりと着実に前進することで、成功が約束されます。

あなたの勤勉でまじめな仕事ぶりが報われます。忠実な友達が助けてくれるかもしれませんし、あなたが他の人に奉仕することもあるでしょう。

ビジネスで出張することもあるでしょう。

財産や不動産に関することはうまくいきます。

質問が家庭を築くことなら、ペンタクルのナイトは繁殖への欲求と能力を示しています。

あなたの性格の一面を表しているとすれば、あなたは他人の気持ちより、目に見える結果に興味があるかもしれません。

恋愛に関する質問であれば、誠実な恋人との安定した関係が期待できます。

人 People

思慮深く、良心的で、信頼できる人。会計士。金融マネジャー。商人。職人。機械工。産業界で働く人。エンジニア。数学者。出張者。土地の所有者、管理者または開発者。温和で勤勉な人。手先が器用な人。信頼できる、辛抱強く、伝統的で勤勉な人。まじめで几帳面な人。仕事一筋で他人の感情に無関心な人。忠実な友人。目的に向かって辛抱強く努力する人。自然や動物が好きな人。獣医師。子供が好きな人。想像力に欠ける人。農家。アウトドア好き。親切で忠実な恋人。「ウサギとカメ」のカメ。

逆位置

経済的な不安

キーワード & フレーズ

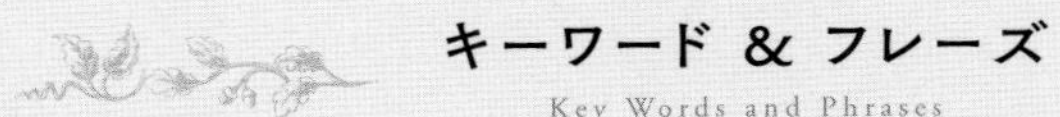

Key Words and Phrases

貪欲。金銭問題。ビジネスの遅れ。不誠実な金融取引。低賃金。行き詰まり。鈍さ。停滞。インスピレーションの欠如。無気力。怠慢。重苦しさ。退屈。不注意。卑屈。無責任。浪費。計画性のなさ。膠着。進歩のなさ。急ぐ。障害。焦り。散乱したエネルギー。憂うつ。不満足。無関心。弱点。自己満足。臆病。過度の保守主義。惰性。賢明なリスクを取ることを拒否する。非倫理的な金融取引。

人生を取り戻せ。

状況とアドバイス Situation and Advice

今のあなたには覇気がなく、ある種の行き詰まりを感じています。おそらくあなたは保守的になりすぎているか、もはや効果のない時代遅れの方法に固執しているのでしょう。

質問が財政に関する事柄なら、今は金銭的な事柄が障害になっています。もしかしたら給与が安かったり、仕事に対する報酬が少なすぎる可能性があります。

恋愛は、退屈で活気がないと感じている可能性があります。

無気力や落ち込みが人生を楽しむことを邪魔しています。

人 People

怠け者。退屈で頭の悪い人。浪費家。不誠実な金融取引に従事している人。まったく働かなかったり、他人の努力のおかげで生きている人。不良債権に巻き込まれる可能性のある無責任な人。あまりにせっかちで、ミスをする人。貪欲で意地悪で強欲な人。自信がなく、覇気に欠ける、自己満足な人。

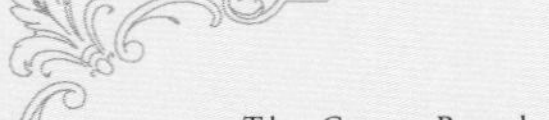

The Court,Royal, or Person Cards

ソードのナイト

Knight of Swords

急な出入り

正位置

率直さ。急な変化

キーワード & フレーズ

Key Words and Phrases

予期せぬ事態。知性や葛藤の問題に関連する重要な出来事。新しい人々。新しい経験。迅速または衝動的な行動。迅速な解決。精神的な刺激。リーダーシップ。野心。自信。怖いもの知らず。自信に満ちた態度。積極性。決断力のある行動。説得力。新しいアイディア。知性の力。精神的な課題。専門的なアドバイス。分析的な問題解決能力。落ち着きのなさ。多様性。汎用性。変幻自在なエネルギー。コミュニケーション。強さ。武力行使。勇敢な行為。勇気。一心不乱。毅然とした態度。困難な時期の保護。

状況とアドバイス Situation and Advice

熱狂と興奮を伴う対立状況にいますが、それはあなたの人生からあっという間に混沌として過ぎ去っていくだけです。活動的に動き回ることが期待できます。
ソードは迅速かつ断固とした行動をとる必要がある闘争や競争の時期を告げることがよくあります。
強く、積極的で、勇敢な若者が、あなたを守ってくれるかもしれません。
本気で取り組めば、目標に向かって着実に努力することができます。
今は心よりも頭で考えるべき時です。強さと決断力、そして頭をしっかり働かせて、状況に臨みましょう。
専門家のアドバイスが成功の鍵を握っています。
ソードのナイトは、感情をコントロールするのが難しく、恋愛関係にはあまり良い影響を与えません。
ソードのナイトはまた、衝動的で軽率な行動を避けるよう警告を発しています。

人 People

チャンピオン。リーダー。強く、強引で頑固な人。決断力のある人。欲しいものを手に入れる人。プロのアドバイザー。賢い若者。弁護士。法の執行に携わる人。エンジニア。コミュニケーター。知的な職業に携わる人。エコノミスト。技術的な専門知識を持っている人。威圧的で、攻撃的で、支配的でせっかちな人。強く、頼もしく、親切で勇敢な若者。知識人。争いに巻き込まれる人。聡明で仕事で成功しているが、目標を達成するためには、やや冷酷で利己的な人。自己中心的で無神経な若者。賢く、活発な人。感情より思考を重んじている人。

逆位置

トラブル。
すぐに退場

キーワード & フレーズ
Key Words and Phrases

動揺。辛辣な言葉。残酷な行動。うぬぼれ。自慢屋。不正。悪い判断。衝動性。過剰な焦り。軽率な行動。突然の失踪。急な出発。先入観。ケンカ。わがまま。いらだち。悪いアドバイス。勇み足。強引さ。えらそうな態度。偏見。卑怯。対立。意見の相違。急ぎすぎるペース。散漫な思考。無秩序な行動。集中力の欠如。無遠慮で無益な助言。浪費。皮肉。ずる賢さ。偽り。好戦的。過剰な力。いじめ。暴力。

ごまかし。鳴かず飛ばずの時期。

困難な状況に陥った時、私は立ち上がる。蜂蜜よりも酢でハエを捕まえようとすること。

状況とアドバイス Situation and Advice

今は新しいプロジェクトを始める時ではありません。あなたの計画に積極的に反対したり、動揺させたりする人がいるかもしれません。

皮肉な言葉は、周りの人を遠ざけるだけです。

人や状況が突然、前触れもなく、あなたから去っていくかもしれません。

あなたの人生において重要な人物が予期せぬ形で去っていくかもしれません。

考えが散漫になっていて、焦点が定まらないでしょう。

我慢強くなる必要があり、そうでないとケンカになるかもしれません。

手厳しい言葉や衝動的な決断は避けるべきです。

誰かが利己的な理由であなたをいじめようとしているか、あなた自身の独裁的なふるまいが問題を引き起こす可能性があります。

人 People

威張っている人。偏屈な人。独裁者。他人を顧みず、自分のことしか考えない人。すぐ逃げ出す人。トラブルメーカー。攻撃的な若者。アンバランスで未熟な人。敵。いじめっ子。ゴシップ。あなたの計画に反対し、邪魔をする人。知ったかぶりをする人。頑固で好戦的、無礼で生意気な若者。ずる賢い、こそこそする人。散漫な人。暴力的な人。

The Court,Royal, or Person Cards

カップのナイト

Knight of Cups

新しい関係

正位置

ロマンス。
芸術的才能

キーワード & フレーズ

Key Words and Phrases

人間関係や心の悩みに関わる重要な出来事。新しい経験。社会的な誘い。友人との休日。提案。オファー。新しい機会。新しい恋。誘惑。想像力。感性。芸術。音楽。ダンス。夢。直観力。優しさ。共感。思いやり。夢を追う。楽観的な考え。恵まれない人への思いやり。気まぐれ。ナルシシズム。魅力的なオファー。ユートピア的理想主義。プロポーズ。不可能な夢を見ること。至福の時を追い求めること。

状況とアドバイス Situation and Advice

新しい出会いで恋に落ちたり、新しい感動を与えてくれる人が現れるかもしれません
また、抗(あらが)いがたい申し出があるかもしれません。
友達と一緒に休暇をすごすことになるかもしれません。

近い将来、新しい関係のお誘いやチャンスがあるでしょう。
安易に人に流されないよう、自分の気持ちを大事にしてください。
今のあなたの最大の武器は、優しさと感受性、そして理想主義です。

人 People

ロマンチックな若い男性。理想主義者。夢想家。負け犬の王者。恋人。洗練された、芸術的で直感的な人。ダンサー。ミュージシャン。芸術家。サイキック。セラピスト。心理学者。カウンセラー。販売員。他人に影響されやすい受け身な人。情緒的な人。あなたの人生に愛をもたらすロマンチックな人。愛人。誘惑する人。女たらし。あなたの理想の男性または女性。新しいアイディアや提案に満ちた、愛想のいい知的な若者。ロミオとジュリエット。

逆位置

トリッキーなカード

キーワード & フレーズ

Key Words and Phrases

信頼できない。錯覚。現実逃避。ウソ。半信半疑。策略。無責任。誇張された物語。空想。ペテン。人を操る。誘惑。不正行為。弱みを握る。横領。未熟さ。不誠実。お世辞。卑屈。あいまいさ。気まぐれ。関与への不安。矛盾。受動性。いくじのない。過度のナルシシズム。受動的で攻撃的な特徴。不安定。真実をありのままに話さない。現実主義の欠如。

物事は見かけによらない。

状況とアドバイス Situation and Advice

あまりにも良すぎるオファーを受けるかもしれません。おそらく誰かがあなたにウソをついているのでしょう。
詳細をよく確認し、書かれたものには細部まですべて目を通しましょう。さもないと決断を後悔することになりかねません。

あまりに受け身になりすぎて、他人に簡単に影響されないようにしましょう。惑わされる危険があります。公平な第三者から適切なアドバイスを受けてください。

愛する人から反対されるかもしれません。

だまされたり詐欺にひっかかったりしないように注意しましょう。

人 People

弱者。ゴマすり。おべっか使い。浮気をする恋人。詐欺師。わざとあいまいにしたり、真実をすべて語らなかったりして、あなたを惑わせる人。ウソつきの常習犯。未熟で怠惰な人。どうしようもないロマンチスト。自己愛が強く、受け身で攻撃的な人。自信がなく、自分の行動に責任が持てない人。アイデンティティが脆弱で個人的な境界線があいまいな人。卑屈な人。媚びへつらう人。

クイーンは、あなたの人生に実在する女性と、あなたの人格のさまざまな側面の両方を表しています。彼女たちは母親のような存在で、しばしば、ある種の権威や個人的な力を持つ成熟した女性を象徴しています。
また、女王が示す性格的特徴、たとえば、創造性、自然愛、思いやり、子供への愛情などを共有する男性を表すこともあります。

ペイジやナイトのように状況を示すことはあまりありません。
クイーンはまた、理解や認識の新しいレベルを表すこともあります。

リーディングで複数のクイーンが出てくる場合は、女性が多い会合や集まりを意味することがあります。

The Court,Roya,l or Person Cards

ワンドのクイーン

Queen of Wands

キャリアウーマン

正位置

家庭とキャリアの両立

キーワード & フレーズ

Key Words and Phrases

家庭生活の女王。生きる喜び(人生への愛)。威厳。支配力。野心、注目の的。社会的地位。人気者。セックス好き。自己主張。自己顕示欲。能力。指導力。ビジネスセンスがある。多才。疲れ知らず。情熱。温かみ。快活さ。勇気。事業。自信。洞察力。魅力的で惹かれる成熟した女性。事業の成功。家庭を大切にする。独立した考え。寛容。自然への愛。ポジティブシンキングの力。

状況とアドバイス Situation and Advice

魅力的で賢明な女性が、良いアドバイスをくれるかもしれません。

ワンドのクイーンのエネルギー、独立した考え、優しさ、寛大さは、彼女が始めたどんな事業も成功させることを約束します。

彼女はビジネスに長けたキャリア志向の女性で、同時にパーティーの中心的存在でもあります。

この外交的な女王は、健全で活発な競争を楽しんでいます。彼女の有能で確信を持った雰囲気は、他の人を自分の味方に引き入れてしまいます。

人 People

冒険好きな女性。キャリア志向の女性。仕事仲間。社会的地位のある独身女性。女性の上司や管理者。分別ある成熟した親切な女性。指揮をとる女性。自分や友人の利益を守る守銭奴。活気に満ちた、エネルギッシュで楽しいことが大好きな自己主張の強い女性。起業家。多くのプロジェクトに関わる女性。献身的な妻であり、母。エネルギーと情熱にあふれ、家庭をうまく切り盛りしながらも外の世界での関心を追求する既婚女性。人望が厚く、親切な友人。自分の支持者を擁護する、率直で機知に富み、時に辛辣で攻撃的な女性。親切で忠実、寛大で、自信があり、競争心が強く、仕事や注目の的になることを楽しみ、また、家庭や家族の生活を大切にする女性。田舎の女性。

逆位置

女性性の影の部分

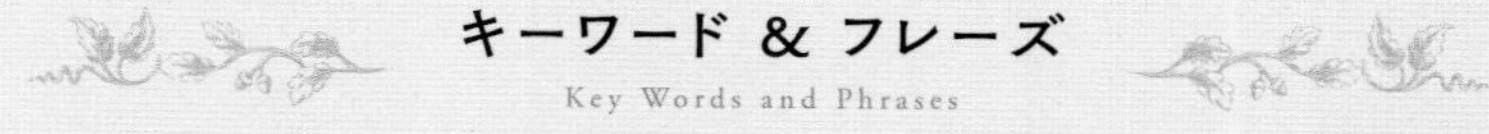

キーワード & フレーズ

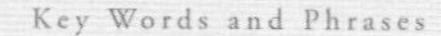

Key Words and Phrases

エゴイズム。狭量。際限のない野心。嫉妬。要求の多さ。冷酷な競争。ペテン。ねたみ。不機嫌。操作。誘惑。ウソ。厳格さ。支配。無秩序。不貞行為。信用できない。苦味。自己中心的。感情的な脅迫。干渉。パラノイア（妄想症）。いらだち。男性権力への憎悪。神経症。うまくいかないフェミニズム。ペニスへの羨望。目的が手段を正当化する。

状況とアドバイス Situation and Advice

神経質で堅苦しく、融通のきかない女性が、自分の思い通りにしようと主張することで、あなたの計画を邪魔することがあります。この冷酷で野心的な女性は、自分の欲しいものを手に入れるためなら手段を選びません。

あなたや身近な誰かが、他人の自立への取り組みを阻むために心理的なおどしに走っている可能性があります。

余計なことに首を突っ込まないように注意しましょう。

自分の価値観を周りに押し付けないように気をつけてください。

人 People

自分のやり方を強要し、神経質なこだわりを捨てられない、頑固で気難しい女性。きわめてビジネスライクな人。支配的で辛辣で厳しい、それでいて浮気する可能性のある女性。他人に干渉する人。忙しい人。聞き分けの悪い人。自分が間違っていても自分はつねに正しいと言う人。自分の価値観を他人に押し付けようとする、堅物で道徳的な人。

The Court,Royal, or Person Cards

ペンタクルのクイーン

Queen of Pentacles

実践的な経営者

正位置

賢明なアプローチ

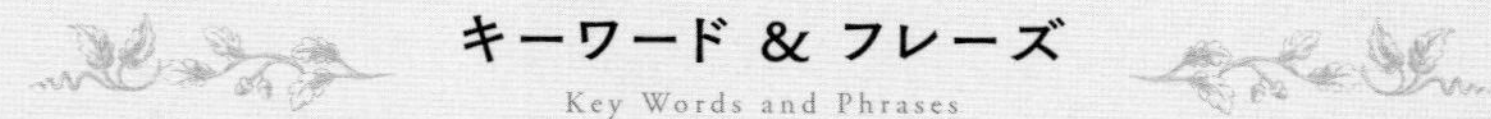

キーワード & フレーズ

Key Words and Phrases

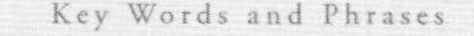

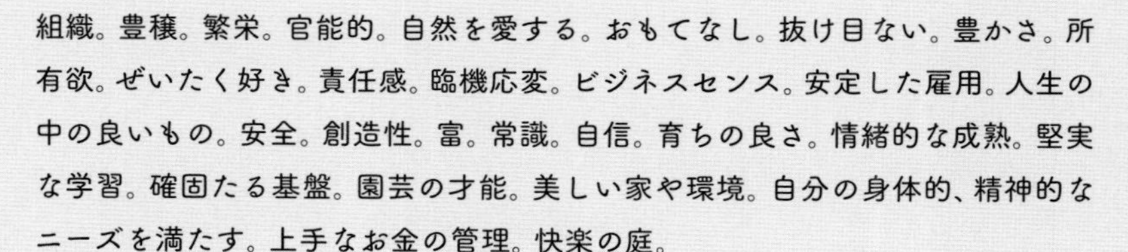

組織。豊穣。繁栄。官能的。自然を愛する。おもてなし。抜け目ない。豊かさ。所有欲。ぜいたく好き。責任感。臨機応変。ビジネスセンス。安定した雇用。人生の中の良いもの。安全。創造性。富。常識。自信。育ちの良さ。情緒的な成熟。堅実な学習。確固たる基盤。園芸の才能。美しい家や環境。自分の身体的、精神的なニーズを満たす。上手なお金の管理。快楽の庭。

状況とアドバイス Situation and Advice

このカードは、ビジネスや経済面での成功を示します。
賢明で実用的なやり方が着実な進展をもたらすでしょう。
ペンタクルのクイーンは、豊穣や妊娠の可能性を示すことがあります。

物質的な豊かさや官能的な喜びを示すカードです。

辣腕の女性実業家と取引するかもしれませんし、自分自身の問題に現実的で保守的な手段を使うこともあるでしょう。

人 People

女性実業家。優れた組織者。官能的な女性。 賢く、才能があり、創造的な富裕層の女性。芸術のパトロン。人生における楽しみを見つけた人。ビジネスセンスのある現実的な女性。賢明な金融マネジャー。母性的で慈愛に満ちた実直な人。他人の福祉に関心がある人。母であり、ビジネスウーマンでもある有能な女性。ぜいたくを好み、物質的な価値観に長けた有能で感覚的な女性。物質的な成功のために懸命に働く人。親切な友人。チームワークを大切にする人。女性の後援者。博愛主義者。提供者。富を見せびらかしたがる女性。

逆位置

貪欲

キーワード & フレーズ
Key Words and Phrases

陰険。無責任。常識の欠如。停滞。動揺。不信感。疑念。わがまま。狭量な心。権利意識。誇示散財。無駄遣い。金銭問題。虚勢を張る。自己顕示欲。もったいぶる。強欲。財政的な無謀さ。怠惰。依存心。失敗への恐れ。不安。不安定。恐怖。自己不信。やる気のなさ。性的欲求不満。浪費ぐせ。金銭管理が下手。自慢好きで目立ちたがり屋。過度の甘やかし。

状況とアドバイス Situation and Advice

気取った不幸せな女性が問題を起こしている可能性があります。

あなたや周りの誰かが、本当に価値あるものではなく、外見を気にしすぎています。

貪欲さや金銭的な無責任さが問題を引き起こしているかもしれません。

あなたは目標を達成するのに必要な資金を十分に持ち合わせていないかもしれません。

恐怖心と自信のなさが不安へとつながり、前進を妨げている可能性があります。

ジョン・F・ケネディの有名な言葉を借りれば、「あなたが国のために何ができるか」ではなく、「国があなたのために何をしてくれるのか」に焦点を当てているのかもしれません。

人 People

ケチで心の狭い女性。不安定で心もとない女性。怖がりな人。大食漢。取るだけ取って、見返りの少ない人。不機嫌で憂うつな女性。怠惰で疑り深く、不信感を抱き、やる気がなく、不安で自分の責任をおろそかにしている人。浪費家。ぜいたくな人。常識のない人。貪欲で強欲な人。権利意識の強い人。有名人の知り合い気取り。ステイタスを求める人。金の亡者。他人の苦しみをほとんど気にせず、自分の富を誇示する派手な女性。

The Court,Royal, or Person Cards

ソードのクイーン

Queen of Swords

知的で孤独

正位置

一人でいる女性。感情より、思考を優先する

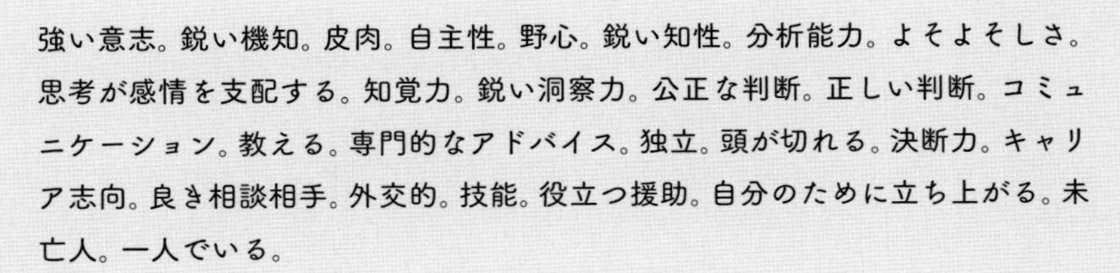

キーワード ＆ フレーズ

Key Words and Phrases

強い意志。鋭い機知。皮肉。自主性。野心。鋭い知性。分析能力。よそよそしさ。思考が感情を支配する。知覚力。鋭い洞察力。公正な判断。正しい判断。コミュニケーション。教える。専門的なアドバイス。独立。頭が切れる。決断力。キャリア志向。良き相談相手。外交的。技能。役立つ援助。自分のために立ち上がる。未亡人。一人でいる。

私はそれほど世間知らずではない。

状況とアドバイス Situation and Advice

このカードは、「独り立ち」という意味です。自律性、超然とした態度、独立が重要なテーマです。

今は自分のために立ち上がり、自分の望みやニーズを明確にすべき時です。

あなたは孤独な時期に自立することを学んできました。

あなたの鋭い知性と公平な感覚が良い方向に作用しています。

あなたは感情的なことよりも、キャリアや野心に興味があるようです。

あなたの優れた識別能力は、良いものと悪いものを選り分けるのに役立ちます。

悲哀を知る女性とのつきあいもありそうです。

恋愛について尋ねたなら、現時点での見通しは暗いでしょう。

このカードは、冷静で合理的な思考を重視するあまり、感情的な表現を抑制していることを警告しています。

人 People

遠く離れた、関わりのない親。悲しみを知っているのに、今はひょうひょうとしている女性。冷静沈着な人。喪失感や苦難を経験した人。知的でウィットに富んだ、分析的な女性。あなたのために闘うことができるプロの女性。女性のアドバイザー(医師、弁護士など)。女性の大学教授。専門的な仕事をしている女性。教育者。ジャーナリスト。裁判官。離婚した、未亡人になった、あるいは別居中の女性。子供のいない女性。苦難を経験しながらも強く勇敢な女性。自分の都合のいいように状況を操作する、ひょうひょうとした知的な女性。意志が強く、野心的だが冷たい女性。理想主義的で、進歩的、人道的な女性。自分の名声や成功に重きを置く人。キャリア志向で、恋愛にはほとんど興味のない女性。

逆位置

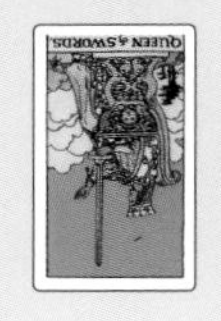

意地悪な女性

キーワード & フレーズ
Key Words and Phrases

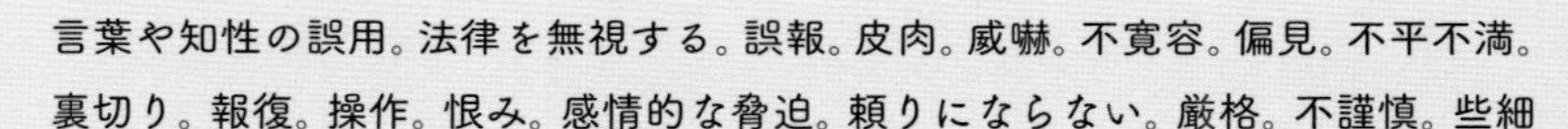

言葉や知性の誤用。法律を無視する。誤報。皮肉。威嚇。不寛容。偏見。不平不満。裏切り。報復。操作。恨み。感情的な脅迫。頼りにならない。厳格。不謹慎。些細

なこと。視野が狭い。過度の知的好奇心。狭量な心。うわさ話。悪意のあるウソ。先入観。偏見。虚偽。狡猾。悪いニュース。復讐心。損失。冷たさ。不誠実。深い悲しみ。惨めさ。泣き言。孤独。

私のやり方がイヤなら出て行け。不幸は仲間を好む。鏡よ鏡、この世でいちばん美しいのは誰？

天には、愛が憎しみに変わったような激しい怒りは無く、
地獄にも、さげすまれた女の烈火の怒りのようなものはない。
（ウィリアム・コングリーヴ『喪の花嫁』1697年）

状況とアドバイス Situation and Advice

威圧的で横暴で執念深い女性が、ひそかにあなたの信用を傷つけようとしています。その結果、あなたが望む地位を得るのを邪魔しているのかもしれません。

困難な状況にあっても、自分を貶（おとし）めたり、優しい感情をなくしてはいけません。

あなたの権利や感情を無視して、自分のやり方を強要する人がいるかもしれません。

あなたが軽視したり、不当に扱ったりした女性の怒りを感じているのかもしれません。

人 People

自分が不当に扱われたと感じ、怒っている女性。悪意あるゴシップ。ひそかにあなたに反対している、ずる賢く、執念深い、手に負えない、巧妙な女性。困難や感情的な損失の結果、敵意を持ち、たもとを分かった人。うわさを流し、秘密をバラしてしまう傾向のある偏見に満ちた女性。人を貶め、信用できない人。自分に有利になるように事実を捻じ曲げる人。法を超越していると感じている人。巧妙で言葉巧みな秘密の敵。

The Court,Royal, or Person Cards

カップのクイーン

Queen of Cups

思いやりのある女性

正位置

深い感情。育（はぐく）むこと

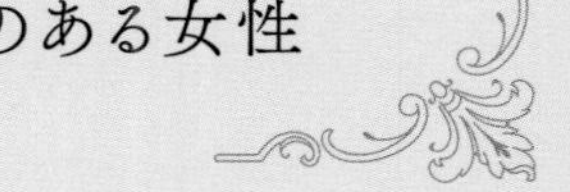

キーワード & フレーズ

Key Words and Phrases

感情の女王。感性。異界性。直観。知覚。真摯な気持ちに基づく選択。想像力。追憶。幻影。夢。親切。サイキックな能力。共感。第六感。同情。愛情。蓄え。内省。芸術的な創造性。優しさ。感情。神秘性。神秘主義的な興味。預言。占い。神秘主義。心理学。カウンセリング。雰囲気。音楽や芸術を愛する。寛大。家庭や家族への愛情。愛すべき友人。心のざわめき。

状況とアドバイス Situation and Advice

カップのクイーンは、ある事柄に対する自分の気持ちを吟味するために、内側に目を向ける機会を示唆しています。

あなたの勘や直観は信頼できるガイドです。夢や霊的な知覚には特に注意を払いましょう。

愛する友人があなたを助けてくれるかもしれませんし、あるいはあなたがどれだけ気にかけているかを誰かに示す機会があるかもしれません。

あなたの母親、または母親代わりの人が、あなたの近い将来の出来事に重要な役割を果たす可能性があります。

人 People

自分の母親。深く感じている人。自分の感情を理解している人。芸術的で感情的、想像力豊かでビジョンがあり、共感的で思いやりのある女性。献身的な妻であり母親。看護師。ヘルパー。聞き上手な人。ソーシャルワーカー。親切で理解力があり、思いやりのある女性。動物好きな人。神秘主義、あるいは予言能力がある女性。自分の内面や空想の世界に深く入り込んでいる女性。直観力と鋭い洞察力を持つ女性。激しく感情的で情熱的で忠実な女性。

カップのカードは、つねに他人に影響を受けやすい人物を表します。

逆位置

気まぐれな女性

キーワード & フレーズ
Key Words and Phrases

気まぐれ。虚栄心。だまされやすい。判断力のなさ。誇張。装飾。敏感さ。身勝手。怠惰。浅はかさ。愚かさ。自己欺瞞。混乱。優柔不断。白昼夢を見る。気分屋。ネガティブな考え。病的な先入観。情緒の乱れ。偽りの希望。非論理的。判断力の鈍化。感情のコントロールができない。軽薄さ。不貞。現実を顧みない。同情心の欠如。ゴシップ。信頼できない。無責任。依存性。変態性。ヒステリー。風とともに変化する。現実逃避。非現実的。アルコールと薬物の乱用。共依存。不必要な自己犠牲。ファンタジーの世界に住む。危険な情事。

状況とアドバイス Situation and Advice

感情があなたの判断力を鈍らせている可能性があります。

あなたは重要な情報を知らなかったり、だまされているかもしれません。アドバイザーは慎重に選びましょう。

恋愛について尋ねた場合、恋人の不貞によって失望を味わう可能性が高いです。

共依存的な関係に陥っているかもしれません。自分を認めてくれない人のために、自分の人生を犠牲にするような愚かで不必要なことをしていませんか？

誰かの依存症的な行動を助長してはいませんか？

非常にネガティブなスプレッドでは、カップのクイーンの逆位置は危険な情事を示す場合があります。

人 People

愛しすぎる女性。魅力的でおせっかいな人。依存症の人。他人のために不必要に自分を犠牲にする人。気のおけない友人。不実な恋人。風向きで態度を変える、ヒステリックで感情的な女性。マゾヒスト。境界性パーソナリティー障害。秘密やデリケートな問題をまかせられない、信用できない女性。思いやりのない人。怠惰で自分勝手な女性。感情に支配され、合理的な考えに従わない女性。薬物やアルコールを乱用する人。

キングは、あなたの人生における実在の人物や、あなたの人格のさまざまな側面を表しています。
キングは父親のような存在で、通常、地位の高い、指導力と権威のある成熟した男性を象徴しています。

ペイジやナイトのように状況を示すことはあまりありません。
キングが性格のある側面を示す場合は、意志の強さ、イニシアチブ、信念を持った行動、物事を成し遂げる能力を反映しています。
キングはまた、世間体、世間からの評価、名誉、賞、祝典を表すこともあります。

リーディングに複数枚のキングが出てくる場合は、大勢の男性が集まることを示している場合もあります。

The Court, Royal, or Person Cards

ワンドのキング

King of Wands

リーダーシップ

正位置

冒険心

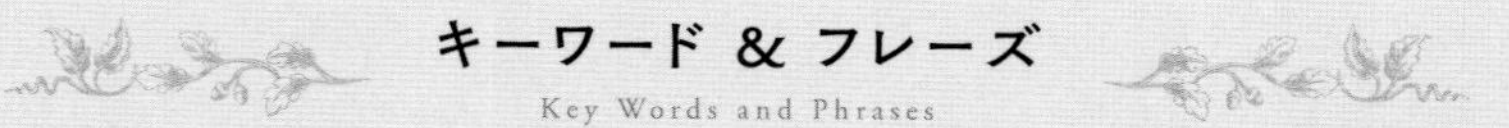

キーワード & フレーズ

Key Words and Phrases

責任がある。機転。魅力。強さ。インスピレーション。やる気。成熟。父性。知性。野心。決断力。独立心。勇気。活気。熱意。挑戦が好き。興奮を好む。情熱。忠誠心。行動力。圧倒的な存在感。カリスマ性。楽観主義。寛容。励まし。創造性。プロ意識。健全な競争。衝動性。予想外の収入。調停。仲裁。交渉。

状況とアドバイス Situation and Advice

強く、成熟した寛大な男性から適切なアドバイスをもらうかもしれません。

人間関係では、相手の立場を理解することができます。

面白い人たちと交流する機会があるかもしれません。

交渉もうまくなり、自分の意見をうまく伝えることができます。ただし、ルーティンワークをまかされると、細かいことでイライラしてしまいそうです。
恋愛について質問した場合は、性的な冒険に備えてください。

人 People

決断力のあるリーダー。事業の責任者。献身的な父であり夫。一夫一婦制の関係や家庭生活に忠実な、献身的で寛大な成熟した男性。熟練のコミュニケーター。結婚して家庭を持ち、堅実だが、やや衝動的なビジネスマン。誠実で信用できる、プロフェッショナルな男性。経済的に助けてくれる人。起業家。冒険好きで、多くのプロジェクトを率先して行う人。楽観的で、楽しいことが大好きで、情熱的で寛大、細かいことが嫌いで、性急に行動しがちな人。男らしくて冒険好きな恋人。交渉上手な人。創造的な達成のために他人を鼓舞する人。調停人。仲裁人。感動を与える講演者や伝道師。ジャーナリスト。教師。説教者。ギャンブラー。営業マン。プロモーションやマーケティングに携わる人。

逆位置

不寛容

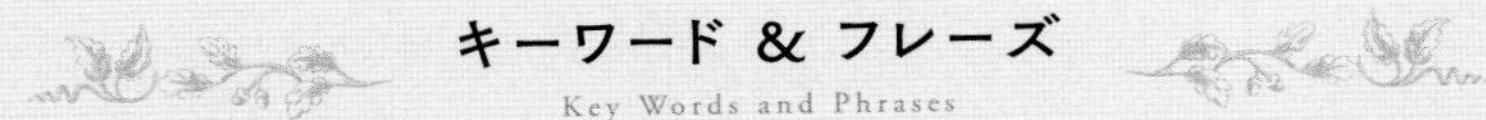

キーワード & フレーズ
Key Words and Phrases

威圧的。独善的。傲慢。ウソ。悪だくみ。独断的主張。厳しさ。偏見。偏狭。柔軟性がない。反対。敵意。意見の相違。短気。論争。攻撃的。頑固。冷酷。専制君主。無神経。圧政的な権力行使。偽善。自画自賛。自己顕示欲。疑心暗鬼。打ち負かされる。女嫌い。女性の権威に対する憤り。子宮への羨望。

私のすることではなく、私の言う通りにしなさい。私のやり方がイヤなら出て行け。

状況とアドバイス Situation and Advice

傲慢な権力者は、不寛容な態度や屈服しない姿勢をとることがあります。あなたは間違っているとわかっていることをするよりも、自分の立場を貫く必要がありそうです。

独裁的になって、他人の気持ちに鈍感になっていないかを振り返ってみる必要があります。

この時期はまた、詐欺師や一攫千金のたくらみにも注意してください。話がうますぎると思ったら、おそらくその通りでしょう。

人 People

ウソつき、または悪だくみをする人。詐欺師。威圧的で独断的な人。意見が多く、頑固で支配的な男性。あなたの計画に反対したり、あなたを論争に巻き込もうとする偏見のある男性。他人の気持ちへの配慮に欠けている人。自己顕示欲が強い人。傭兵。無節操なテレビ宣教師。中古車販売者。

The Court,Royal, or Person Cards

ペンタクルのキング

King of Pentacles

世界的な成功

正位置

安全志向。
健全な財政アドバイス

キーワード & フレーズ

Key Words and Phrases

着実な進展。野心。抜け目ない。実用性。ビジネス能力。富。辛抱強い。権力。安定性。信頼性。コミットメント。満足感。組織力。称賛。地位。規律。コントロール。徹底。充足感。優しさ。親切。冷静さ。自然への愛。経済力。産業界でのリーダーシップ。数学的な洞察力。常識。寛容。忍耐力。持久力。努力。成功を収める。巧みな経営。土地の有効活用。収入の増加。職業上の成功。健全な投資。不動産取引。所有権。たゆまぬ努力による達成。出世する。銀行のお金。守る。

金がモノを言う。

状況とアドバイス Situation and Advice

ビジネスでの問題や、あなたの人生の経済面の整理に関わることを示唆しています。
今は、現在と将来の安全が優先されます。
昇進や昇給の可能性があります。
実用的な事業で成功することができます。
不動産や財産の問題はうまくいきます。
あなたの忍耐力、誠実さ、優しさ、忠誠心が報われます。
適切な経済的アドバイスがもらえるでしょう。
実践的で良心的なやり方が成功をもたらします。

人 People

良心的な労働者。ファイナンシャルアドバイザー。産業界のリーダー。金融業者。エンジニア。数学者。不動産所有者。不動産開発業者。ビジネスマン。土地に関わる仕事をしている人。実業家。子供を理解している献身的な父親。几帳面で責任感があり、堅実で信頼できる、寡黙で保守的な男性。優れた経営者。結婚して家庭を持つ、経済的に安定した男性。銀行員。投資家。株式ブローカー。商人。優れた金融マネジャー。数学が得意な人。目標を達成するために長く懸命に働く野心家。家長。芸術のパトロン。気前のいい富豪。経済的なことに夢中になっている人。供給者。保護者。誠実で忠実な友人。

逆位置

ビジネスセンスの欠如。下品

キーワード & フレーズ

Key Words and Phrases

物質主義。鈍感。お金への執着。意地悪。偏見。表面的。無神経。貪欲。不正行為。詐欺。影響力の誇示。不誠実。不器用。手荒な。高圧的な態度。無作法。無礼。ポルノ。厳格。頑固さ。独裁主義。お粗末な経営。財政についての過剰な心配。お金とキャリアを何よりも優先する。殿様芸。仕事中毒。隣人に見栄を張る。パラノイア（妄想症）。無秩序。

お金で愛は買えない。目的は手段を正当化する。すべてのものに値段がある。

状況とアドバイス Situation and Advice

あなたは卑劣で粗野、貪欲で偏屈、不誠実で下品でケチな人に対処しなくてはならないかもしれません。

自分の人生での成功を、お金だけで測らないように気をつけてください。

逆位置のペンタクルのキングはまた、欲や物質主義に突き動かされた不誠実な行動に対しても警告しています。

日頃から、他人の感情を害するような粗野で下品な言葉を使わないように気をつけましょう。

人 People

いじめっ子。鈍感な人。独裁者。浪費家。お金の使い方が下手な人。お金のためなら何でもする人。面白みのない、物質主義的で意見の多い、偏屈で表面的な人。男尊女卑の豚野郎。性差別的な偏見。貧困に陥った男性。ケチで不器用で疑り深い男性。わがままな人。怒りを爆発させやすい人。経済的な問題を過剰に心配している男性。

The Court, Royal, or Person Cards

ソードのキング

King of Swords

権威と命令

正位置

冷静な合理性。健全なアドバイス

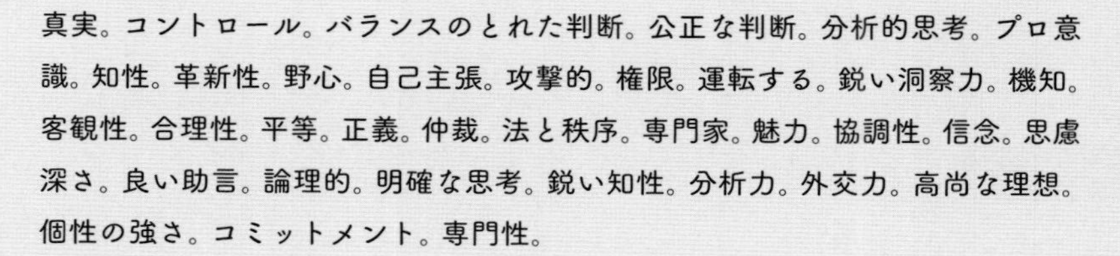

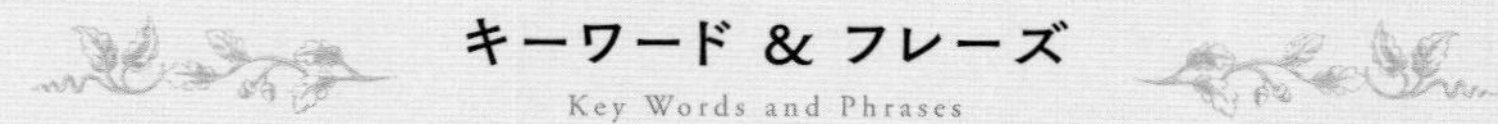

キーワード & フレーズ

Key Words and Phrases

真実。コントロール。バランスのとれた判断。公正な判断。分析的思考。プロ意識。知性。革新性。野心。自己主張。攻撃的。権限。運転する。鋭い洞察力。機知。客観性。合理性。平等。正義。仲裁。法と秩序。専門家。魅力。協調性。信念。思慮深さ。良い助言。論理的。明確な思考。鋭い知性。分析力。外交力。高尚な理想。個性の強さ。コミットメント。専門性。

心より頭を使う。自分の感情に疎（うと）い。

状況とアドバイス Situation and Advice

待ち望んでいる決定は、公正で公平なものになるでしょう。

知的な専門家がビジネスや法律に関する適切なアドバイスをしてくれるかもしれません。

あなたは冷静で知的なふるまいをしすぎて、感情や他者との穏やかな関わり方を排除してしまっているかもしれません。

今のあなたには独創性があります。型にはまらず、既成概念にとらわれずに行動したいと考えているでしょう。

自分の気持ちを無視してはいないか、そして他の人と親密な関係になることを恐れてはいないか、考えてみる必要があります。

他の人はあなたに、自分の意見を無視されていると感じているかもしれません。

人 People

自分らしさを重んじ、人から押し付けられるどんな制限も嫌だと思う人。威圧的で攻撃的な人。感情的ではなく、ひょうひょうとしていて、知的で独立心が強く、分析的でバランスのとれた判断をし、優れたアドバイスをする権威ある人。自分の感情に疎い人。他者との親密な接触を恐れる人。公的な肩書きを持つ人。軍人。政治家。リーダー。権威者。弁護士。医師。裁判官。仲裁人。専門家。政府関係者。プロ。あなたの利益のために闘ってくれる男性。道徳的な立場はあるが、感情や個人的な問題にはあまり関心がない権威者。学習と抽象的な真理の研究を楽しむ知的な男性。石橋をたたいて渡る人。社会科学や情報伝達の分野に精通している人。状況を公正かつ冷静に見極められる人。自分の意見を胸に秘めて漏らさない人。自分の父親。積極的な男友達。

逆位置

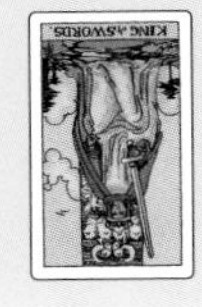

計画的な悪意

キーワード & フレーズ
Key Words and Phrases

搾取。不公平な決定。偏見。えらそう。皮肉。利己的。冷酷。悪意。策略的。判断力のなさ。嫌疑。告発。不正。威圧的な態度。不公平。復讐。過剰な警戒心。残酷。過酷。重大さ。冷笑的な態度。独断的。操作。暴君。権力に対する切望。法的問題。脅迫。サディズム。暴力。攻撃性。

状況とアドバイス Situation and Advice

あなたは不当な扱いを受けている可能性があります。

誰かが冷酷な策略であなたをだましたり、脅したりしているかもしれません。

あなたは人生で、他人から搾取しているかもしれません。

あなたの皮肉な発言で、親しい人を傷つけているかもしれません。また、あなたは誰かの言葉に傷ついたことがあるかもしれません。

法的手続きで、不当な判決を受けるかもしれません。

人 People

サディスト。冷酷で疑い深く、皮肉屋で執念深く、残酷な男性。残酷ないじめっ子。権力によって堕落した人。警戒心が強すぎる人。冷淡で危険で暴力的な、不正を働く男性。狡猾で攻撃的な偏屈者。

The Court,Royal, or Person Cards

カップのキング

King of Cups

賢明な助言

思いやりの心

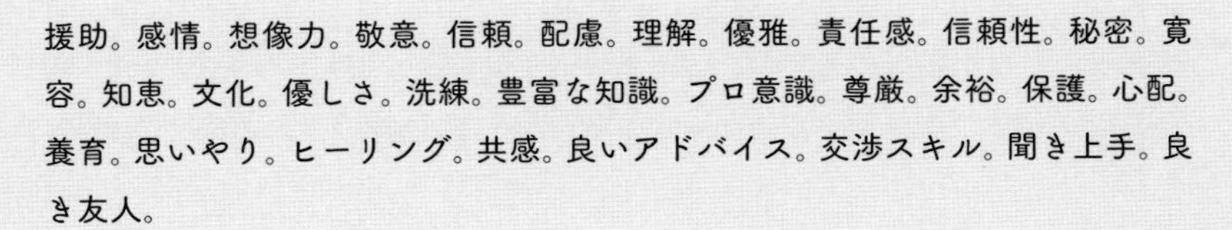

キーワード & フレーズ

Key Words and Phrases

援助。感情。想像力。敬意。信頼。配慮。理解。優雅。責任感。信頼性。秘密。寛容。知恵。文化。優しさ。洗練。豊富な知識。プロ意識。尊厳。余裕。保護。心配。養育。思いやり。ヒーリング。共感。良いアドバイス。交渉スキル。聞き上手。良き友人。

状況とアドバイス Situation and Advice

教養と知性のある男性が、あなたの話に耳を傾けてくれ、適切なアドバイスをしてくれるでしょう。

友人や家族に思いやりを持って耳を傾けることを求められるかもしれません。

あなたは思いやりと共感的な援助が最も重要な状況に置かれています。

精神的に安定した大人の男性が、あなたに同情的な理解を示してくれるでしょう。
あなたの父親、または父親代わりの人が、これからの出来事に大きく関わってくるかもしれません。

人 People

自分の父親。教養のある文化的で博識な男性。成熟した、感情的に安定した人。話しやすい、成熟した男性。プロフェッショナルな人。信頼できる相談相手。独身男性。積極的に責任を引き受けようとする人。法律や教会に関係する男性。物静かで、親切で、尊敬されていて、信用もある、共感的で、良いアドバイスをくれる品位ある男性。聖職者。教師。人文科学に興味のある人。人を助ける職業の人。アイディアのある男性。親切な医師。裁判官や弁護士。実業家。カウンセラー。良き友人。交渉人。芸術家。無意識のモチベーションを理解する人。自分の感情を大切にする男性。

逆位置

薄っぺらい

キーワード & フレーズ
Key Words and Phrases

悪いアドバイス。策略的。不安。未熟。神経質な行動。見せかけの態度。価値のない提案。二重取引。詐欺。損失。力でねじ伏せる。ペテン。欺き。不正。不誠実。自己欺瞞。しがらみのある同盟関係。人を操る。身勝手。裏切り。暴力。信用できない。怠惰。弱さ。利己主義。地位や権力に対する冷酷な渇望。おとり捜査。現実逃避。性的搾取。薬物やアルコールの乱用。依存。常習行為。押さえのきかないナルシシズム。本当にしては話がうますぎる。

状況とアドバイス Situation and Advice

賢明な専門家のアドバイスは信用できないことがわかるかもしません。
誰かが自分の利益のために、あなたの感情を利用しているかもしれません。
詐欺師や陰謀の犠牲者になる危険があります。
魅力的な男性が、あなたをだまして怪しげなプロジェクトに参加させようとしたら、要注意です。

申し出があまりにも良すぎて信じられない場合は、おそらくその通りであることを覚えておいてください。

人 People

自己愛的な性格の持ち主。人を操る人。詐欺師。自分のことしか考えない人。良心の呵責のない男性。怠け者で、自分を甘やかしている男性。自分の愛する人を甘やかしてダメにする人。自分の利益のために他人の感情をもてあそぶ人。反社会的な人格の人。寄生虫のような人。誤解させたり、誹謗中傷したりする裏切り者。ペテン師。不誠実な人。女たらし。他人の心の痛みを食い物にする人。アルコール依存症や薬物依存症の人。ジゴロ。

小アルカナ
（コートカード）

The Court, Royal, or Person Cards

ライダー・ウェイト＝スミス版

ワンドのペイジ

ワンドのナイト

ワンドのクイーン

ワンドのキング

ペンタクルのペイジ

ペンタクルのナイト

ペンタクルのクイーン

ペンタクルのキング

ソードのペイジ

ソードのナイト

ソードのクイーン

ソードのキング

カップのペイジ

カップのナイト

カップのクイーン

カップのキング

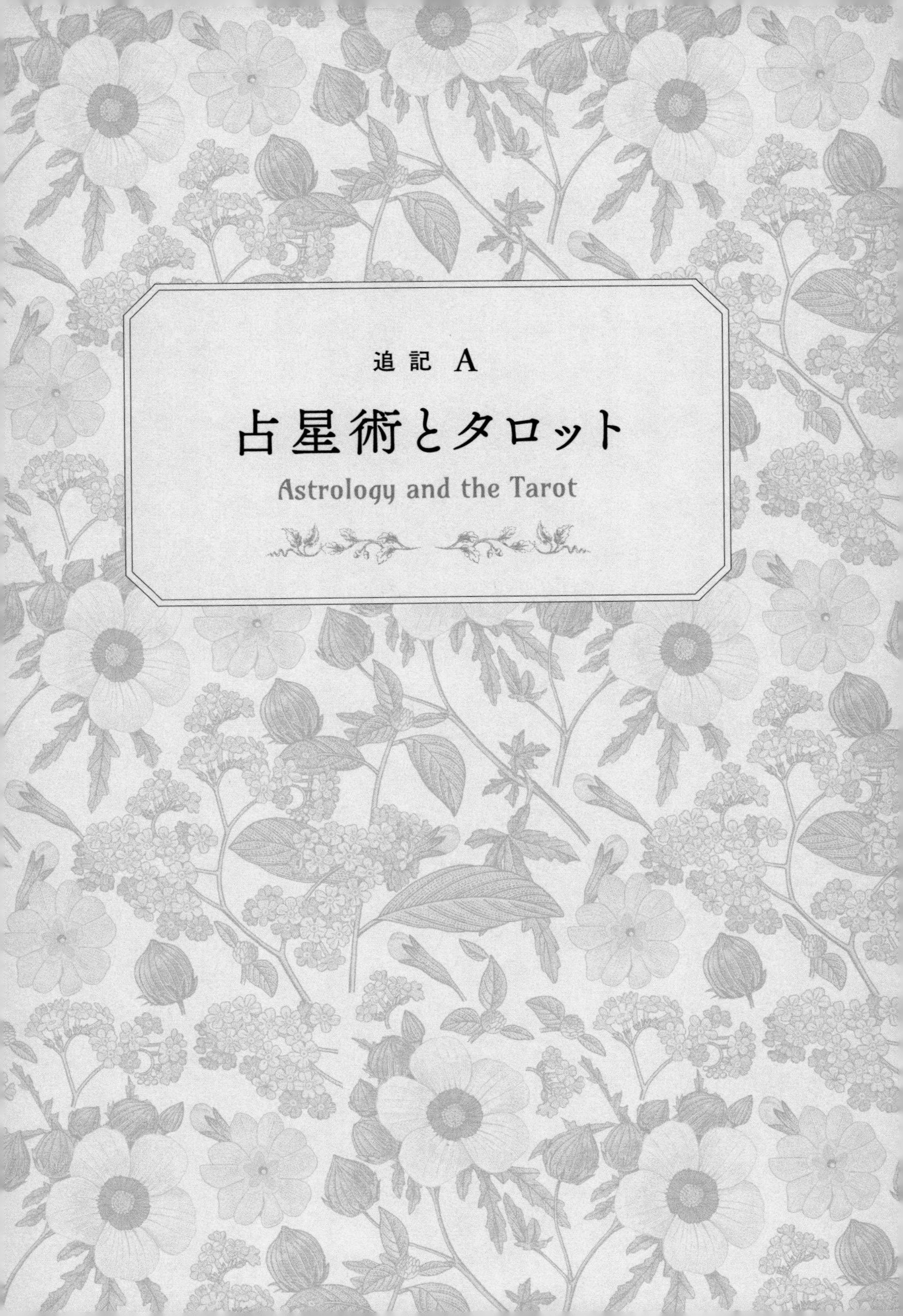

追記 A

占星術とタロット

Astrology and the Tarot

占星術とタロットには、多くの共通点があります。しかし、占星術とタロットのシンボルには、一対一の相関関係はありません。実際、占星術とタロットの関連づけは、著者により見解が異なります。

この本で紹介する占星術との関連づけは、現代のタロット専門家たちの間で一般的に使われているものです。タロットカードは、占星術とは異なる独自の意味を持つことを覚えておいてください。

アーサー・エドワード・ウェイトの『タロット図解』の中での表現ほど適切なものはないでしょう。

「タロットカードは、他のどんな言語でもどんな図でも表現できないシンボルである。そのシンボルとなる絵に秘められた意味を考えると、それらはさまざまな組み合わせが可能で、全体として真の意味をなすようになる」

ウェイトはまた、「タロットは誰かが作ったということではなく、神秘主義から派生したものでもない。錬金術やカバラ、占星術、あるいは魔術でもない」と強調しています。むしろタロットは、「普遍的な類型によって普遍的な考えを提示するものだ」と。

精神分析医カール・ユングは、後にこの普遍的な考えを「無意識の元型（アーキタイプ）」と呼びました。タロットの力は、魔法でも神秘的なものでもなく、カードに象徴される典型的なイメージ、感情、そして人間の相互作用など、私たちに備わっている能力に由来するものです。タロットカードは、感覚的、精神的な存在である私たちが受け継いできた人間の側面を知るためのツールにすぎないのです。

占星術とタロットの関連については、タロットのシンボルにさらなるニュアンスを提案していると考えたほうがいいでしょう。

タロットカードは、占星術とは無関係に、それ単独で語られるものです。タロットを学ぶ人は各自、カードの意味を新たに発見していかなくてはなりませんが、もし、占星術との対応がタロットカードの理解に役立つのなら、このまま読み進めてください。そうでない場合は、この追記は無視してかまいません。

ここではタロットカードに占星術のシンボルを対応させる一般的な方法のいくつかを表にしました。数札に占星術のサイン（星座）や惑星をあてはめる方法はさまざまあります。その多くは、サインの四大元素（火、地、風、水）と３区分（活動、固定、柔軟）に従ってあてはめていくものです。表を見れば、これがひと目でわかります。

季節と方角

占星術のシンボルから方角や季節を導き出す著者もいます。
通常は次のように割り当てられます。

スート	方角	エレメント／季節
ワンド The Suit of Wands	東	火　（牡羊座から春が始まる）
ペンタクル The Suit of Pentacles	南	地　（山羊座から冬が始まる）
ソード The Suit of Swords	西	風　（天秤座から秋が始まる）
カップ The Suit of Cups	北	水　（蟹座から夏が始まる）

魔術では、地は北、火は南、風は東、水は西ですが、私は占星術を学んでからタロットに入ったので、占星術の割り当てを使い続けています。

占星術とタロットの対応リスト

占星術に詳しい人は、大アルカナカードに親しむために次のエクササイズが役に立つでしょう。まず自分の出生チャートを用意してください。

表1を参照して、各惑星の隣に対応する大アルカナカードの名前を書いてください。次に、各ハウスの隣に対応する大アルカナカードの名前を書きます。

すべての大アルカナカードをそれぞれ前述の手順で決めた配置で、あなたの出生チャート上の対応するところに置きます。大アルカナの意味は、自分の出生チャートのハウスの意味と関連しているので調べてみましょう。

＊表1　大アルカナと占星術の対応（英語圏でよく知られているもの）

数字	大アルカナカード	占星術との対応
0	愚者	天王星
1	魔術師	水星
2	女教皇	月
3	女帝	金星
4	皇帝	牡羊座
5	司祭	牡牛座
6	恋人	双子座
7	戦車	蟹座
8	力	獅子座
9	隠者	乙女座
10	運命の輪	木星

数字	大アルカナカード	占星術との対応
11	正義	天秤座
12	吊るされた男	海王星
13	死神	蠍座
14	節制	射手座
15	悪魔	山羊座
16	塔	火星
17	星	水瓶座
18	月	魚座
19	太陽	太陽
20	審判	冥王星
21	世界	土星

西洋魔術結社「黄金の夜明け団」は、短命ではありましたが非常に影響力のある集団でした。1800年代後半のイギリスに端を発したその組織は、詩人ウィリアム・バトラー・イェイツや魔術師アレイスター・クロウリー、また最も人気のあるタロットデッキの考案者アーサー・エドワード・ウェイトなどを魅了しました。「黄金の夜明け団」の儀式と教えは、今日も神秘主義や高等魔術の実践者に影響を与え続けています（「黄金の夜明け団」については、イスラエル・リガルディーによる『The Golden Dawn』〈1989年、Llewellyn社〉参照）。

A・T・マンは占星術と神秘主義に精通した著名なタロット学者です。

＊ 表2　数札と占星術の対応

ワンド	黄金の夜明け団	A・T・マン
エース	火のルート（根源）	火のパワー
2	火星・牡羊座	火星・牡羊座
3	太陽・牡羊座	太陽・牡羊座
4	金星・牡羊座	木星・牡羊座
5	土星・獅子座	太陽・獅子座
6	木星・獅子座	木星・獅子座
7	火星・獅子座	火星・獅子座
8	水星・射手座	木星・射手座
9	月・射手座	火星・射手座
10	土星・射手座	太陽・射手座

ペンタクル	黄金の夜明け団	A・T・マン
エース	地のルート（根源）	土のパワー
2	木星・山羊座	土星・山羊座
3	火星・山羊座	金星・山羊座
4	太陽・山羊座	水星・山羊座
5	水星・牡牛座	金星・牡牛座
6	月・牡牛座	水星・牡牛座
7	土星・牡牛座	土星・牡牛座
8	太陽・乙女座	水星・乙女座
9	金星・乙女座	土星・乙女座
10	水星・乙女座	金星・乙女座

ソード	黄金の夜明け団	A・T・マン
エース	風のルート（根源）	風のパワー
2	月・天秤座	金星・天秤座
3	土星・天秤座	天王星・天秤座
4	木星・天秤座	水星・天秤座
5	金星・水瓶座	天王星・水瓶座
6	水星・水瓶座	水星・水瓶座
7	月・水瓶座	金星・水瓶座
8	木星・双子座	水星・双子座
9	火星・双子座	金星・双子座
10	太陽・双子座	天王星・双子座

カップ	黄金の夜明け団	A・T・マン
エース	水のルート（根源）	水のパワー
2	金星・蟹座	月・蟹座
3	水星・蟹座	冥王星・蟹座
4	月・蟹座	海王星・蟹座
5	火星・蠍座	冥王星・蠍座
6	太陽・蠍座	海王星・蠍座
7	金星・蠍座	月・蠍座
8	土星・魚座	海王星・魚座
9	木星・魚座	月・魚座
10	火星・魚座	冥王星・魚座

デカンは、黄道（360度）を12のサイン（星座）に等分し、さらに各サインを10度ずつ3分割にしたものです。

各デカンは、惑星や星座と対応しています。占星術ではつねに牡羊座の0度から数え始め、そこには3つのデカン（牡羊座の0～10度、10～20度、20～30度）があります。

タロットの専門家は、少なくとも3つの異なる手法で、デカンを占星術のルーラー（支配星）と関連づけてきました。

最も古い方法は、カルデアの順序、つまり惑星の移動速度の逆順に各デカンを割り当てるというものです。カルデア人は肉眼で見ることのできた7つの惑星しか知らなかったのですが、それは速度が遅いものから順に、土星、木星、火星、太陽、金星、水星、月でした。牡羊座は、火星が支配しているので、火星が最初のデカンに割り当てられます。カルデアの順序では火星の次に来るのが太陽と金星なので、2番目のデカンは太陽、そして3番目のデカンは金星となります。

ヒンドゥー教では、デカンに異なるシステムを使用していました。彼らは惑星ではなく、星座を各デカンに割り当てたのです。

牡羊座の最初のデカンは、牡羊座に属します。牡羊座の2番目と3番目のデカンは、黄道十二宮の順序で他の2つの火の星座、獅子座と射手座に割り当てられます。他の星座も同じ要領で割り当てられています。そこには地、風、火、水という4つのエレメント（四大元素）があります。それぞれのエレメントには3つの星座が属し、それがデカンの割り当ての基礎となっています。

エレメント	サイン
地	牡牛座、乙女座、山羊座
風	双子座、天秤座、水瓶座
火	牡羊座、獅子座、射手座
水	蟹座、蠍座、魚座

タロット本の著者によっては、各スートのエースをエレメントの「ルート（根源）」と呼び、ヒンドゥー教の順番で2番目のデカンから割り当て始める場合もあります。

＊表3　デカンによる数札と占星術の対応

ワンド			
	ヒンドゥーデカン	カルディアンデカン	代替ヒンドゥーデカン
エース	火のルート（根源）	火	牡羊座・牡羊座
2	牡羊座・牡羊座	火星	牡羊座・獅子座
3	牡羊座・獅子座	太陽	牡羊座・射手座
4	牡羊座・射手座	金星	獅子座・獅子座
5	獅子座・獅子座	土星	獅子座・射手座
6	獅子座・射手座	木星	獅子座・牡羊座
7	獅子座・牡羊座	火星	射手座・射手座
8	射手座・射手座	水星	射手座・牡羊座
9	射手座・牡羊座	月	射手座・獅子座
10	射手座・獅子座	土星	火の総和

ペンタクル			
	ヒンドゥーデカン	カルディアンデカン	代替ヒンドゥーデカン
エース	地のルート（根源）	地	山羊座・山羊座
2	山羊座・山羊座	木星	山羊座・牡牛座
3	山羊座・牡牛座	火星	山羊座・乙女座
4	山羊座・乙女座	太陽	牡牛座・牡牛座
5	牡牛座・牡牛座	水星	牡牛座・乙女座
6	牡牛座・乙女座	月	牡牛座・山羊座
7	牡牛座・山羊座	土星	乙女座・乙女座
8	乙女座・乙女座	太陽	乙女座・山羊座
9	乙女座・山羊座	金星	乙女座・牡牛座
10	乙女座・牡牛座	水星	土の総和

ソード			
	ヒンドゥーデカン	カルディアンデカン	代替ヒンドゥーデカン
エース	風のルート（根源）	風	天秤座・天秤座
2	天秤座・天秤座	月	天秤座・水瓶座
3	天秤座・水瓶座	土星	天秤座・双子座
4	天秤座・双子座	木星	水瓶座・水瓶座
5	水瓶座・水瓶座	金星	水瓶座・双子座
6	水瓶座・双子座	水星	水瓶座・天秤座
7	水瓶座・天秤座	月	双子座・双子座
8	双子座・双子座	木星	双子座・天秤座
9	双子座・天秤座	火星	双子座・水瓶座
10	双子座・水瓶座	太陽	風の総和

カップ			
	ヒンドゥーデカン	カルディアンデカン	代替ヒンドゥーデカン
エース	水のルート（根源）	水	蟹座・蟹座
2	蟹座・蟹座	金星	蟹座・蠍座
3	蟹座・蠍座	水星	蟹座・魚座
4	蟹座・魚座	月	蠍座・蠍座
5	蠍座・蠍座	火星	蠍座・魚座
6	蠍座・魚座	太陽	蠍座・蟹座
7	蠍座・蟹座	金星	魚座・魚座
8	魚座・魚座	土星	魚座・蟹座
9	魚座・蟹座	木星	魚座・蠍座
10	魚座・蠍座	火星	水の総和

＊ 表4　大アルカナと占星術の対応（南米でよく使われているもの）

数字	カード	占星術との関連
0	愚者	海王星（天王星ではなく）
1	魔術師	牡牛座（水星ではなく）
2	女教皇	蟹座（月ではなく）
3	女帝	金星
4	皇帝	木星（牡羊座ではなく）
5	司祭	獅子座（牡牛座ではなく）
6	恋人	双子座
7	戦車	山羊座（蟹座ではなく）
8	力	火星（獅子座ではなく）
9	隠者	土星（乙女座ではなく）
10	運命の輪	射手座（木星ではなく）
11	正義	天秤座
12	吊るされた男	魚座（海王星ではなく）
13	死神	冥王星（蠍座ではなく）
14	節制	水瓶座（射手座ではなく）
15	悪魔	蠍座（山羊座ではなく）
16	塔	天王星（火星ではなく）
17	星	乙女座（水瓶座ではなく）
18	月	月（魚座ではなく）
19	太陽	太陽
20	審判	水星（冥王星ではなく）
21	世界	牡羊座（土星ではなく）

追記 B

数秘術とタロット

Numerology and the Tarot

古いタロットデッキでは、22枚の大アルカナカードにだけ寓話的な図柄が描かれていました。16枚のコートカードは、各スートのペイジ、ナイト、クイーン、キングがそれぞれ描かれ、40枚の数札は、数字とスートを示すだけでした。

数字しか書かれていないカードの神聖な意味を推測するには、そのスートの表す意味と、各カードの数秘術的見解に頼るしかなかったのです。

タロットを学ぶには、数札の象徴する意味を理解するために、数秘術について知る必要があります。

数字の象徴的意味には、西洋哲学における長い歴史があります。紀元前6世紀にかの有名な定理を示したピタゴラスは、数字が存在の本質であると信じていました。彼は、音階が数学的比率で表現できることを発見し、惑星が宇宙を移動する時に天体の間の調和的比率が音楽を生み出す、という考えに基づいて「天球の音楽」を説きました。

ヘレニズム時代、ピタゴラスの数秘術は、占星術におけるアスペクト理論（60度セクスタイル、90度スクエア、120度トライン、180度オポジション）の発明につながり、近代西洋占星術の台頭につながったのです。ピタゴラスの数字に関する理論は、現代のタロットを含む多くの西洋占術体系の基礎となりました。

バーバラ・ウォーカーによれば、標準的なタロットカードの枚数、つまり78枚は、おそらく数秘術に由来しているということです。

2個のサイコロを振って出る目の組み合わせが21通りあるように、21枚の大アルカナがあります。愚者のカードはゼロ（0）番であり、もともと21枚だったカードに後から付け加えられた可能性があります。

サイコロ3つの出る目の組み合わせは、56枚の小アルカナと同じように56通り。さらに1から12（黄道12星座の数）までの数字を合計すると、1＋2＋3＋4＋5＋6＋7＋8＋9＋10＋11＋12＝78となります。

こうした数秘術的な対応関係が、伝統的タロットデッキの創造と発展に影響を与えた初期の研究者たちの目に留まらなかったわけがありません。

ここでは、タロットで使われる0から9までの数字の象徴的意味について説明します。

さらにライフパスナンバー、あるいはバースフォースなどとも呼ばれる「誕生数」についてと、「パーソナルイヤーナンバー」の計算の仕方についても解説します。

数秘術で使われる主な数字は10の数字（0、1、2、3、4、5、6、7、8、9）と、マスターナンバー（11と22）です。

ライフパスナンバーで自分の本質を知り、その年の特徴や見通しがわかるパーソナルイヤーナンバーに精通することで、タロットの数札への理解がさらに深まるでしょう。

あなたのライフパス、バースフォース、運命数

ライフパスナンバーは、あなたの正確な生年月日から導き出す番号です。

ライフパスナンバーを知るには、生まれた年、月、日の数字を、マスターナンバー（11か22）か1桁の数字（0～9）になるまで足し算していきます。それがあなたのライフパス、またはバースフォースナンバーです。あなたの基本的な本質と、この生涯で学ばなければいけない主要な課題に関係しています。

ここでは、1981年5月8日に生まれた青年の例を紹介します。

はじめに、生まれた年、月、日を足します。

1981＋5＋8＝1994

となります。その数字をまた足していきます。

1＋9＋9＋4＝23

23は1桁またはマスターナンバーではないため、その桁を合計すると、

2＋3＝5

となり、この若者のライフパスナンバー、あるいは運命数は5となります。彼は生涯を通じて建設的な自由の使い方を学ぶ必要があります。

同じ要領であなた自身のライフパスナンバーを計算してみましょう。

パーソナルイヤーナンバー

パーソナルイヤーナンバーを割り出すには、ライフパスナンバーと似たような計算をします。唯一の違いは、実際の誕生日ではなく、現在の年の誕生日を使うことです。

パーソナルイヤーナンバーは、あなたの人生における現在の年の、数秘的な意味を教えてくれます。

たとえば、あなたの誕生日が1951年5月31日だとします。そして現在の年が1995年なら、自分の現在のパーソナルイヤーナンバーを知るには、現在の年の誕生日の数字を足します。すると次のようになります。

5＋31＋1995＝2031

さらに2031のすべての数字を足すと、2＋0＋3＋1＝6。

したがって、あなたの1995年のパーソナルイヤーナンバーは6ということになります。6の年は、家庭、家族、親密な関係、結婚に重点を置くという特徴があります。

パーソナルイヤーナンバーを知ることは、現在の年に対する全体的な見通しを与えてくれます。タロットのスプレッドでも、6が多い時には同じような解釈が成り立つでしょう。

数字の数秘術的意味とマスターナンバー

数札の数字が持つ数秘術的意味を理解すると、タロットをより効率的に使いこなせるようになるでしょう。

ここでは0から10までの11個の数字と、11と22という2つのマスターナンバーの伝統的な意味を紹介します。

自分のライフパスナンバーと現在のパーソナルイヤーナンバーを探してみましょう。この2つの数字があなたの人生史にどのような意味を持つのか、よく考えてみてください。

あなたの人生で、重要なことのあった年のパーソナルイヤーナンバーを算出してみましょう。その数字は、その年に起こったこととどう関係していますか？

0

ゼロは、無と可能性の数字です。古代の数秘術師は、円（0）を完全な形とみなしていました。ゼロは、宇宙の卵、生命の創造者である女性の元型、そして不死の象徴です。ゼロはすべての数字の前にあり、生と死、そして再生という絶え間ない命のサイクルを意味します。あなたが最初に子宮から出た時が、まさに0歳なのです。円には始まりも終わりもありません。ゼロは無限の可能性、純粋な潜在能力、無限の自由を象徴しています。

中心に点がある円は太陽の象徴であり、占星術師にとっては人格の中心核を表しています。ユングは、この円を自己の元型を表現する曼荼羅とみなしました。タロットカードでは「愚者」のカードだけが唯一、ゼロの数字を持ちます。ゼロは、ライフパスナンバーやパーソナルイヤーナンバーにはありません。

私は。1は、周期の始まり、特異性、開始、新しい行動、独創性、進歩、野心、勇気、刺激的な変化、新しい始まり、種まき、事業の開始、出産、新しい冒険、内なる強さ、信念、決断力、自信、リーダーシップ、積極的なエネルギー、独立、個性の数字です。幾何学では、1はひ

とつの点、つまり何かが存在する最初の兆候を意味するものです。小アルカナのエースはそれぞれ1という数字を持ち、4つのスートの出発点、あるいは種を象徴しています。4つのエースは、それぞれが対応するエレメント（火、地、風、水）の始まりとなる力です。

対応する大アルカナカードは、「魔術師」（カード番号1）と「運命の輪」(10)、「太陽」(19)。占星術では太陽と関連づけられます。

2 私たちは。数字の2は、バランス、選択、調和、中庸、二極、二元性、極性、パートナーシップ、友情、人間関係、グループ活動、育成、内省、発達、愛情、肯定、忍耐、静かに待つ、庭の手入れ、新しい方向性、協力、外交、気配り、説得、共感、献身、他者との協力という意味を持ちます。幾何学では2つの点から線が決まります。2のカードは、エースがまいた種に方向性を与えるものです。

対応する大アルカナカードは、「女教皇」（２）、「正義」（11)、「審判」（20)。占星術では通常、月と関連づけられます。

3 私たちは創造する。数字2のパートナーシップから、子孫、出産、子供、新しい計画、そして創造的な事業が生まれます。3は、喜びの数字であり、子孫繁栄、完成、親子関係、展開、保養、恋愛、旅行、喜び、幸福、情熱、計画、準備、楽観、想像力、面白さ、娯楽、芸術、才能、創造性、書き言葉や話し言葉、パートナーシップによる利益と成果、適応力、自己表現などを表します。3は新しい生命が生まれるための死を意味することもあります。幾何学では3つの点が平面を形づくります。3は2が定めた方向性を拡張し、より広い視野を与えてくれます。

対応する大アルカナカードは、「女帝」(3)、「吊るされた男」(12)、「世界」(21)。占星術では木星と関連づけられます。

数字の4は、現実の構造をつくる基礎を意味します。物理世界の4つの次元は、長さ、幅、奥行き、時間でできています。テーブルには4本の脚があります。コンパスには4つの方角があります。4は、物質界における顕現と基礎固めの数字です。4は、数字の3で行った計画を現実に変換します。4は、仕事、保全、建設、財産と不動産問題、組織、ルーティン、忍耐、規律、効率、記憶、意志、努力、エネルギー、挑戦、勤勉、秩序、論理、測定、理由、安定、方法、制限、限界、正確性、体系化、分類、生産性、マネジメント、依頼性、実用主義、サービス、強固な基盤などの意味を持ちます。現実化、堅実さ、粘り強さ、頑固さを表す数字であり、世俗的な力、親や権威者を指します。占星術で第4調波※は、私たちの行動の結果と物質世界への影響を示します。

対応する大アルカナカードは、「皇帝」(4)、「死神」(13)。占星術では、一般的に天王星と関連づけられます。

5は4で確立された強固さに挑戦し、破壊します。5は危機の数字であり、フィードバックによる調整の数でもあります。適応、混乱、冒険、挑戦、競争、旅行、自由、活動、視野の広がり、新しい機会、機知、自己宣伝、マーケティング、恋愛、興奮、リスクを負う、マンネリの打破、新しい方向性の決定、多様性、革新性、多才、職業上の進歩、新しい友情、社交、多くの能力の両立、そして変化を示しています。数字の5は、家族、家庭、キャリアにおける重要な変化や調整が起こる可能性を予告するものです。独創的な解決策は、不安定な時期や、自分の人生の行く末に疑問を感じている時期から生まれるものです。占星術で第5調波※は、混乱から秩序をもたらすための秩序と形の探求に関連するものです。

対応する大アルカナカードは、「司祭」(5)、「節制」(14)。占星術では通常、水星と関連づけられます。

※調波図を用いる占星術の技法、ハーモニクス占星術の考え方。第1から第9調波まである

6は5によって乱された調和が回復することを示します。6は、5の嵐の後の静けさです。平穏、落ち着き、満足、自己受容、協力、相対するものの調和、規則性、均衡、完璧を目指す数字です。家庭、家族、義務、親しい関係、友情、愛、忍耐、正義、和解、結婚、家庭内の責任、改造、家族の義務、援助、他人の必要としていることに目を向け、それに対応し、責任を負うことに関連しています。占星術で第6調波※は、喜び、愛情、活力の表現を扱います。

対応する大アルカナカードは、「恋人」(6)、「悪魔」(15)。占星術では通常、6は金星に関連づけられます。

7

7は精神的な数字です。7は、休息、内省、熟考、評価、魂の進化、とどまっている時間、選択肢の熟考、選択肢の整理、知的探求、学び、瞑想、分析、研究、客観性、独自のアプローチ、専門化、珍しい解決策、思いやり、理解、計画、辛抱強く待つ、孤独、知恵、神秘主義の研究、精神的気づき、真実、直観、哲学、技術的または科学的な事柄を指すものです。7は5と同様に6の調和を乱す傾向がありますが、人生により大きな多様性、活動、拡大、実験、そして想像力をもたらします。

対応する大アルカナカードは、「戦車」(7)、「塔」(16)。占星術ではしばしば、海王星と関連づけられます。

8

8は4と同様に秩序、達成、認識、力、再生、お金、進歩、世俗的成功、前進、組織、構造化されたパターン、財政的安定、機会、地位、仕事、実行能力、健全な判断、能力、権威、物質的満足、ビジネスセンス、優先順位の設定、物質世界での達成を示します。幾何学では8つの点が立方体を形づくります。

対応する大アルカナカードは、「力」(8)、「星」(17)。占星術では通常、土星と関連づけられます。

9

1桁の最後の数字である9は、人生の周期やある段階の終わりと、新しい次の段階に入る準備を示すものです。9は、それまでの8つの段階の最後の集大成を意味します。9は、完了、完全、浄化、与える、離脱、達成、移行、結論、終了、終結、慈愛、新しい段階に入るために自分の人生の一側面を失う、甲板を片付ける、物事を仕上げる、許し、慈善、指導、カウンセリング、無私の寄付、兄弟愛、人道的理想、解放、手放しを示します。占星術で第9調波※は、知恵、理想、精神的な知識に関連しています。

対応する大アルカナカードは、「隠者」(9)、「月」(18)。占星術では通常、火星と関連づけられます。

10

10は、1つの周期から次の周期への移行点を示します。完成と最終局面を意味する数字です。9より1つ多いので、10はしばしば「1つ多い」という意味を持ちます。数秘術で10は、1＋0＝1に引き戻され、新しいサイクルの始まり、別の運命の輪が回り始める時です。

対応する大アルカナカードは、「運命の輪」(10)。

11

11はマスターナンバーであり、洞察、精神的な理解、インスピレーション、気づき、啓示、知的な輝き、直観、創造性、理想主義、教え、知恵、慈愛、悟りを象徴するものです。数秘術で11は、1＋1＝2となり、マスターナンバー11は、2よりも高いオクターブ（数字は同じだが音域が違う）の波動を持つとみなされます。

対応する大アルカナカードは「正義」(11)ですが、一部のデッキでは「力」(8)とするものもあります。占星術では通常、冥王星と関連づけられます。

22

22はマスターナンバーであり、自己鍛錬と精神的気づきを伴う広範囲にわたる熟達を表します。タロットカードには22枚の大アルカナカードがあります。22は、人類のために大規模な物質的成功を達成する優れた建築家(マスタービルダー)を意味します。数秘術で22は、2＋2＝4となり、マスターナンバー22は4よりも高いオクターブの波動を持つとみなされます。

対応する大アルカナカードは「愚者」(0)で、周期が始まる場所が、周期の終わる場所となるのです。

次の表は、一般的に使われる数秘術と占星術の対応をまとめたものです。

数秘術	占星術
1	太陽
2	月
3	木星
4	天王星
5	水星
6	金星
7	海王星
8	土星
9	火星
11	冥王星

参考文献

* Abraham, Sylvia. *How to Read the Tarot*. St. Paul, MN: Llewellyn, 1994.
* Almond, Jocelyn, and Keith Seddon. *Tarot for Relationships*. Northamptonshire, England: Aquarian Press, 1990.
* Aprenda a Tirar el Tarot Astrologico. *Predicciones* (Revista de Astrologia, Ciencias Ocultas y Disciplinas Alternativas), Año 2, Numero 10, Julio 1992, pp. 72-76.
* Benares, Camden. *Common Sense Tarot*. Van Nuys, CA: Newcastle, 1992.
* Bishop, Barbara J. *Numerology: Universal Vibrations of Numbers*. St. Paul, MN: Llewellyn, 1992.
* Butler, Bill. *The Definitive Tarot*. London, England: Rider & Company, 1975.
* Campbell, Joseph. *Myths to Live By*. New York: Viking, 1972.
* Capra, Fritjof. *The Tao of Physics.* Boston: Shambhala, 1991.
* Case, Paul Foster. *The Tarot: A Key to the Wisdom of the Ages.* Richmond, VA: Macoy Publishing, 1947.
* Clarson, Laura. *Tarot Unveiled: The Method to its Magic.* Stamford, CT: U.S. Games Systems, 1988.
* Connolly, Eileen. *Tarot: A New Handbook for the Apprentice*. North Hollywood, CA: Newcastle, 1979.
* DiPietro, Sylvia. *Live Your Life by the Numbers.* New York: Signet, 1991.
* Eliade, Mircea. *Rites and Symbols of Initiation.* New York: Harper & Row, 1958.
* Ericsson, Stephanie. *Simply Divine.* Utne Reader. March/April 1992, pp. 111-114.
* Fairchild, Gail. *Choice Centered Tarot.* Smithville, IN: Ramp Creek Publishing, 1981.
* Fenton, Sasha. *Supertarot.* Northamptonshire, England: Aquarian Press, 1991.
* Garen, Nancy. *Tarot Made Easy.* New York: Simon & Schuster, 1989.
* Gerulskis-Estes, Susan. *The Book of Tarot*. Dobbs Ferry, NY: Morgan & Morgan, 1981.
* Greer, Mary. *Tarot Constellations.* Van Nuys, California: Newcastle, 1987.
* ———. *Tarot for Your Self.* Van Nuys, California: Newcastle, 1984.
* Gray, Eden. *A Complete Guide to the Tarot.* New York: Bantam, 1970.
* Guiley, Rosemary Ellen. *The Mystical Tarot.* New York: Signet, 1991.

* Jung, Carl Gustav. *Collected Works of C.G. Jung.* Bollingen Series XX, Vols. 1-18. Princeton: Princeton University Press, 1959.
* Kaser, R.T. *Tarot in Ten Minutes.* New York: Avon, 1992.
* Lawrence, D. Baloti. *Tarot: Twenty-two Steps to a Higher Path.* Stamford, CT: Longmeadow Press, 1992.
* Lind, Frank. *How to Understand the Tarot.* Northamptonshire, England: Aquarian Press, 1969.
* Mann, A. T. *The Elements of the Tarot.* London, England: Element Books, 1993.
* Masino, Marcia. *Easy Tarot Guide.* San Diego, CA: ACS Publications, 1987.
* McLaine, Patricia. *The Wheel of Destiny.* St. Paul, MN: Llewellyn, 1991.
* Mueller, Robert; Echols, Signe E. and Sandra A. Thomson. *The Lover's Tarot.* New York: Avon, 1993.
* Nichols, Sally. *Jung and Tarot: An Archetypal Journey.* York Beach, ME: Samuel Weiser, 1980.（『ユングとタロット―元型の旅』 サリー・ニコルズ著　秋山さと子・若山隆良訳　2001年 新思索社）
* Peach, Emily. *The Tarot Workbook*. New York: Sterling, 1990.
* Pollack, R. *Tarot Readings and Meditations.* Northamptonshire, England: Aquarian Press, 1990.
* Pond, David and Lucy. *The Metaphysical Handbook.* Port Ludlow, WA: Reflecting Pond Publications, 1984.
* Renee, Janina. *Tarot Spells.* St. Paul, MN: Llewellyn, 1990.
* Sargent, Carl. *Personality, Divination and the Tarot.* Rochester, VT: Destiny Books, 1988.
* Semetsky, Inna R. *Introduction of Tarot Readings into Clinical Psychotherapy—Naturalistic Inquiry*. Unpublished Master's Thesis, Pacific Oaks College, Pasadena, CA, October 1994.
* Sharman-Burke, Juliet. *The Complete Book of Tarot*. New York: St. Martin's Press, 1985.
* ———. *The Mythic Tarot Workbook.* New York: Simon & Schuster, 1988.
* Shavick, Nancy. *The Tarot.* Quogue, NY: Prima Materia Books, 1985.
* Waite, Arthur Edward. *The Pictorial Key to the Tarot.* Secaucus, NJ: Citadel Press, 1959.
* Wilmer, Harry A. *Practical Jung.* Wilmette, IL: Chiron Publications, 1987.

[著者]
アンソニー・ルイス（Anthony Louis）
精神科医として豊富な臨床経験を持ち、タロットをはじめとするさまざまな占術の研究に40年以上にわたり取り組んでいる。占星術や占術の講義を国内外で行い、『American Astrology』『The Mountain Astrologer』『The Horary Practitioner』などの雑誌にタロットや占星術、その他の占いに関連した記事を寄稿している。
著書には、『ホラリー占星術』（駒草出版）、『完全版タロット事典』（朝日新聞出版）などがある。

[訳者]
島津公美（しまづ・くみ）
大学卒業後、公立高校の英語教諭として17年間勤務。イギリス留学を経て退職後、テンプル大学大学院教育学指導法修士課程修了。訳書に『エイブラハムの教えビギニング』『思考が物質に変わる時』『天使のサイン　エンジェル・ナンバー』（いずれもダイヤモンド社）などがある。

自分で占う現在と未来、運命と変化の時
タロット　基本のリーディング大全

2022年4月12日　第1刷発行

著　者――アンソニー・ルイス
訳　者――島津公美
発行所――ダイヤモンド社
〒150-8409　東京都渋谷区神宮前6-12-17
https://www.diamond.co.jp/
電話／03･5778･7233（編集）　03･5778･7240（販売）
装幀･本文デザイン――都井美穂子
編集協力――野本千尋
図版作成･DTP製作――伏田光宏（F's factory）
製作進行――ダイヤモンド・グラフィック社
印刷――勇進印刷
製本――川島製本所
編集担当――酒巻良江

ISBN 978-4-478-11356-1